国家社会科学基金项目（13CJY119）

人民币汇率变化中巴拉萨—萨缪尔森效应传导受阻问题研究

刘玉贵 著

中国财经出版传媒集团
经济科学出版社
Economic Science Press

图书在版编目（CIP）数据

人民币汇率变化中巴拉萨—萨缪尔森效应传导受阻问题研究/刘玉贵著.—北京：经济科学出版社，2020.5
ISBN 978-7-5218-1591-7

Ⅰ.①人… Ⅱ.①刘… Ⅲ.①人民币汇率-研究
Ⅳ.①F832.63

中国版本图书馆CIP数据核字（2020）第087114号

责任编辑：李晓杰
责任校对：刘　昕
责任印制：李　鹏　范　艳

人民币汇率变化中巴拉萨—萨缪尔森效应传导受阻问题研究

刘玉贵　著

经济科学出版社出版、发行　新华书店经销
社址：北京市海淀区阜成路甲28号　邮编：100142
总编部电话：010-88191217　发行部电话：010-88191522
网址：www.esp.com.cn
电子邮件：esp@esp.com.cn
天猫网店：经济科学出版社旗舰店
网址：http://jjkxcbs.tmall.com
北京密兴印刷有限公司印装
710×1000　16开　16.25印张　300000字
2020年8月第1版　2020年8月第1次印刷
ISBN 978-7-5218-1591-7　定价：68.00元
（图书出现印装问题，本社负责调换。电话：010-88191510）
（版权所有　侵权必究　打击盗版　举报热线：010-88191661
QQ：2242791300　营销中心电话：010-88191537
电子邮箱：dbts@esp.com.cn）

前　言

　　实际汇率是影响一国产品国际竞争力和宏观经济运行的主要外部经济变量，是国际宏观经济学的重要概念之一。理解和把握实际汇率走势及其波动特点在宏观金融管理中具有重要作用，经济全球化加速背景下实际汇率的决定和管理一直是理论和实务界关注的热点。理论界普遍认为，汇率的决定与运行具有其内在规律。在诸多的汇率决定理论中，巴拉萨—萨缪尔森假说（以下简称"巴—萨假说"或"巴—萨效应"）因其清晰严密的理论逻辑和不俗的经验表现，已经成为当代国际金融领域一个重要的基础性命题，并成为国际经济学和开放宏观经济学教科书中的标准模型。然而，对照巴—萨假说的基本原理以及大多数经历了快速经济增长的国家在其高速增长时期都出现了实际汇率升值的历史事实，中国奇迹般的长时期经济高速增长并没有伴随同样长时段的人民币实际汇率显著升值，人民币实际汇率在某些时期甚至呈现出持续且明显的贬值趋势。伴随中国经济腾飞，巴—萨效应视角下人民币实际汇率演变的形态独特性，构成了中国经济增长过程中的谜题之一，这一谜题被经济学者们称为"人民币实际汇率之谜"。由于这一谜题实际上表现为人民币实际汇率低于巴—萨假说视角下的人民币汇率，因而本书将"人民币实际汇率之谜"称为人民币汇率变化中的"巴—萨效应传导受阻之谜"。

　　尽管现有文献在判断人民币汇率变化中巴—萨效应传导效率并结合中国国情解释人民币汇率变化中的"巴—萨效应传导受阻之谜"方面已经做出了诸多努力，但在认识的确切性、完整性和系统性方面仍显不足，导致对于人民币汇率变化中的"巴—萨效应传导受阻之谜"还存在很多认知盲点和理解偏差。在认识过程中，人民币实际汇率的特殊演变形态仍是一个待解之谜，值得进一步深入探讨。此外，实际汇率不仅具有被各种经济基本面因素决定的内生性，也具有影响其他经济变量的工具能动属性。因而，作为规律性经济逻辑的巴—萨效应传导受到阻碍导致的汇率扭曲对一国经济内外均衡应有重要影响，但目前鲜见对该问题进行明确和深入的研究。在此背景下，本书将从巴—萨效应传导受阻程度估测、巴—萨效应传导受阻的形成机理、巴—萨效应传导受阻成因的经验证据以及巴—萨效应传导受阻的经济效应等方面对人民币汇率变化中巴—萨效应传导受阻问题展开整体性研究，以期获得关于人民币汇率变化中"巴—萨效应传导受阻之谜"的相对完整和系统且更具有说服力的理解和认知，这对判断人民币实际汇率的估值水平以及制定或调整人民币汇率政策具有参考价值。

本书是在国家社会科学基金项目"人民币汇率变化中巴拉萨—萨缪尔森效应传导受阻问题研究"（编号：13CJY119）的研究成果基础上完善而成，主要结论如下：

第一，人民币汇率变化中巴—萨效应传导并不完全，人民币汇率变化中巴—萨效应传导受阻程度从20世纪90年代初的70%左右趋势性地降至2010年约20%的水平。此外，人民币汇率变化中巴—萨效应传导受阻程度存在国家层面的结构性差异，表现为中国与发达国家之间汇率变化中巴—萨效应传导受阻程度显著高于中国与发展中国家之间。

第二，贸易品价格偏离"一价定律"、城乡二元结构、金融抑制、地方政府竞争和名义汇率缺乏弹性等是造成人民币汇率变化中巴—萨效应传导受阻的重要原因，其中贸易品价格偏离"一价定律"的影响更为突出。此外，包括户籍制度在内的诸多因素阻碍了劳动力的自由流动，这将加剧城乡二元结构对巴—萨效应传导的阻滞作用；国有企业的大量存在则会放大金融抑制对巴—萨效应传导的负面影响。

第三，人民币汇率变化中巴—萨效应传导受阻造成的人民币汇率失衡是中国"不平衡不充分发展"的重要成因。具体表现为：巴—萨效应传导受阻抑制了中国经济增长方式由粗放型向集约型转变，扭曲了以服务业与工业相对比例为表征的产业结构，扩大了中国沿海地区与中西部地区的经济发展差距，加剧了以经常账户盈余为代表的外部失衡。

  第四，近些年来，中国出现了贸易品价格偏离"一价定律"程度逐渐降低、城乡二元结构加速转型、金融深化不断推进、地方政府竞争强度明显下降以及人民币名义汇率弹性显著增强等诸多有利于巴—萨效应传导的深刻变化，加之劳动力流动自由度的提高和国有经济的布局优化，人民币实际汇率获得了系统性的升值动力，现实中的人民币实际汇率逐渐逼近甚至超越由巴—萨效应决定的人民币汇率，当前人民币实际汇率大体上已处于与基本面相符的均衡水平甚或有小幅高估的可能。

  本书原稿作为国家社会科学基金项目的研究成果，曾接受全国哲学社会科学工作办公室组织的同行专家评审，得到了评审专家的一致认可。同时，评审专家也对项目研究成果提出了许多非常中肯的修改意见。在书稿交付出版社之前，已按照评审专家的意见做了部分修改。然而，受本人学识和能力限制，书中难免存在疏漏甚或错误的地方，恳请各位专家学者多提宝贵意见，以便后续进一步完善相关内容。

刘玉贵
2020 年 3 月

目 录

第一章 绪论 ·· 1
    第一节 问题的提出 ·· 1
    第二节 选题的理论价值与实践意义 ································ 6
    第三节 研究思路、内容结构与研究方法 ··························· 8
    第四节 可能的创新与主要的不足 ··································· 11

第二章 文献述评 ··· 13
    第一节 巴—萨假说的理论渊源、基本逻辑与主要结论 ········ 13
    第二节 对巴—萨假说的实证检验 ·································· 16
    第三节 关于巴—萨假说的两个重要争论 ························· 24
    第四节 巴—萨效应传导受阻的原因 ······························· 27
    第五节 总结与评论 ·· 31

第三章 人民币汇率变化中巴拉萨—萨缪尔森效应传导受阻程度估测 ······ 34
    第一节 人民币汇率变化中巴—萨效应传导受阻程度估测的
            模型基准及算法 ··· 34
    第二节 关于样本选择、数据采用、部门划分及生产率表达
            方法的说明 ·· 37
    第三节 中外部门生产率及其差异 ·································· 42
    第四节 人民币汇率变化中巴—萨效应传导受阻程度测算及
            简要讨论 ·· 56

第四章 人民币汇率变化中巴拉萨—萨缪尔森效应传导受阻的形成机理 ······ 82
    第一节 贸易品价格偏离"一价定律"对巴—萨效应传导的
            影响机理 ·· 82

  第二节 城乡二元结构对巴—萨效应传导的影响机理 …………… 84
  第三节 金融抑制对巴—萨效应传导的影响机理 ………………… 89
  第四节 地方政府竞争对巴—萨效应传导的影响机理 …………… 95

第五章 人民币汇率变化中巴拉萨—萨缪尔森效应传导受阻成因的经验证据 …… 102
  第一节 贸易品价格偏离"一价定律"对巴—萨效应传导影响的
      实证分析 ……………………………………………………… 102
  第二节 城乡二元结构对巴—萨效应传导影响的实证分析 ……… 114
  第三节 金融抑制对巴—萨效应传导影响的实证分析 …………… 129
  第四节 地方政府竞争对巴—萨效应传导影响的实证分析 ……… 141
  第五节 人民币汇率变化中巴—萨效应传导受阻成因的综合实证
      考察及讨论 …………………………………………………… 148

第六章 人民币汇率变化中巴拉萨—萨缪尔森效应传导受阻的经济效应 ……… 159
  第一节 巴—萨效应传导受阻与中国经济增长方式扭曲 ………… 160
  第二节 巴—萨效应传导受阻与中国产业结构失衡 ……………… 171
  第三节 巴—萨效应传导受阻与中国区域经济失衡 ……………… 184
  第四节 巴—萨效应传导受阻与中国经常账户失衡 ……………… 195

第七章 结论及政策建议 …………………………………………………… 208
  第一节 主要结论 ……………………………………………………… 208
  第二节 政策建议 ……………………………………………………… 211

参考文献 …………………………………………………………………………… 218

第一章 绪 论

第一节 问题的提出

汇率是两国货币的相对价格,其变动不仅会影响国际收支,还会影响物价、收入和就业等一系列变量,在国际金融学中是一个处于核心地位的变量(姜波克,2018)。实际汇率是经过一国与外国相对物价水平调整以后的名义汇率,由于抽象了货币因素,实际汇率能更有效体现实际经济要素变动的影响,能够综合反映本国货币的对外实际价值和相对购买力。理解和把握实际汇率走势及其波动特点在宏观金融管理中具有重要作用,经济全球化加速背景下实际汇率的决定和管理一直是理论和实务界关注的热点(卢锋,2007;杨长江和程锋,2008;赵进文和苏明政,2014;申琳,2015;陈仪等,2018)。特别地,对一个开放环境下快速追赶的经济体而言,本币实际汇率是体现其经济基本面因素变动,同时又会影响内部经济与外部经济联系的基本价格变量,是调节经济内外均衡的重要杠杆。实际汇率对内外经济关系的调节作用在经济成长不同阶段有不同的表现,经济成长与外部环境融合程度越是深入,实际汇率的调节作用就越是重要(卢锋,2006;卢锋和韩晓亚,2006)。不仅如此,由于实际汇率的重要性,实际汇率已成为研究一国汇率长期均衡关系的主要对象,在均衡汇率分析中被广泛运用。事实上,实际汇率的均衡性评估已成为包括国际货币基金组织(IMF)在内的国际金融机构的一项重要工作。

中国长期致力于通过改革开放推动经济发展、提高国际竞争力和促进社会进步,取得了举世瞩目的成就。由于中国对外经贸融合程度越来越高,实际汇率在中国对外经济联络中的枢纽性地位越显突出,因而人民币实际汇率是理解中国经济改革开放历程与未来走向的一个非常重要的视角(杨长江和程锋,2008)。科学判断人民币实际汇率的演化动力、合理评价人民币实际汇率在中国经济成长过程中发挥的独特作用对于解释中国经济的过去、把握中国经济的现在和预测中国经济的未来具有重要价值。尤其是，2008年以来，在人民币名义汇率快速升值以及世界经济增长势头放慢等因素的作用下，中国出口增速减缓，经济增长呈现出放缓的迹象。与此同时，中国也处于经济增长换挡、面临跨越"中等收入陷阱"和外部环境约束趋紧的新时期，一些专家呼吁放慢人民币升值速度以确保中国经济稳定增长，这体现出新时期人民币汇率政策是一个至关重要也异常敏感的议题。因此，在此背景下进一步研究人民币实际汇率尤其是判断人民币实际汇率的估值水平，对制定或调整人民币汇率政策具有重要参考价值。

正如习近平总书记在庆祝改革开放40周年大会上的讲话中指出的那样，"我国国内生产总值占世界生产总值的比例由改革开放之初的1.8%上升到15.2%，多年来对世界经济增长贡献率超过30%。我国货物进出口总额从206亿美元增长到超过4万亿美元，累计使用外商直接投资超过2万亿美元，对外投资总额达到1.9万亿美元""我国是世界第二大经济体、制造业第一大国、货物贸易第一大国、商品消费第二大国、外资流入第二大国，我国外汇储备连续多年位居世界第一"①，中国已经成为在世界经济版图上一个举足轻重的参与者，在全球经济治理格局中具有越来越重要的地位（谢伏瞻，2019）。随着中国经济规模的扩大和对外经济开放程度的提高，人民币汇率的估值及其调整对世界经济产生的影响远胜于小型经济体，人民币汇率变动具有巨大的外部性。正因为如此，长期以来，人民币汇率问题受到持续而广泛的国际关注。

事实上，自1997年亚洲金融危机爆发以来，人民币汇率问题一直是国际社会讨论的热点话题之一，也越来越成为一个极具争议的问题。部分外国学者和国际组织认为被人为压低的人民币汇率是中国出口商品竞争力显著增强的主要原因，导致中国拥有巨额的贸易顺差和外汇储备，要求重估人民币汇率并改革人民币汇率制度的国际压力也此起彼伏。这引起学者们对人民币汇率是否低估以及低估程度的大量讨论，并发展为激烈的观点交锋（卢锋，2006）。

这种讨论乃至交锋来自两个层面，一是国际学术界对人民币汇率问题有大量研究并发生激烈争论；二是部分国际经济组织和部分国家政府或立法机构也对人民币汇率问题发表看法甚或施加压力。部分西方学者认为，中国央行通过大规模冲销式外汇市场干预以及严格的资本管制，蓄意"操纵"人民币汇率，阻止了人民币汇率均衡性升值，让中国出口产品价格获得了不公平的人为竞争优势（Krugman，2009；Bergsten，2010），实际汇率低估是"中国发展战略的核心"

---

① 习近平：在庆祝改革开放40周年大会上的讲话，中国共产党新闻网，http://cpc.people.com.cn/。

(Dooley et al.，2003)，造成了中国经常账户盈余和外汇储备剧增（Coudert & Couharde，2005；Cheung et al.，2006）。同时通过人民币汇率低估向国外输送大量低价产品，严重恶化了欧美国家的贸易赤字和失业状况，是造成全球经常账户失衡的最主要原因（Cheung et al.，2007）。他们建议本国政府和国际社会采取行动，推动中国政府放弃违背国际货币体系基本游戏规则的"以邻为壑"的"汇率操纵"，采取更为"灵活"的汇率政策，让人民币汇率大幅度升值。

外国政府对人民币汇率的关注最早起源于 2003 年 6 月召开的七国峰会，会上指责人民币币值严重低估，向国际市场大量倾销廉价产品，导致国际上出现通货紧缩。2005 年 4 月 16 日召开的七国集团（G7）财政部长会议虽未进一步给人民币升值施压，但也重申了世界各国需要实行更灵活汇率机制的立场。随后，2007 年 4 月 13 日召开的七国集团财政部长和央行行长会议建议中国等拥有巨额贸易顺差的新兴经济体采取灵活的货币政策，促进有效汇率变化和世界经济失衡调整，紧随其后召开的国际货币基金组织（IMF）工作会议明确呼吁增强人民币汇率弹性。2011 年 10 月美国参议院投票通过了旨在逼迫人民币加速升值的《2011 年货币汇率监督改革法案》[①]。

鉴于国际社会对人民币汇率的热烈讨论甚至无端指责，中国相关部门负责人多次阐述中方有关政策立场给予回应。如 2007 年 4 月时任中国人民银行副行长胡晓炼表示，不能夸大汇率在解决经济失衡中的作用，全球经济失衡的解决应主要依靠各国采取结构改革和调整措施，需要较长的时间，不可能一蹴而就。中国一项经济政策在全球范围内引起如此广泛关注和激烈争论，实属空前未有现象（卢锋，2006）。国际社会关于人民币汇率话题的争议愈演愈烈，一方面说明人民币汇率作为不断崛起的大国货币汇率对世界经济具有重要影响，另一方面也说明人民币汇率在全球经济乃至政治治理中的敏感性和复杂性[②]。

要对人民币汇率问题作出理性的判断和回答，需要把理论和现实结合起来对人民币汇率尤其是人民币实际汇率的行为方式及其驱动系统进行科学和扎实的研究。理论界认为，汇率的决定与运行具有内在规律（赵进文和苏明政，2014），由于汇率的影响因素点多面广，致力于研究汇率变动规律的经济学家基于不同视角提出了很多汇率决定理论。在所有的汇率决定理论中，第一个概念化的理论研究是卡塞尔（Cassel，1918）提出的购买力平价理论（PPP），由于该理论从货币

[①] 该法案的主要内容是要求美国政府对所谓"汇率被低估"的主要贸易伙伴征收惩罚性关税。

[②] 值得注意的是，卢锋（2006）指出，尽管发展中国家汇率失衡会面临内外部调整压力是经济发展过程中经常发生的现象，但中国在低收入水平条件下就面临外部要求人民币升值压力的情形是历史上少见的现象，因为通常的现象是汇率高估的发展中国家面临汇率调整的压力（Edwards，1989）。

基本功能出发分析货币交换问题以及拥有最简洁的数学表达式而成为最有影响的汇率决定理论（姜波克，2018）。购买力平价理论认为存在一个均衡汇率，实际汇率尽管存在短期波动但最终将向这一汇率均衡值收敛。卡塞尔（1918）之后经济学家们采用不同方法展开了大量的经验研究，试图证明实际汇率时间序列是平稳的即实际汇率会向其均衡值收敛。然而，经验研究的结果并不明确，实际汇率并不总是收敛于一个不变值，实际汇率是平稳的证据并不充分（Froot & Rogoff，1995）[1]。而且，通常估计长达3~5年的偏离汇率均值的半衰期也表明"PPP谜题"（PPP puzzle）[2]并不是由货币冲击产生的，而应该是由实际经济冲击造成。

从实际冲击角度对实际汇率高度持续性偏离均值行为的一个系统解释是由巴拉萨和萨缪尔森（Balassa & Samuelson，1964）提供的。后来的学者为纪念他们的成就，大多数文献将国内外生产率结构性变化的跨国差异导致的实际汇率对购买力平价的偏离称为"巴拉萨—萨缪尔森效应"或"巴拉萨—萨缪尔森效应假说"（以下简称"巴—萨效应"或"巴—萨"假说）（Balassa - Samuelson effect or Balassa - Samuelson effect hypothesis）。"巴拉萨—萨缪尔森假说"的核心思想是，长期而言，购买力平价只对贸易品成立，因而，实际汇率是国内外贸易品部门和非贸易品部门相对生产率的函数，持续的实际汇率变化源于部门生产率结构性变化的跨国差异。具体而言，经济快速发展的经济体往往表现为贸易品部门相对于非贸易品部门更高的生产率增长，而这样的生产率结构性演变通过工资机制最终使经济快速发展的经济体的货币实际升值。巴—萨假说较好地阐释了相对于发达国家货币而言，发展中国家货币汇率为什么会存在对其购买力平价的系统性低估偏离，也成为解释汇率持续性偏离购买力平价的最早、最基本也是最为流行的理论假说（Dornbusch，1985；姜波克和莫涛，2009；Kakkar & Yan，2011）。

巴—萨假说以其清晰严密的理论逻辑和不俗的经验表现引发了国际经济学界密集的跟随性研究，长期处于大多数实际汇率研究的核心位置（Guo & Hall，2010）。这些研究从多个方面展开，包括贸易品部门和非贸易品部门的分类及其生产率测度、采用不同的样本对巴—萨效应的存在性进行经验检验、对巴—萨假说理论逻辑进行讨论和发展等。有的经验检验结果证实了巴—萨效应的存在性，但有的经验研究结论则并不支持巴—萨假说。虽然不乏对巴—萨假说科学性和有

---

[1] 李嘉图（Ricardo，1911）、哈罗德（Harrod，1933）和维纳（Viner，1937）等发现长期实际汇率往往偏离购买力平价，因而质疑购买力平价理论的有效性。

[2] 罗格夫（Rogoff，1996）把实际汇率不平稳即购买力平价不成立的现象称为"PPP谜题"。

效性的争论①，但作为巴—萨效应关键传导环节的非贸易品和贸易品相对价格与贸易品部门和非贸易品部门生产率差异之间的正相关关系却已是实证宏观经济学较强的关系之一（Cardi & Restout，2015）。从国际观察来看，大多数经历了快速经济增长的国家在其高速增长时期都出现了实际汇率升值的情形，这在很大程度上证明了巴—萨假说的科学性。由于巴—萨假说将从购买力视角对实际汇率的研究提升到了一个前所未有的高度，其分析价值遂被学术界广泛接受，对当今的开放宏观经济研究产生了重要影响。巴—萨假说已经成为当代国际金融领域中一个重要的基础性逻辑并成为国际经济学和开放宏观经济学教科书中的标准模型（Sachs & Larrian，1992；克鲁格曼和奥伯斯法尔德，1998），是研究实际汇率长期变动特征最具影响力的核心理论框架，尤其为观察经济快速增长并向发达国家收敛过程中的实际汇率演变轨迹提供了一个独特的理论视角（卢锋和韩晓亚，2006；杨长江和程锋，2008；赵进文和苏明政，2014），到目前为止其仍被国际货币基金组织（IMF）视为一个长期均衡实际汇率理论②。

  自从与巴—萨假说相背离的人民币实际汇率特殊演变形态被确认以来，学界已从多个方面富有洞见地讨论了人民币实际汇率低估的程度以及人民币汇率变化中巴—萨效应传导受阻的成因，积累了相当数量的研究文献，也为后续研究提供了重要参考和启示（具体参见本书第二章"文献述评"部分）。尽管现有文献在判断人民币汇率变化中巴—萨效应传导效率并结合中国国情解释人民币汇率变化中的"巴—萨效应传导受阻之谜"方面已经做出了诸多努力，但在认识的确切性、完整性和系统性方面仍显不足，导致对于人民币汇率变化中的"巴—萨效应传导受阻之谜"还存在很多认知盲点和理解偏差，对于人民币实际汇率形态特异性的解释分歧和认识困惑并未随着文献数量逐步增加而趋于化解，在提供整体解释思路层面还有很大改进空间。具体而言，目前人们对人民币实际汇率变化中巴—萨效应传导受阻的确切程度以及巴—萨效应传导受阻的形成机理认识得还不是十分清楚，人民币汇率变化中巴—萨效应传导受阻成因的经验证据还不够充分，在认识过程中，人民币实际汇率的演变特点仍是一个待解之谜，值得进一步

---

 ① 不少学者对巴—萨假说提出批评和质疑（Officer，1976；罗格夫，1996；Edwards & Savastano，1999；Tica & Družić，2006；Chong et al.，2012）。

 ② 国际货币基金组织需要定期评估各国汇率是否偏离了长期均衡值，为了经得起学术界和警觉的成员国政府推敲，国际货币基金组织确认实际汇率决定因素的工作是最严格的。国际货币基金组织偏好的均衡实际汇率模型（the equilibrium real exchange rate approach）包含了以下六个基本因素：对外净资产；贸易品部门和非贸易品部门之间的生产率差异；贸易条件；政府消费；对国际贸易的限制；以及对中央计划经济或转型经济而言的CPI篮子中政府控制价格的占比。

深入探讨。需要特别指出的是，实际汇率不仅具有被各种经济基本面因素决定的内生性，也具有影响其他经济变量的工具能动属性。因而，作为规律性经济逻辑的巴—萨效应传导受到阻碍导致的汇率扭曲对一国经济内外均衡应有重要影响，但目前鲜见对该问题进行明确和深入的研究。

基于上述考虑，本书将从巴—萨效应传导受阻程度估测、巴—萨效应传导受阻的形成机理、巴—萨效应传导受阻成因的经验证据以及巴—萨效应传导受阻的经济效应等方面对人民币汇率变化中巴—萨效应传导受阻问题展开整体性研究，以期获得关于人民币汇率变化中"巴—萨效应传导受阻之谜"的相对完整和系统因而更具有说服力的理解和认知。

第二节 选题的理论价值与实践意义

一、选题的理论价值

改革开放40年来，中国经历了迄今为止仍在进行着的持久的经济增长和深刻的制度变迁，当中出现了很多"谜"一样的话题。由于人民币汇率变化中"巴—萨效应传导受阻之谜"的产生是某些机制和规律支配的结果，一旦人民币汇率变化中巴—萨效应传导受阻的内在规律得到科学的理论阐述和稳健的经验证明，令人困惑的人民币实际汇率形态应能在合乎逻辑的理解下逐渐展现其自身规律和谜底。基于这样的信念，本书围绕"人民币汇率变化中巴—萨效应传导受阻问题"展开了相对完整和系统的研究。具体而言，首先基于巴—萨假说原理估测了人民币汇率变化中巴—萨效应传导受阻程度，为判断人民币实际汇率形态的独特性程度提供了科学依据。随后根据巴—萨假说逻辑尤其是结合中国转型时期持续存在的体制机制扭曲对人民币汇率变化中"巴—萨效应传导受阻之谜"进行求解，从理论和实证两个层面探索人民币汇率变化中巴—萨效应传导受阻的成因，这一工作有助于理解和阐释人民币实际汇率独特形态产生的驱动系统和内在规律，有助于对人民币实际汇率的历史表现和现实状态提出逻辑一致的解说。此外，对于人民币汇率变化中巴—萨效应传导受阻经济效应的研究有助于认识人民币实际汇率失衡给中国经济内外均衡造成的冲击，为正确评估人民币汇率扭曲的经济影响提供理论参考和经验证据。

综合而言，本书关于"人民币汇率变化中巴—萨效应传导受阻问题"的研究旨在确认"巴—萨效应传导受阻之谜"的基础上，结合中国国情探寻支配人民币汇率特殊演变形态的深层动因和内在机理，对人民币实际汇率演变形态的特异性、成因及其经济效应等问题作出前后连贯、逻辑自洽和相对完整的解释，从而丰富巴—萨效应与人民币汇率领域的研究成果，深化对人民币实际汇率行为的认识，为后续相关研究提供新的素材和证据。由于实际汇率与生产率之间的内在联系，基于巴—萨假说研究人民币实际汇率问题实质上也是从一个侧面探究中国经济增长的内在规律。

二、选题的实践意义

汇率问题是关乎经济内外均衡的重大基础性问题，受到社会各界的普遍关注。长期以来，人民币汇率政策在全球范围内引起了广泛关注和激烈争论，人民币汇率在相当长一段时期内持续面临升值压力，人民币汇率政策调整成为当前非常重要也异常敏感的话题。对人民币汇率变化中巴—萨效应传导受阻程度的估测结果对于关心人民币汇率的社会公众和中国货币政策当局把握人民币实际汇率的估值水平具有参考意义。对人民币汇率变化中巴—萨效应传导受阻形成机理及其经验证据的研究对相关各方理解人民币实际汇率的历史表现、评估人民币实际汇率的现实水平以及预判人民币汇率未来走势具有重要参考价值，特别是可以为货币当局把握人民币汇率政策的调整方向和预判人民币汇率政策的调整空间提供理论和经验基础。此外，对人民币汇率变化中巴—萨效应传导受阻经济影响的研究可以为有关政策当局理解中国内外经济失衡的成因和完善促进中国内外经济均衡的政策提供参考。

综合而言，对人民币汇率变化中巴—萨效应传导受阻问题的系统研究有助于进一步理解人民币汇率的阶段性特征及其影响因素，促进社会公众更深入、更理性地认识人民币汇率争议和全球经济失衡成因的争论，特别对于廓清人民币汇率政策争议、寻求学术理论层面的共识基础具有参考价值。此外，本书研究结果对于明确人民币汇率政策调整应有的价值取向、评估未来可能的调整空间并开展人民币汇率政策的前瞻性准备，提高人民币汇率政策的科学性、针对性和有效性，从而对于推动中国经济增长和经济结构优化、解决中国当前人民日益增长的美好生活需要和不平衡不充分的发展之间的社会主要矛盾具有重要的实践意义和政策价值。

第三节　研究思路、内容结构与研究方法

一、研究思路

本书首先基于既有相关文献的回顾和评论，结合实践观察提炼出研究人民币汇率变化中巴—萨效应传导受阻问题的新视角、创新和研究思路，其次严格按照巴—萨假说的逻辑并基于高质量的跨国面板数据估测人民币汇率变化中巴—萨效应传导受阻的具体程度，结合巴—萨假说的一般原理特别是基于中国国情从理论层面深入剖析人民币汇率变化中巴—萨效应传导受阻的形成机理，再次基于数据探寻人民币汇率变化中巴—萨效应传导受阻成因的经验证据，分析人民币汇率变化中巴—萨效应传导受阻对中国经济内外均衡产生的影响，最后总结本书理论分析和实证研究的主要结论并基于这些结论提出促进人民币汇率变化中巴—萨效应传导、降低人民币汇率估值扭曲进而实现中国经济内外均衡、提高中国经济发展持续性和内在稳定性的政策建议。图1-1展示了本书的技术路线。

二、内容结构

第一章为绪论。本章主要介绍本书所研究问题的缘起、研究价值、研究思路、章节安排和创新与不足之处等内容。

第二章为文献述评。本章旨在对巴—萨效应相关文献进行系统梳理，厘清已有文献的进展脉络、基本观点、主要贡献以及尚未解决的问题，论证研究人民币汇率变化中巴—萨效应传导受阻问题的重要价值和可能的创新方向，从而提炼出本书研究的关键科学问题并论证其研究思路。

第三章为人民币汇率变化中巴—萨效应传导受阻程度估测。本章首先介绍巴—萨假说基本思想的简约模型，论证巴—萨效应传导受阻的基本算法，其次基于经验数据分别测算中外贸易品部门和非贸易品部门的劳动生产率，最后基于中外部门劳动生产率数据和巴—萨效应传导受阻的算法测算出人民币汇率变化中巴—萨效应传导受阻的程度。本章的分析结果将为后续章节的研究提供事实基础和数据支持。

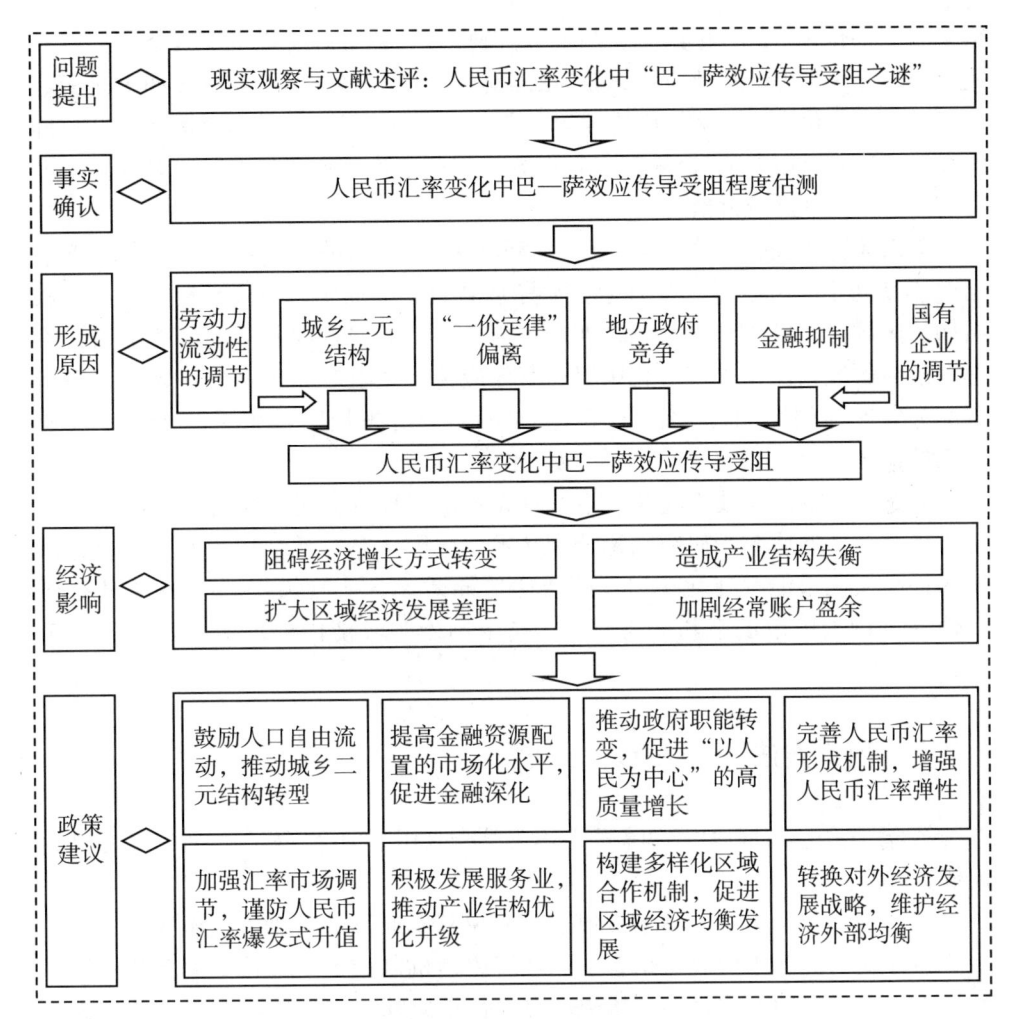

```
┌─────────────────────────────────────────────────────────────────────────┐
│ 问题   ◇  现实观察与文献述评：人民币汇率变化中"巴—萨效应传导受阻之谜"    │
│ 提出                                                                     │
│                                    ⇩                                     │
│ 事实   ◇       人民币汇率变化中巴—萨效应传导受阻程度估测                  │
│ 确认                                                                     │
│                                    ⇩                                     │
│ 形成   ◇  ┌────┐ ┌────┐ ┌────┐ ┌────┐ ┌────┐ ┌────┐                    │
│ 原因      │劳动力│ │城乡 │ │"一价│ │地方 │ │金融 │ │国有 │                    │
│           │流动性│ │二元 │ │定律"│ │政府 │ │抑制 │ │企业 │                    │
│           │的调节│ │结构 │ │偏离 │ │竞争 │ │     │ │的调节│                    │
│           └──⇨──┘ └──⇩──┘ └──⇩──┘ └──⇩──┘ └──⇦──┘ └──⇦──┘                │
│              ┌──────────────────────────────────────────┐                │
│              │    人民币汇率变化中巴—萨效应传导受阻       │                │
│              └──────────────────────────────────────────┘                │
│                                    ⇩                                     │
│ 经济   ◇  ┌──────────────────┐    ┌──────────────────┐                  │
│ 影响      │ 阻碍经济增长方式转变│    │ 造成产业结构失衡  │                  │
│           ├──────────────────┤    ├──────────────────┤                  │
│           │ 扩大区域经济发展差距│    │ 加剧经常账户盈余  │                  │
│           └──────────────────┘    └──────────────────┘                  │
│                                    ⇩                                     │
│ 政策   ◇  ┌────┐ ┌────┐ ┌────┐ ┌────┐                                   │
│ 建议      │鼓励人│ │提高金│ │推动政│ │完善人│                                   │
│           │口自由│ │融资源│ │府职能│ │民币汇│                                   │
│           │流动， │ │配置的│ │转变， │ │率形成│                                   │
│           │推动城│ │市场化│ │促进"以│ │机制， │                                   │
│           │乡二元│ │水平， │ │人民为 │ │增强  │                                   │
│           │结构转│ │促进金│ │中心"的│ │人民币│                                   │
│           │型    │ │融深化│ │高质量 │ │汇率弹│                                   │
│           │      │ │      │ │增长   │ │性    │                                   │
│           ├────┤ ├────┤ ├────┤ ├────┤                                   │
│           │加强汇│ │积极发│ │构建多│ │转换对│                                   │
│           │率市场│ │展服务│ │样化区│ │外经济│                                   │
│           │调节， │ │业，推 │ │域合作│ │发展战│                                   │
│           │谨防人│ │动产业│ │机制， │ │略，维 │                                   │
│           │民币汇│ │结构优│ │促进区│ │护经济│                                   │
│           │率爆发│ │化升级│ │域经济│ │外部均│                                   │
│           │式升值│ │      │ │均衡发│ │衡    │                                   │
│           │      │ │      │ │展    │ │      │                                   │
│           └────┘ └────┘ └────┘ └────┘                                   │
└─────────────────────────────────────────────────────────────────────────┘
```

图 1-1 本书的技术路线

第四章为人民币汇率变化中巴—萨效应传导受阻的形成机理。本章基于巴—萨假说的基本原理特别是结合中国转型期特定的经济体制从贸易品价格偏离"一价定律"、城乡二元结构、金融抑制和地方政府竞争等四个方面充分阐述人民币汇率变化中巴—萨效应传导受阻的形成机理，为后续第五章探索人民币汇率变化中巴—萨效应传导受阻成因的经验证据提供扎实的理论基础和可靠的方向指引。

第五章为人民币汇率变化中巴—萨效应传导受阻成因的经验证据。本章将在巴—萨效应传导受阻程度估测和形成机理论证的基础上，首先单独分析贸易品价格偏离"一价定律"、城乡二元结构、金融抑制和地方政府竞争等四个因素对人民币汇率变化中巴—萨效应传导效率的影响,其次从整体上考察上述四个因素对人民币汇率变化中巴—萨效应传导的综合影响,最后基于贸易品价格偏离"一价定律"、城乡二元结构、金融抑制和地方政府竞争等因素的新近变化对近期人民币实际汇率水平进行讨论。

第六章为人民币汇率变化中巴—萨效应传导受阻的经济效应。本章基于中国"不平衡不充分发展"的社会主要矛盾背景,选取中国经济增长方式、产业结构、区域经济结构和经常账户四个方面,在文献回顾的基础上从理论和经验两个层面研究人民币汇率变化中巴—萨效应传导受阻对上述四个方面"不平衡不充分发展"的影响,考察中国"不平衡不充分发展"动力系统中汇率失衡因素的作用。

第七章为结论及政策建议。本章首先对本书理论分析和实证研究的主要结论进行总结,然后基于研究结论分别从推动中国城乡二元结构转型等八个方面阐述提高人民币汇率变化中巴—萨效应传导效率、实现人民币汇率渐进有序升值并维持人民币汇率基本均衡、提高中国宏观经济内外均衡稳定性的政策建议。

三、研究方法

结合所研究问题的性质和需要,本书综合采用了理论分析与实证分析相结合的研究方法。

(1)理论分析方面。本书在巴—萨假说基本原理的基础上,阐述了巴—萨效应传导受阻的基本内涵,结合中国经济体制机制论证人民币汇率变化中巴—萨效应传导受阻的形成机理,构建解释人民币实际汇率特殊演变形态的理论框架;此外,本书还从理论层面论述了人民币汇率变化中巴—萨效应传导受阻对中国经济内外均衡的影响机理。上述两方面的理论分析为相关实证研究提供了理论基础。

(2)实证分析方面。首先,本书基于巴—萨效应传导受阻的内涵,测算了人民币汇率变化中巴—萨效应传导受阻的程度,为后续分析提供了事实基础和数据支持;其次,基于巴—萨效应传导受阻的形成逻辑,本书采用统计分析和计量分析等方法对人民币汇率变化中巴—萨效应传导的影响因素进行了实证分析;最后,本书还采用统计计量技术实证分析了人民币汇率变化中巴—萨效应传导受阻的经济效应。

第四节　可能的创新与主要的不足

一、可能的创新

第一，本书严格按照巴—萨假说的逻辑要求并基于高质量数据测算了包括中国在内的 17 个主要国家贸易品部门和非贸易品部门国际可比的劳动生产率，并据此估计了 1990~2010 年中国与每一个国家之间实际汇率变化中巴—萨效应传导受阻的程度以及人民币汇率变化中巴—萨效应传导受阻的总体程度，相对准确和全面地刻画了人民币汇率形态的特异性程度，为认识人民币实际汇率估值水平提供了较为可靠的新证据。

第二，本书创新性地从理论和实证两个层面论证了以政府金融管制和低利率水平为主要表现的中国金融抑制是造成人民币汇率变化中巴—萨效应传导受阻的重要原因，并证明了国有企业在激励约束机制、廉价金融资源获取能力、"逆资源禀赋"的高资本劳动替代弹性的产业站位等方面的特殊性加剧了金融抑制对人民币汇率变化中巴—萨效应传导的阻滞作用，为理解人民币实际汇率特殊演变形态和判断人民币实际汇率的现实水平提供了新的重要线索。

第三，本书创新性地从理论和实证两个层面论证了中国地方政府基于财政目标和官员晋升追求的激烈竞争（竞次）是造成人民币汇率变化中巴—萨效应传导受阻的重要原因，为解码人民币汇率变化中的"巴—萨效应传导受阻之谜"提供了新的视角和证据，丰富了关于人民币实际汇率特殊演变形态成因的相关认知。

第四，本书创新性地基于巴—萨效应视角研究了人民币实际汇率失衡对于中国经济增长方式、产业结构、区域经济差距和中国经常账户差额的影响，拓展了关于中国经济内外失衡成因问题的研究，为理解和解决中国"不平衡不充分发展"的社会主要矛盾提供了新的见解。

第五，基于人民币汇率变化中巴—萨效应传导受阻成因的系统分析并结合影响巴—萨效应传导效率诸因素的近期变化，本书创新性地提出了当前需要特别关注人民币汇率的系统性升值动力、谨防人民币实际汇率短期内爆发式升值的政策建议，为制定和实施人民币汇率政策提供了新的思路和参考。

二、主要的不足

第一，由于在统一的数理模型框架内全部植入贸易品价格偏离"一价定律"、城乡二元结构、金融抑制和地方政府竞争等可能影响巴—萨效应传导的主要因素进行系统分析将会面临很大的困难，所以本书没有建立统一的数理模型来阐释人民币汇率变化中巴—萨效应传导受阻的形成机理，这在一定程度上影响了本研究理论基础的论证深度。

第二，由于严格遵循巴—萨假说的基本逻辑及相应的对高质量数据的追求，本书研究使用的样本时间点最新只到 2010 年，因而无法对 2010 年以来新近的人民币汇率变化中巴—萨效应传导受阻问题进行确切的研究。尽管通过计量技术对 2010 年以来人民币汇率变化中巴—萨效应传导受阻程度进行了数量模拟并基于数量模拟结果展开了讨论，部分弥补了样本无法覆盖 2010 年以后时间段的缺陷，但计量模拟结果的偏差可能会影响相关判断的准确性。

第三，经济事物之间可能存在极为复杂的相互关联，本书没有考虑贸易品价格偏离"一价定律"、城乡二元结构、金融抑制和地方政府竞争等因素之间可能的内在关联，而忽视这种可能的关联性，在一定程度上将影响相关研究结论的可靠性。

第二章 文献述评

在开放经济中，实际汇率是联系国内外的枢纽性经济变量，对一国内外均衡具有重要影响，在学术界和政策上受到极大的关注。在诸多实际汇率决定的理论中，巴—萨假说已成为最具影响力的理论假说。巴—萨假说的提出引发了后来持续而密集的跟踪性理论和实证研究，目前已形成了非常可观的文献体量。本章试图回顾、梳理和总结过去半个世纪以来国内外学者关于巴—萨效应研究的主要成果，在此基础上结合中国国情思考巴—萨假说对于研究人民币汇率问题的重要价值及可能的进展方向。

第一节 巴—萨假说的理论渊源、基本逻辑与主要结论

一、巴—萨假说的理论渊源

巴—萨假说的创新之处在于将一国贸易品部门与非贸易品部门劳动生产率的相对变动与相对价格和实际汇率的变动联系起来。实际上，将整个经济划分为贸易品部门和非贸易品部门的思想由来已久，李嘉图（1817）在阐述对外贸易比较优势理论时将一国经济部门划分为制造业部门与农业部门，并指出相对农业部门而言，制造业部门生产率更容易得到提升，而这种生产率的结构性变化将导致制造业发展较快国家的农产品价格变得更高。此外，李嘉图（1817）还进一步指出不同国家货币的价值差异与国家间生产率的差异相关。

李嘉图（1817）的部门划分以及生产率结构性变化等思想提出后，众多经济学者在此基础上进行深化和拓展，其中哈罗德（1933）的研究比较具有代表性。哈罗德（1933）提出了基于商品可贸易性的三部门划分法，第一个部门是具有较

强贸易性因而也成为国际贸易主要内容的农产品和原材料等同质大宗商品生产部门，第二个部门生产的是可贸易性相对较低且存在质量差异的工业制品，第三个部门是以服务和公共设施等为代表的非贸易品生产部门。哈罗德（1933）进一步认为，在忽略贸易壁垒和交易成本的情况下，大量商品跨国套利行为会使农产品和原材料等产品满足"一价定律"，由于工业制品具有一定的可贸易性，工业制品价格往往趋于统一，由于产品品质的异质性，国内外工业制品价格不会完全一致，而服务和公共设施等由于其不可贸易性，其价格完全由一国内部市场决定。不仅如此，哈罗德（1933）还指出如果第一个部门的生产率越高，第三个部门生产的产品价格也越高，因而一国一般物价水平也越高，并对购买力平价理论提出质疑。

在李嘉图（1817）和哈罗德（1933）的基础上，后来巴拉萨（1964）和萨缪尔森（1964）的理论阐释和经验分析表明贸易品部门与非贸易品部门相对生产率变化会对相对价格和实际汇率带来系统性影响（主要表现为实际汇率偏离购买力平价）。20世纪70年代起，所有从供给面研究实际汇率的文献都把两部门相对生产率给实际汇率带来的系统性影响命名为"巴拉萨—萨缪尔森效应"。由于巴拉萨（1964）和萨缪尔森（1964）在思想上与李嘉图（1817）和哈罗德（1933）一脉相承，后来有学者将"巴拉萨—萨缪尔森效应"称为"哈罗德—巴拉萨—萨缪尔森效应"（Hamano，2011），而萨缪尔森本人也曾建议应将"巴拉萨—萨缪尔森效应"命名为"李嘉图—巴拉萨—萨缪尔森效应"。不过为行文方便，文献中最常用的还是"巴拉萨—萨缪尔森效应"。

二、巴—萨假说的理论假设

实际上，李嘉图（1817）、哈罗德（1933）和萨缪尔森（1964）等只是描述了巴—萨效应的主要构成元素和基本特征，巴拉萨（1964）也只是从实证角度证明了部门相对生产率与部门相对价格、生产率与实际汇率之间存在巴—萨假说所表明的关系。一直到20世纪80年代，相关文献大多只是从实证角度研究生产率与价格水平之间的简单线性关系，巴—萨假说总体上尚停留在定性描述的阶段，缺乏相应的严格数学模型基础。而罗格夫（1992）最早提出了一个相对全面的基于一般均衡情景的正式巴—萨假说数理模型，从此巴—萨假说拥有了严格的数学表达形式。在罗格夫（1992）的基础上，后来有不少学者发展了巴—萨假说的数学表达式（Asea & Mendoza，1994；Bergin et al.，2006；Hassan，2016；Wang et al.，2016），但关键的一般性理论假设与罗格夫（1992）有很大的相似性。

一般而言，巴—萨假说的关键理论假设包括：（1）国内外存在两个生产部门，一个部门生产贸易品，另一个部门生产非贸易品；（2）两部门的生产均使用资本和劳动两种要素，资本可以在国际间和部门间自由流动，两部门使用同质劳动，劳动在部门间可自由进行工资套利且劳动实现充分就业；（3）两国生产的贸易品是同质的，因而在不考虑市场摩擦的情形下，贸易品价格满足"一价定律"，国内贸易品价格由国际市场决定；（4）一国经济快速增长时期，贸易品部门相对非贸易品部门的劳动生产率提高得更快；（5）贸易品市场与非贸易品市场均为完全竞争市场。

三、巴—萨假说的基本逻辑与主要结论

在上述理论假设下，巴—萨假说的理论框架可以表述为下述两个前后相连的逻辑过程：

其一，由于贸易品部门生产率快速增长，而贸易品部门微观企业利润最大化条件下工资将等于劳动的边际产出，因而贸易品部门劳动的工资将提高。由于劳动的同质性和有限性以及在部门间可以自由流动，非贸易品部门工资将提高到与贸易品部门一致的水平，但非贸易品部门并没有获得与贸易品部门同等程度的生产率提高，因而在工资成本机制作用下，国内非贸易品与贸易品相对价格上升。上述贸易品部门与非贸易品部门相对生产率上升导致的非贸易品与贸易品相对价格的提高可称为国内巴—萨效应。

其二，在国内巴—萨效应成立的前提下，由于国内一般价格水平是由贸易品价格与非贸易品价格构造而成，而贸易品价格由国际市场外生决定，因而贸易品部门与非贸易品部门相对生产率的提高将使得国内一般价格水平上升。在假设国外价格水平没有发生改变的情形下，这将造成国内一般价格水平相对外国上升，从而使得本币实际汇率升值。上述由两部门生产率结构性变化引致的国内外相对价格上升或本币实际汇率升值可称为国际巴—萨效应。

可以看出，第一个逻辑过程将国内部门相对生产率与国内部门产品相对价格联系起来，第二个逻辑过程的核心是将国内部门相对价格与国内外相对价格水平或实际汇率联系起来，第一个逻辑过程是第二个逻辑过程发生和演化的基础，第一个逻辑过程和第二个逻辑过程共同构成巴—萨效应传导的两个核心环节，也是将经济增长与实际汇率变动联系起来的桥梁。

第二节 对巴—萨假说的实证检验

根据巴—萨假说的逻辑过程，巴—萨效应可以分解成国内巴—萨效应和国际巴—萨效应（Steenkamp，2013）。前者是指贸易品部门与非贸易品部门相对生产率上升将使非贸易品与贸易品相对价格上升；后者主要是指国内外贸易品部门与非贸易品部门相对生产率的相对差异即国内外"相对相对生产率"差异提高将促使本币实际汇率升值（卢锋，2006）。按照这一分解思路，可以将对巴—萨假说进行实证检验的文献分成对国内巴—萨效应的实证检验文献和对国际巴—萨效应的实证检验文献。

一、关于国内巴—萨效应的实证研究

按照巴—萨假说的基本原理，国内巴—萨效应以部门工资均等化为前提，因而，部门工资均等化假设在巴—萨假说逻辑链条中处于非常核心的位置，一些文献试图从部门工资均等化角度实证考察巴—萨假说的科学性。20世纪80年代后期开始，基于微观数据的劳动经济学文献一直在挑战贸易品部门和非贸易品部门工资相等的假设（Dickens & Katz，1987；Krueger & Summers，1987）。此外，20世纪90年代中期开始，利用微观数据的国际经济学文献表明，出口品生产部门支付的工资往往比非出口品生产部门支付的工资更高（Bernard & Jensen，1995）。此后，大量的研究证实了随着两部门生产率差异的变化，部门间工资变化速度并不一致，贸易品部门的工人往往因为更加训练有素而比非贸易品部门的工人获得更高的报酬，因而违反了巴—萨假说中部门间工资均等化的假设（Strauss & Ferris，1996；Strauss，1998；Lee，2005；Jensen et al.，2005；Schmillen，2011；Cardi & Restout，2013）[1]。由于部门工资均等化假设在巴—萨效应传导环节中的重要性，这些文献的实证结果实际上也是对巴—萨假说的一种质疑。

此外，有文献实证考察了部门相对生产率对部门相对价格的影响。其中部分文献利用OECD国家的数据研究发现，部门生产率差异对部门相对价格具有较强

---

[1] 其中有研究发现，如果不对工人受教育程度进行调整，贸易品部门和非贸易品部门之间劳动报酬的差异大约为35%，如果控制受教育程度，报酬差异仍持续并维持在10%~17%（Jensen et al.，2005）。事实上，由于大量经验证据表明部门工资不均等，导致假定部门工资相等的多部门宏观经济模型的科学性受到普遍质疑。

的解释力，贸易品部门更快的生产率增长是非贸易品价格更高的重要原因，尽管巴—萨效应的强度存在明显国别异质性（巴拉萨，1964；Asea & Mendoza，1994；Gregorio et al.，1994；Gregorio & Wolf，1994；Steenkamp，2013）。其中巴拉萨（1964）的开创性研究表明，1953~1961年美国等7个发达国家[①] GNP通缩指数与WPI指数之比与制造业人均产出之间存在正向关联，从而为巴—萨假说提供了最早的经验证据；另有文献则在证实巴—萨假说之外，发现对非贸易品的需求转移也是非贸易品价格的重要决定因素（Gregorio et al.，1994）；有学者指出国内巴—萨效应强度对贸易品部门和非贸易品部门的分类方法比较敏感（Steenkamp，2013）。而同样是以发达国家为研究对象，有学者参照巴拉萨（1964）的思路研究发现，工业化国家部门相对价格与部门相对生产率之间并不存在巴—萨假说所表明的关系，而且认为在巴拉萨（1964）的回归中应该采用两部门相对生产率而不是制造业生产率（Officer，1976）；另有文献则发现了日本存在反向巴—萨效应，即非贸易品部门与贸易品部门间生产率的相对增长促使非贸易品相对价格提高（Cheung & Fujii，2012）。部分学者对发展中（转型）经济体的研究发现，尽管采用不同的计量方法得到的结果差异很大，但国内部门劳动生产率差异对国内部门相对价格的影响方向符合巴—萨假说（Ehsan et al.，2005；Sonora & Tica，2009）。与此同时，有文献研究了亚洲包含发达和发展中经济体的国内巴—萨效应，发现部门间全要素生产率差异能有效解释非贸易品相对价格，但国内巴—萨效应强度在不同经济体差异很大（Kakkar & Yan，2011）[②]，这与一些文献认为亚洲经济体只存在微弱巴—萨效应的论断形成鲜明对比。

再者，部分学者研究了巴—萨效应在国内一般价格水平变动中扮演的角色。较多学者从生产率变化角度研究巴—萨效应对国内一般价格水平的影响时发现，整体而言，部门相对生产率是一般价格水平上升的重要推手，但影响强度存在显著国别差异（Wagner，2005；Altar et al.，2009；Vaona，2010；Borgersen & King，2011；Nagayasu，2017）。另有学者注意到生产率增长差异与结构通胀间动态关系的复杂性，指出巴—萨效应只能对结构性通胀提供微弱解释，可能是因为忽视部门间的相互依存以及生产率增长差异与部门规模之间的内生关系导致低估偏差，认为部门生产率增长差异下降可被生产率增长传导上升所弥补（反之则反是），最终导致通胀压力增大（Borgersen & King，2011）；还有学者利用空间计

[①] 这7个发达国家分别是美国、英国、日本、德国、意大利、法国和比利时。
[②] 具体而言，韩国巴—萨效应系数为0.13，印度尼西亚为0.76，而中国香港则达到0.90，非常接近巴—萨理论预测值1（Kakkar & Yan，2011）。

量模型研究了日本的城市空间分布以及巴—萨效应对城市一般价格水平的影响，发现生产率和空间溢出效应能够解释城市一般价格水平（Nagayasu，2017）。有学者从收入变动对价格水平影响的角度考察巴—萨效应：其中部分学者发现收入水平增长助推价格水平高企，巴—萨假说关于收入效应的预言得到了经验数据的支持（Cheung & Fujii，2012；Herrendorf & Valentinyi，2012）；也有学者对发展中国家的研究则发现大部分低收入国家不存在收入与价格之间的正向关联，有的甚至出现非线性负向关联（Hassan，2011）。

二、关于国际巴—萨效应的实证研究

（一）基于发达经济体样本的研究

巴拉萨（1964）使用1960年美国等12个发达国家的数据，将购买力平价（PPP）对于均衡汇率的偏离对人均国民收入（GNP）进行回归，发现以人均收入为表征的生产率水平与实际汇率之间具有统计上的显著正向联系，证明了国际巴—萨效应的存在性。此后，大量文献基于发达经济体的数据实证研究了国际巴—萨效应问题。

诸多文献基于传统计量统计方法研究了美国、欧元区和日本等发达经济体生产率对实际汇率（国际相对通胀）的影响，尽管这些文献的生产率表达方法不尽相同，但总体结论是实际汇率与包括生产率在内的经济基本面之间存在系统性的长期关联，表明国际巴—萨效应显著存在（Hsieh，1982；Gregorio et al.，1994；Gregorio & Wolf，1994；Canzoneri et al.，1999；Alexius & Nilsson，2000；奥伯斯法尔德，2011；Dekle，2013；Olson，2013；Kakkar & Yan，2014；Tintin，2014）。但这些文献在巴—萨效应传导效率、巴—萨效应的短期和长期表现以及模型适用上有显著差异，如有学者认为巴—萨效应传导较完全（Olson，2013）；也有学者发现巴—萨假说在长期才成立（奥伯斯法尔德，2011；Dekle，2013；Tintin，2014）；另有学者则发现在标准巴—萨模型中加入贸易条件更能解释实际汇率变动（Gregorio & Wolf，1994；Tintin，2014）[①]，与此同时也有学者认为很少有证据表明贸易条件会影响均衡实际汇率（Alexius & Nilsson，2000）。

部分文献基于新假设或使用新的统计计量方法研究发达经济体的巴—萨效应也证明巴—萨假说是成立的。其中有学者认为巴—萨效应获得较少经验支持部分

---

① 类似的，姜波克和莫涛（2009）认为发展中国家贸易条件的劣势会影响巴—萨效应的传导。

是因为对巴—萨假说的检验将国家间生产率水平视为固定的，指出如果生产率遵循"跳扩散过程"（jump-diffusion process），这类检验将得到错误的生产率测度并将产生对巴—萨效应的有偏估计（Ha & Kompas, 2008）。另有学者利用协整系统局部投影方法（local projection for cointegrated systems approach）[①] 发现，加入巴—萨效应估计的实际汇率偏离其均衡值的半衰期（half-live）显著下降，而忽视巴—萨效应则导致半衰期估计有向上偏差（upwardly biased）（Jorda & Taylor, 2010）。

与上述文献相反，部分文献同样研究发达经济体的国际巴—萨效应，但发现国内外相对生产率（部门相对价格）差异对于解释长期实际汇率水平的跨国差异几乎没有帮助，相对生产率（部门相对价格）差异与实际汇率之间的关系并不符合巴—萨假说（Marston, 1987; Faria & Leon-Ledesma, 2003; Gubler & Sax, 2011; Steenkamp, 2013）。其中有学者特别指出序列的不同单整阶数以及变量之间缺乏长期稳定的关系将会导致虚假回归（Faria & Leon-Ledesma, 2003）。

有些文献的研究结论并不明确，认为并非所有 OECD 国家相对生产率（非贸易品相对价格）与实际汇率之间的关系都完全符合巴—萨假说（Drine & Rault, 2005; Miyajima, 2005）。其中有研究表明贸易品价格偏离"一价定律"导致的部分国家实际汇率与非贸易品相对价格之间缺乏长期正向关系是巴—萨假说在这些国家不成立的原因（Drine & Rault, 2005）；也有研究发现虽然部门全要素生产率增长与实际汇率升值之间存在系统关联，但贸易品部门与非贸易品部门间的全要素生产率增长差异与经济增长之间并不存在系统性联系，因为很多情形下经济增长是在两部门生产率平衡增长甚至是在非贸易品部门生产率更快增长的条件下实现的，并基于这些实证结果再次强调了哈伯格（Harberger, 2003）所做出的警告："这一观察应该足以让经济学家和政策制定者们谨慎对待长期的 GDP 变化与实际汇率之间存在天然联系的假设"（Miyajima, 2005）。

（二）基于发展中（转型）经济体样本的研究

诸多学者研究了俄罗斯、罗马尼亚、波兰和中东欧等转型或发展中经济体的（部门）生产率、部门相对价格对实际汇率（国内外相对价格）的影响，发现长期来看，国内外相对生产率差异、部门相对价格差异与实际汇率（国内外相对价格）之间有着稳定的内在关联，国际巴—萨效应不同程度上均存在（Ehsan et

---

[①] 该方法可对长期均衡调整动态进行半参数测度，也可以将调整动态区分为被长期力量（如巴—萨效应）解释的组分和仅在短期有影响的摩擦组分。

al., 2005; Gurvich et al., 2008; Altar et al., 2009; Sonora & Tica, 2009; Konopczak & Torój, 2010; 冯雅洁, 2012; Konopczak, 2014; 柯金川和蒋超楠, 2015)。但这些文献在关注重点、研究方法、长短期分析和控制变量等方面有明显不同。有的文献强调巴—萨效应的存在性可用来判断经济增长是否健康（Gurvich et al., 2008）。有的学者则关注巴—萨效应对经济竞争力的影响（Altar et al., 2009）。有的文献则强调了采用不同计量方法、区分短期和长期以及在回归中控制国内外工资差异的重要性（Konopczak & Torój, 2010）。另有学者则基于国内外价格差异对生产率差异的响应弹性显著小于 1 的经验事实，认为巴—萨效应传导并不完全，而且指出了一个非常重要但却往往被忽视的问题，即到底哪些因素弱化了巴—萨效应的传导，并进一步利用数据检验了劳动力市场和产品市场在吸收巴—萨效应上的有效性（Konopczak, 2014）。

但也有以发展中（转型）经济体为样本的研究并不支持巴—萨假说。有学者以罗马尼亚—欧元区为样本的分析只找到了巴—萨效应存在的微弱证据，认为巴—萨效应对国内外价格差异只有边际影响（Dedu & Dumitrescu, 2010）。另有学者对中东欧等经济体的研究发现生产率上升并不促进实际汇率升值（Tabarraei, 2013）。甚至有文献发现了反向巴—萨效应，即人均 GDP 上升在短期和长期均导致实际汇率贬值（Sy & Tabarraei, 2013）。

此外，部分文献的结论并不明确，如有学者使用 20 个拉丁美洲国家的年度数据检验伴随经济增长的贸易品部门与非贸易品部门相对生产率差异是否可以解释实际汇率升值，研究发现，在标准时间序列方法下，20 个拉丁美洲国家中有 11 个国家的数据拒绝巴—萨假说，但采用新的面板协整技术则证明拉丁美洲国家整体性的符合巴—萨假说，其对中美洲和南美洲分别展开的研究也证明了巴—萨效应的存在性（Drine & Rault, 2003）。

（三）基于发达国家和发展中国家混合样本的研究

有些文献利用包含发达国家和发展中国家的混合样本研究发现，巴—萨效应在发达国家和发展中国家均显著存在，但发达国家巴—萨效应往往强于发展中国家（王泽填和姚洋, 2008; Joya, 2009; Kakkar & Yan, 2011; 王雪珂和姚洋, 2013; 徐坡岭和刘来会, 2017）。其中王泽填和姚洋（2008）、王雪珂和姚洋（2013）证明了以农村人口比例表示的城乡二元结构会减弱巴—萨效应，认为城乡二元结构是造成发展中国家巴—萨效应较弱的重要原因，而徐坡岭和刘来会（2017）的实证分析则表明相对劳动密集度差异是削弱发展中国家巴—萨效应的原因之一。

诸多学者利用混合样本的研究结果则表明国际巴—萨效应存在显著的国家异质性。其中伊藤等（Ito et al.，1997）发现并非所有经济体经济增长与实际汇率之间的关系都会严格遵循巴—萨效应，巴—萨假说对于一个特定经济体的适用性取决于该经济体的发展阶段。伊藤等（1997）的经验证据表明，巴—萨效应在致力于通过改变产业结构和出口结构实现快速增长的资源缺乏的开放型经济体更为适用，他们还发现了不同国家非贸易品价格相对于贸易品价格的差异化演变规律以及贸易品价格偏离"一价定律"等质疑巴—萨效应传导环节的证据。此外，有学者指出在回归中控制变量设置和计量技术选择的差异会产生不同的经验结果（Chinn，2000）。而孙章杰和傅强（2014）则基于面板门限模型研究了城乡二元结构对巴—萨效应的影响，实际上是对王泽填和姚洋（2008）、王雪珂和姚洋（2013）等研究的延续和深化。孙章杰和傅强（2014）发现二元结构对巴—萨效应的吸收存在明显的双门限特征，高收入国家往往不存在明显的二元结构问题，其巴—萨效应显著，中等收入国家基本上跨过了第一门限值，其巴—萨效应存在，但强度弱于高收入国家，而低收入国家一般尚未跨过第二门限值，因而巴—萨效应完全被吸收。他们认为不同的国家有不同的二元结构水平，而不同的二元结构下工资与劳动生产率间的互动方式会有区别，因而劳动生产率对实际汇率的传导效率往往存在国别差异。

此外，有学者利用 53 个国家 1950~1995 年以 5 年为间隔的数据发现，尽管在 20 世纪 50 年代中期跨国截面的证据表明巴—萨效应并不显著，但随着时间的推移，1960~1995 年，跨国截面意义上的巴—萨效应（相对人均实际收入对相对价格水平的影响）变得越来越显著（Bergin et al.，2006）。另有经验研究发现，巴—萨效应不同的实现环节在 OECD 国家和拉美国家有不同表现，部门生产率差异与部门价格差异间的关联在 OECD 国家和拉美国家均存在，但部门间价格差异与实际汇率间的关联只在拉美国家存在（Solanes & Flores，2009）。此外，有学者发现发达国家贸易品部门相对于非贸易品部门生产率的提高往往促使实际汇率贬值，而增长相对较快的发展中国家大多经历实际汇率贬值，这一发现与巴—萨假说明显不符（Dumrongrittikul，2011）。

三、关于巴—萨效应在中国存在性的相关研究

伊藤等（1997）最早直接在巴—萨假说语境中讨论人民币汇率问题，俞萌（2001）是国内最早直接运用巴—萨假说研究人民币实际汇率的文献。伊藤等（1997）的初步观察发现，1973~1992 年中国经济增长与实际汇率贬值并存意味

着巴—萨假说在中国不成立。而俞萌（2001）发现1994~1999年人民币实际汇率变动与经济增长率之间呈现正相关关系，且同期非贸易品价格指数增速显著高于贸易品价格指数，表明巴—萨假说在一定程度上得到了验证。

经过伊藤等（1997）和俞萌（2001）的推介，加之1997年亚洲金融危机爆发后人民币汇率问题成为国际社会讨论的热点话题，基于巴—萨假说研究人民币汇率迅速成为热门方向，短期内涌现出大量的文献，早期的文献主要侧重于人民币汇率变化中巴—萨效应存在性的研究。

诸多文献尽管在实证样本、生产率算法以及计量方法上存在很大差异，但这些文献均发现，中国贸易品部门与非贸易品部门劳动生产率增速的结构性变化符合巴—萨假说的前提，而且部门生产率的结构性变化能较好地解释人民币实际汇率变动，相对于非贸易品部门而言，中国贸易品部门生产率增长更快时，人民币实际汇率趋于升值，表明中国存在巴—萨效应（王维，2003；Cheung et al.，2005；王苍峰和岳咬兴，2006；卢锋和刘鎏，2007；唐旭和钱士春，2007）。其中卢锋和刘鎏（2007）特别强调采用劳均产出等总量性生产率指标所得出的理论假说与经验证据不一致的结论，根源在于理论变量与度量指标匹配不当。此外，杨长江和程锋（2008）认为，劳动无限供给条件下巴—萨效应模型对1994年之后人民币实际汇率贬值具有良好的解释力。

与上述学者相反，在早期文献中许多学者质疑巴—萨假说在中国的适用性。潘英丽（2004）认为从实体经济而言，中国不存在巴—萨效应。胡援成和曾超（2004）发现用人均GDP增长率度量的劳动生产率增长对人民币实际汇率的影响方向与巴—萨假说的预测不一致，中国生产率上升并没有成为人民币实际汇率升值的直接推力，原因是中国隐性失业的存在导致生产率影响工资及物价进而影响实际汇率的传导机制受到抑制。弗兰克尔（Frankel，2005）则估算了1990~2000年巴—萨效应关系对数模型，发现人民币实际汇率观察值相对于巴—萨效应估计常态关系明显低估，1990年和2000年低估程度分别为42%和35%~45%。与伊藤等（1997）相似，部分学者也认为巴—萨效应只存在于产业结构已经实现升级和经济已经成功从农业经济向制造业经济转型的经济体，但由于产业结构和贸易结构的缘故，巴—萨效应在中国并不存在，但随着中国产业结构持续升级以及贸易品部门和非贸易品部门工资的上升，人民币将会因巴—萨效应而不断升值（Gao，2006）。林毅夫（2007）通过梳理巴—萨效应传导环节并结合经验数据分析，发现巴—萨效应传导的部分环节在中国并不成立，认为不能用巴—萨假说来解释人民币实际汇率的变化。此外，有研究表明，尽管中国劳动生产率和价格变化的情况符合巴—萨假说的前提，但人民币实际汇率在1990~2006年并没有表现出升值的趋势，认为贸易品价格偏离"一价定律"、资本流出和加入世界贸易组织（WTO）的贸易改革完全抵消了巴—萨效应（Tyers & Golley，2008）。

由于2008年美国次贷危机后中国政府决定人民币重新盯住美元，人民币汇率不断积累相对美元的升值压力，美国等发达国家又开始对人民币汇率施压，要求人民币升值。在这样的背景下，近些年基于巴—萨假说研究人民币汇率问题的文献迅速增长。从新近文献来看，不仅巴—萨效应在中国的存在性持续吸引着学者的关注，人民币汇率变化中巴—萨效应的传导机制和影响因素等逐渐成为学者们新的研究兴趣和讨论热点。

有学者研究发现，巴—萨假说及其传导环节在中国成立，而且，较之于官方汇率，黑市汇率与巴—萨假说的预测更一致（Guo，2010）。另有文献采用了突出跨部门非对称生产率冲击的新模型也证明中国存在巴—萨效应（Guo & Hall，2010）。徐建炜和杨盼盼（2011）、胡再勇（2013）则指出，在计量回归中控制贸易品价格偏离"一价定律"因素后可以发现中国存在巴—萨效应的证据，不过，相对于贸易品价格偏离"一价定律"因素，巴—萨效应对实际汇率的影响是次要的。孙章杰和傅强（2014）认为巴—萨效应存在基于二元结构的"双门限效应"，中国在2000年跨过第一门限值（4.14%），近年来逐渐接近第二门限值（3.88%），巴—萨效应在中国越来越显著。此外，其他一些文献也证实了巴—萨效应在中国的存在性（王凯和庞震，2012；Tang & Zhou，2013；Dekle，2013）。

另外，胡德宝和苏基溶（2013，2015）、赵进文和苏明政（2014）、苏明政和张庆君（2015）等使用中国省级面板数据考察了巴—萨效应问题，不仅证实了巴—萨效应的存在性，而且也深入探讨了巴—萨效应强度的影响因素。其中，胡德宝和苏基溶（2013）将城乡二元结构下的劳动力市场分割和政府需求纳入巴—萨假说框架进行了扩展研究，发现生产率提升会促进人民币升值，而源自劳动力市场分割的部门间收入差距阻碍了人民币升值，且巴—萨效应存在明显区域异质性。胡德宝和苏基溶（2015）认为整体上中国吸收的外商直接投资（FDI）通过提高贸易品部门的相对劳动生产率促进人民币实际汇率升值，但外商直接投资对人民币汇率的影响存在区域差异，东部地区FDI会使人民币汇率贬值，而中西部FDI则会使人民币汇率存在升值压力。赵进文和苏明政（2014）将面板平滑转移模型引入巴—萨效应的分析中，着重考虑金融一体化与劳动力市场分割差异对巴—萨效应发挥的影响，研究发现，巴—萨效应的发挥受劳动力市场分割情况以及金融市场一体化程度差异的影响，金融一体化程度越高，巴—萨效应越明显，劳动力市场分割程度越低，巴—萨效应越显著。苏明政和张庆君（2015）则证明我国各省级行政区巴—萨效应的强弱会受资金吸引力与对外依存度的影响，其中，资金吸引力对巴—萨效应的影响是线性的，而对外依存度对巴—萨效应的影响是非线性的。

在近期的研究中，也有部分学者质疑巴—萨假说在中国的适用性。如有学者研究发现，虽然中国生产率及价格的变动情况符合巴—萨假说的部分前提，但中国并不存在显著的巴—萨效应（Hall & Guo，2012；Kakkar & Yan，2014）。有学者的研究进一步表明，忽视面板数据环境中的空间依存性（location interdependence）将导致实证结果的偏误，而采用空间面板可行广义最小二乘法（locational panel feasible GLS）进行实证分析可纠正这一偏误（Hall & Guo，2012）。冯雅洁（2012）则认为由于中国贸易品部门与非贸易品部门相对劳动生产率的提高并没有促进非贸易品与贸易品相对价格的上升，因此，尽管非贸易品与贸易品相对价格的提高会使人民币实际汇率升值，但由于部门相对生产率对部门相对价格的传导环节受到抑制，因此巴—萨假说在中国并不成立。

第三节 关于巴—萨假说的两个重要争论

基于可贸易性的部门划分及在其基础上的部门生产率测度是实证研究巴—萨效应的技术基础，因而，是否进行科学的部门划分和严谨的生产率测度决定着巴—萨效应研究的确切性和准确性。由于各种主客观原因，国内外学者在部门划分以及生产率测度上的做法存在很大差别，致使对巴—萨效应实证研究的结论也难以形成共识，从而引起了关于部门划分标准和生产率表达方法选择的巨大争议。

一、关于部门划分标准的争论

部分研究巴—萨效应的文献并没有划分贸易品部门和非贸易品部门（胡援成和曾超，2004；王泽填和姚洋，2008；Jorda & Taylor，2010；Hassan，2011；Sy & Tabarraei，2013；孙章杰和傅强，2014）。严格地说，这种做法与巴—萨假说的理论实质并不相符，因而可能威胁到研究问题的确切性、科学性以及实证结果的可靠性。

部分文献则使用主观判断法进行部门划分。主观判断法对于非贸易品部门的划分几乎形成一致意见，即普遍地将服务业视作非贸易品部门，但对贸易品部门的划分则存在相当程度的争议。主观判断法下大部分学者将制造业部门视为贸易品部门（伊藤等，1997；卢锋和刘鎏，2007；Altar et al.，2009；Guo，2010；Konopczak & Torój，2010；徐建炜和杨盼盼，2011；Cheung & Fujii，2012）。部分学者用工业部门代表贸易品部门（Halpern & Wyplosz，2001；Fischer，2002；王雪珂和姚洋，2013）。还有学者将制造业部门和农业部门视为贸易品部门（Canzoneri et al.，1999；Drine & Rault，2005），与之类似，部分学者把农业部门和工业部门视为贸易品部门（Wang et al.，2016）。主观判断法的优点是简单易操作，定性基本可靠，但缺乏令人信服的严格理论基础和经验证据。

与此同时，诸多文献采用基于部门产品可贸易性的可贸易比率法，认为如果部门出口额占部门生产总值之比超过10%，该部门应被视为贸易品部门，如果部门出口额占部门生产总值之比低于10%，则该部门应被视为非贸易品部门（Gregorio et al.，1994；Sonora & Tica，2009；Joya，2009；Restout，2009；Christopoulos et al.，2012）。可以看出，可贸易比率法因使用可贸易性标准而具有较好的科学基础。但有学者认为可贸易比率法将部门可贸易性视为外生和固定是有疑问的，指出贸易成本下降可提高部门产品的可贸易性并发现了部门可贸易性内生的经验证据，证明了考虑部门可贸易程度的内生性有助于发现更显著的巴—萨效应（Bergin & Glick，2007）。尽管对部门可贸易性内生的考虑具有重要价值，但可以想见，如果在跨国大样本范围实证研究巴—萨效应时充分考虑部门可贸易程度的内生性和时变性将使研究变得极为困难甚至无法进行。此外，部分学者结合可贸易比率和价格协同检验提出了新的部门分类法以避免因部门分类不当导致对巴—萨效应的估计偏误（Dumrongrittikul，2011）。

还有部分学者另辟蹊径，基于新经济地理理论对部门进行划分，认为对规模经济效益的追求往往会使贸易品部门产生地理集聚现象，而非贸易品部门由于需要面对面的消费则与人口分布更接近，因而可通过测度部门地理集中度如区位基尼系数（locational Gini coefficients）来确定部门可贸易性，将人口密度高的部门视为非贸易品部门，人口密度低的部门视作贸易品部门（Karádi & Koren，2008；Jensen & Kletzer，2010；Schmillen，2011）。

此外，农业部门到底属于贸易品部门还是非贸易品部门也存有争议。部分学者考虑农业和渔业交易价格和交易数量容易受到行政干预和随机事件影响，在研究巴—萨效应问题时直接剔除农业和渔业（Konopczak & Torój，2010；Dedu & Dumitrescu，2010；Konopczak，2014）。然而，显而易见的是，如果经济总量中农业和渔业部门份额很高或其生产率变化相对较大，在研究中不考虑农业和渔业部门将影响研究结论的有效性。

二、关于生产率表达方法的争论

关于生产率表达方法的争议可以分成两个层面的争论，一是不对部门进行划分而直接采用人均 GDP、人均 GNP 或总体性全要素生产率等总量指标来表达生产率进而研究巴—萨效应的做法是否科学，二是如果对部门进行划分，究竟应该用劳动生产率还是全要素生产率来表达部门生产率。

关于第一个层面的争论。由于各种主客观原因，不少文献直接基于人均 GDP 或人均收入研究巴—萨效应（胡援成和曾超，2004；Drine & Rault，2005；Gao，2006；王泽填和姚洋，2008；Jorda & Taylor，2010；Hassan，2011；Sy & Tabarraei，2013；柯金川和蒋超楠，2015；孙章杰和傅强，2014）。但有学者质疑这种做法的科学性，认为使用人均收入或劳均产出等总量性生产率指标尽管具有一定的合理性，但巴—萨假说强调的是贸易品部门与非贸易品部门相对生产率对实际汇率（相对价格）的长期影响，因而这一变通处理不仅不能真正表达巴—萨效应，还会涵盖影响实际汇率的其他因素，会在很大程度上造成对巴—萨效应的高估（Dumrongrittikul，2011；王雪珂和姚洋，2013）。不仅如此，由于巴—萨假说要求的变量与实际度量指标的匹配不当，容易造成理论假说与经验证据不一致的结论（卢锋和刘鎏，2007）。

关于第二个层面的争论。大量文献首先在进行部门划分后测算部门劳动生产率，然后基于部门劳动生产率实证研究巴—萨效应问题（卢锋和刘鎏，2007；Gurvich et al.，2008；Altar et al.，2009；Solanes & Flores，2009；Sonora & Tica，2009；Konopczak & Torój，2010；Dumrongrittikul，2011；徐建炜和杨盼盼，2011；Cheung & Fujii，2012；王雪珂和姚洋，2013；Konopczak，2014）。但是，有很多学者认为，巴—萨假说要求的生产率在本质上应是全要素生产率（TFP），将劳动生产率作为生产率的代表（由于不能隔离需求效应）可能产生估计偏误（Joya，2009；Restout，2009；Guo & Hall，2010；Gubler & Sax，2011；Kakkar & Yan，2011；Frensch & Schmillen，2011；Kakkar & Yan，2014；Cardi & Restout，2015）。部分学者还进一步指出，用索洛残差表示的全要素生产率冲击可能并非外生，认为经市场力量调整的全要素生产率（market power-based Solow residual）可以避免变量可能的内生性以纠正实证中的实质性偏差（Restout，2009）。此外，有学者认为测算全要素生产率时采用特定而随意的生产函数形式以及可能造成弱化偏差（attenuation bias）的解释变量内生性问题将导致经验研究中的低估偏误（downward-biased），建议采用基于贸易的品类测度（trade-based variety measures）

来识别生产率以避免变量测度错误及其所可能引致的内生问题（Frensch & Schmillen, 2011）。卢锋和韩晓亚（2006）则指出，劳动生产率与全要素生产率均符合巴—萨假说的要求，不过，与全要素生产率相比，劳动生产率的计算在国家范围和产业范围的数据可得性上具有明显优势，而且不会有全要素生产率测算过程中由于模型设计和计量方法选择差异带来的主观偏差。

第四节 巴—萨效应传导受阻的原因

国内外学者基于巴—萨效应传导的理论路径主要考察了劳动力市场、金融发展、生产商行为和制度因素等对巴—萨效应传导的影响。

一、劳动力市场和人口因素的影响

（一）劳动力市场摩擦的影响

由于部门间劳动力自由流动性假设在巴—萨假说中的重要地位，众多学者从劳动力市场摩擦角度研究巴—萨效应传导不完全的原因，一般的结论是劳动力市场摩擦会扭曲部门相对生产率与部门相对工资、部门相对生产率与部门相对价格之间的关联，最终不利于巴—萨效应的传导。

有文献定性地提到劳动力市场摩擦导致部门工资套利充分性受限使部门相对生产率与实际汇率之间的关系受到扭曲（Dumrongrittikul, 2011）。有学者基于失业搜寻（search unemployment）的理论分析和实证结果发现，劳动力市场匹配效率通过影响就业与失业选择以及劳动力跨部门流动改变实际汇率与部门生产率之间结构关系的强度，劳动力市场匹配效率低导致失业搜寻比例高，劳动力市场摩擦（雇佣和解雇成本）上升将通过阻隔相对生产率向相对工资进而向相对价格的传导而降低巴—萨效应（Sheng & Xu, 2011）。王雪珂和姚洋（2013）发现劳动力自由流动会促进实际汇率升值，却会对巴—萨效应产生抵消作用，认为可能因为劳动力自由流动通过促进农村人口向工业部门转移抑制了巴—萨效应的发挥。另有学者通过理论建模和实证分析考察了劳动力市场摩擦在影响巴—萨效应方面的作用，其基于中东欧国家样本的经验分析表明，斯洛伐克的劳动力市场成为巴—萨效应的重要吸收机制，而波兰和捷克的劳动力市场则扮演了巴—萨效应放大器的角色（Konopczak, 2014）。赵进文和苏明政（2014）的实证研究则发现严重的劳动力市场分割将制约巴—萨效应的有效发挥。此外，部分学者认为劳动力市场完全竞争的假设过强，证明了部门间劳动的非完全替代性导致劳动力跨部门流动的难度将影响部门相对工资变动对部门相对生产率差异的反应程度，从而影响巴—萨效应的传导，他们还展望了从解雇成本、慷慨的失业救济计划以及工会力量等角度研究源自劳动力市场管制的跨部门转移成本影响巴—萨效应传导问题的可能性（Cardi & Restout，2015）。还有学者强调中国户籍制度对劳动力自由流动造成了制度性壁垒，研究发现中国劳动力市场制度性摩擦的去除将促进劳动力由传统农业部门向现代工业部门转移，推动人民币实际汇率升值（Menzies et al.，2016）。

与上述文献的一般结论相反，部分文献基于欧盟国家的实证分析表明就业保护程度增加即部门间劳动力流动难度加大会导致实际汇率升值（Quéré & Coulibaly，2013）。

（二）劳动力数量和结构的影响

很多学者从劳动力数量视角讨论巴—萨效应传导效率问题，认为劳动力数量的绝对变化会影响巴—萨效应传导，指出劳动力数量增长会增加劳动供给，提高失业率，降低名义工资，从而抵消巴—萨假说中由生产率驱动的工资变化，这类文献强调忽视这一机制将导致认识上的重要偏误。其中部分学者只是定性地表达了类似的观点，并没有进行专门考察和系统研究，也没有给出严格的经验证据（伊藤等，1997；关志雄，2003；胡援成和曾超，2004；哈继铭，2005；罗格夫，2005；孙国峰，2011），而另一些学者则通过建立理论模型或（并）运用经验数据较为系统地验证了劳动力数量增长将抑制巴—萨效应发挥的观点（杨长江，2002；王泽填和姚洋，2009；Yao，2011；Hassan & Salim，2013；韩嘉莹和沈悦，2012；王雪珂和姚洋，2013；孙章杰和傅强，2014）。上述从劳动力数量角度研究巴—萨效应传导效率的文献大多强调城乡二元结构下农村大量富余劳动力的存在将通过劳动力供求机制抑制巴—萨效应的传导，其中中国是受到广泛关注的研究对象。

此外，不少学者从劳动力结构层面发掘影响巴—萨效应传导效率的原因。有学者通过迭代模型发现，老年人从高生产率经济体移民到低生产率经济体将降低后者的劳动力比率，进而抬高低生产率经济体的工资和价格，从而影响巴—萨效应传导（Zuleta et al.，2009）。另有学者通过建立理论模型研究了劳动力性别结构决定的婚姻竞争对于巴—萨效应传导的影响，认为男性相对过剩导致的激烈婚姻竞争将通过储蓄渠道和有效劳动供给渠道使实际汇率贬值，其经验分析也表明男性比率高的地区和国家非贸易品相对价格更低，实际汇率贬值（Du & Wei，

2011)。还有文献通过理论模型和实证分析发现实际汇率对生产率冲击的响应弹性取决于用一国熟练工人比例表示的劳动力技术结构,熟练劳动力比例越高,实际汇率越趋于升值(Doan et al., 2014; Bodart & Carpantier, 2014)。

与此同时,有学者从人口地理分布的视角解释巴—萨效应弱化或强化的机理,他们基于制造业在地理上远离消费者和服务业靠近消费者的假设构建空间模型发现,不仅人口密集的高度城市化的国家巴—萨效应更强,而且离消费者更近的部门具有更明显的巴—萨效应(Karádi & Koren, 2008)。

二、金融发展的影响

有文献研究发现,由于生产率增长可通过降低违约概率使国家风险溢价内生性地下降,而风险下降所致的信贷成本变化可能影响面临金融摩擦的公司的生产率,因而,供给冲击(巴—萨效应)和需求冲击(实际利率)可能并非外生和相互独立,巴—萨效应和实际利率及其互动能够解释大部分的实际汇率升值(Urrutia & Meza, 2010)。另有学者强调资本流入约束在巴—萨效应传导中会发挥重要作用。其中有的学者指出,虽然一些亚洲国家贸易品部门生产率增长迅速,但这些国家却只经历了小幅度的实际汇率升值甚至出现实际汇率贬值,其以中国和新加坡等亚洲经济体为例进行数值模拟发现,实际汇率并不仅仅取决于生产率,也取决于外部融资约束水平、时间偏好率以及受供养人口比率(Gente, 2006)。有的学者则认为资本流入制约下实际汇率取决于一国在国际资本市场上的借贷能力,如果借贷能力受限,生产率冲击不仅通过巴—萨效应起作用,也通过需求效应起作用,从而巴—萨效应可能被逆转(Christopoulos et al., 2012)。此外,赵进文和苏明政(2014)以中国省级面板数据实证研究发现巴—萨效应的发挥在一定程度上取决于金融市场的一体化水平,金融一体化水平越高,巴—萨效应越明显,反之则反是。

三、生产商行为的影响

诸多学者研究了生产商技术选择行为对巴—萨效应传导的影响(Méjean, 2008; Hamano, 2011; Gubler & Sax, 2012)。其中有的学者基于部门广延边际(extensive margins)(交易商品的品类数)内生决定的理论模型及实证分析表明,在国家经历巴—萨效应生产率冲击时,如果厂商扩展其广延边际而不只是扩展集约边际(intensive margins)(生产规模),由于生产率增长以及对消费者多元偏好的满足,工人工资与非贸易品价格将上升更多,实际汇率升值幅度更大,也即巴—萨效应被放大(Hamano,2011)。另有学者认为有利于贸易品部门资本生产率提升的技能偏向(skill-biased)将对低技能劳动产生需求排斥效应(源于低技能劳动与资本之间的高替代性)和需求吸引效应(源于对非贸易品的需求增加),若需求排斥效应大于需求吸引效应,则对低技能劳动的总需求下降,进而工资和价格降低,巴—萨效应被逆转(Gubler & Sax,2012)。

还有学者分析了厂商定价策略行为对巴—萨效应传导的影响,认为厂商面对技术冲击时的价格加成变化(markup variations)和依市定价策略(pricing-to-market)等定价行为可能会导致贸易品价格偏离"一价定律",从而吸收贸易品部门生产率增长对相对价格上升和实际汇率升值产生的压力,因而不考虑厂商定价策略对技术冲击的反应将低估生产率冲击对实际汇率的影响,导致巴—萨效应测度失真(Restout,2009;Peltonen & Sager,2009;Konopczak,2014)。

此外,有学者在其理论模型中考虑了贸易品生产商内生地理选择(endogenous location)行为,认为贸易品部门相对于非贸易品部门生产率的非对称改善将促使新公司进入市场,这将通过节约交易成本使当地非贸易品部门工资相对上升,从而强化巴—萨效应(Méjean,2008)。

四、制度因素的影响

有学者研究指出,浮动汇率制度下工业部门与服务部门间生产率差异并不显著地影响实际汇率,而实行固定汇率制度的国家这两者间则存在显著负向关联,这与巴—萨假说不符(Peltonen & Sager,2009)。另有文献则发现,较之于采取灵活汇率制度的国家,实行钉住汇率制度或者直接采用欧元的国家部门间生产率增长差异将促进实际汇率更大幅度的升值(D'Adamo & Rovelli,2013)。类似地,有学者指出发展中国家和发达国家的汇率制度差异会导致不同的巴—萨效应表现,强调考虑发达国家和发展中国家的汇率制度环境差异有助于研究质量的提高(Dumrongrittikul,2011)。还有很多学者认为中国在外汇市场上大规模单向干预的汇率政策是事实上的钉住汇率制度,人民币名义汇率具有相当程度的外生性,加之稳定国内物价水平的政策,遏制了贸易品部门与非贸易品部门生产率结构性增长差异等因素所要求的实际汇率调整,从而阻碍了巴—萨效应的传导(张斌和何帆,2006;Bergsten,2010;蔡少琴,2012)。

此外,有学者从政府价格管制制度视角探寻巴—萨效应传导效率差异的原因,发现罗马尼亚政府对非贸易品的价格管制削弱了巴—萨效应的传导,如果控制影响非贸易品价格的制度因素,巴—萨效应驱动的通货膨胀年平均值将由 0.6% 提升至 2.46% (Dumitru & Jianu, 2009)。另有学者基于市场进入管制视角研究巴—萨效应传导效率的影响因素,认为欧洲国家产品的市场进入管制将会降低市场竞争性,强化巴—萨效应传导,从而促使实际汇率更大程度的升值 (Quéré & Coulibaly, 2013)。

五、其他因素的影响

有文献研究发现,贸易条件的变化可能通过非贸易品相对价格渠道抵消传统巴—萨效应,贸易条件抵消效应的强度取决于贸易品消费中的本国偏好以及国内外贸易品的替代弹性,而贸易成本的变化会使不同货币制度下的本国偏好和替代弹性等参数发生改变 (Bordo et al., 2014)。另有文献从资本要素的异质性角度解释非贸易品相对价格的变化,认为标准的巴—萨模型假设要素是同质的,因而非贸易品相对价格取决于部门间的相对要素份额和部门资本—劳动比的变化,因此非贸易品相对价格的明显变化需要通过部门资本—劳动比的显著改变来实现,然而却没有经验证据表明部门资本—劳动比发生了显著变化,通过放松要素同质的假设,作者发现资本要素的异质性(资本品的部门专有属性)导致的资本不可替代可以强化巴—萨效应 (Lambrias, 2016)。

此外,国内学者唐翔 (2012) 以"公路货运业"和"煤炭开采业"为案例研究了中国地区"竞次" (race to the bottom) 对工资和人民币实际汇率的影响,发现涉及所有部门且日益恶化的地区竞次导致各部门单位产出的中间投入和工资成本有不断下降趋势,进而通过三种价格乘数效应对一般价格和工资水平产生了较大的压低作用,致使中国的相对价格水平即实际汇率长期走低,认为中国的地区竞次完全可以解释"人民币低估之谜"。徐坡岭和刘来会 (2017) 则研究了贸易品部门与非贸易品部门相对劳动密集度对于巴—萨效应传导的作用,发现部门相对劳动密集度对巴—萨效应传导在发达国家和发展中国家具有非对称的特性,部门相对劳动密集度会促进发达国家巴—萨效应的发挥,但却阻碍了发展中国家巴—萨效应的传导,认为部门相对劳动密集度是削弱发展中国家巴—萨效应的重要原因。

第五节 总结与评论

自巴拉萨 (1964) 和萨缪尔森 (1964) 的开创性论文发表以来,国内外学者围绕巴—萨假说（巴—萨效应）展开了大量的研究，形成了极为丰富的研究成果。在早期，关于巴—萨效应的研究主要以为巴—萨假说建立理论模型和实证检验巴—萨效应的存在性为主，其中实证检验巴—萨假说是否成立方面的文献最为密集。然而，关于巴—萨效应存在性的实证分析结果存在巨大差异，有的实证结果表明巴—萨假说成立，有的经验研究证明巴—萨效应不存在。尽管实证结果存在差别，但以下观点还是得到广泛认同：第一，一国经济发展程度对巴—萨效应的显现具有重要影响，发达国家往往具有更显著的巴—萨效应，而发展中国家巴—萨效应存在的证据相对缺乏；第二，能够证明巴—萨效应存在的文献大多发现巴—萨效应传导并不完全。此外，实证分析方法采用的不同和实证结果的巨大差异使学者们在部门划分方法、生产率表达指标选用乃至计量模型及技术适用等方面产生较大争议。

早期文献中出现的明显意见分歧和有限共识使新近文献不仅保持对巴—萨效应存在性的持续关注，而且也使对巴—萨效应传导效率影响因素的探索成为新的研究方向。新近文献不仅进一步提供了关于巴—萨效应存在性的新证据，在巴—萨效应传导效率差异成因的发掘上也取得了丰硕成果。这些新的研究为深入认识巴—萨效应的形成机理特别是其实现条件提供了更深刻的洞见，也启发了后来者思考巴—萨效应问题可能的进展方向。

可以想见，世界各国在经济体制、经济结构和经济发展战略等方面存在的巨大差异为巴—萨假说提供了不同的运用场景，因而巴—萨效应的存在性和传导效率具有明显国别差异是正常的。所以，在一个异质性很高的世界环境中寻求统一的巴—萨效应表现本身就可能不是一个正确的方向。研究巴—萨效应在特定国家或经济体的特定表现或许更应该成为努力的方向，才具有更确切的理论价值和实际参考意义。

改革开放 40 多年来，中国经济高速增长，中国的经济基本面符合巴—萨假说的前提条件，但人民币实际汇率并未出现相应长时段的持续显著升值，人民币实际汇率的演变形态与巴—萨假说不完全相符甚至存在明显冲突，现有文献在人民币汇率变化中巴—萨效应是否存在、巴—萨效应传导效率高低以及巴—萨效应传导受阻成因等关键问题上也未有定论。因而，应借鉴国内外巴—萨效应相关文献的研究成果，严格遵循巴—萨假说的逻辑要点，科学估算人民币汇率变化中巴—萨效应传导受阻程度，以明确人民币实际汇率演变形态的特殊性。在此基础上，采用规范的研究框架特别是紧密结合中国经济体制、经济结构和经济发展战略等方面的特质，深入挖掘人民币汇率变化中巴—萨效应传导受阻的决定因素，对人民币汇率变化中"巴—萨效应传导受阻之谜"做出合乎逻辑和相对完整的新解释，为理解人民币汇率的过去、把握人民币汇率的现在乃至预测人民币汇率的未来提供有价值的参考。特别值得指出的是，既有文献对巴—萨效应传导不完全基本已形成难得的相对共识，而巴—萨效应传导效率的高低应该具有异质性的经济影响，然而目前鲜见对该问题进行明确和系统的研究。因而在中国的特定语境中深入研究人民币汇率变化中巴—萨效应传导受阻的经济效应这一被忽视但却重要的问题对于拓展巴—萨效应研究视角、对于正确评价人民币汇率变化中巴—萨效应传导受阻的现象无疑具有重要意义。

第三章 人民币汇率变化中巴拉萨—萨缪尔森效应传导受阻程度估测

本章严格遵循经典巴—萨假说的逻辑要点，通过简约模型的构建、审慎的样本选择和可靠的数据采用来测度人民币汇率变化中巴—萨效应传导受阻的程度，为本书后续章节的研究提供事实前提和数据基础。

第一节 人民币汇率变化中巴—萨效应传导受阻程度估测的模型基准及算法

一、测算巴—萨效应传导受阻程度的模型基准

参照既有文献，本书考虑两国两部门的开放模型经济。两国分别为本国和外国，两部门分别为贸易品部门和非贸易品部门。按照巴拉萨（1964）的基本思想，借鉴有关文献（Wang et al.，2016；陈仪等，2018）的做法，假设两国贸易品部门（T 部门）和非贸易品部门（N 部门）均只使用劳动进行生产，且生产函数是线性的，假设两部门产品市场均为完全竞争市场。假设一国内劳动是同质的且可以在部门之间自由流动，从而两部门的工资水平相等，但在跨国意义上，劳动可以是异质的而且不能跨国流动。用 A_T 和 A_N 分别代表本国贸易品部门和非贸易品部门的劳动生产率，为了区别，外国相应变量用星号（*）表示，如 A_T^* 表示外国贸易品部门的劳动生产率。因而本国和外国两部门的生产函数可表示为以下公式：

$$Q_T = A_T L_T \qquad (3-1)$$

$$Q_N = A_N L_N \qquad (3-2)$$

第三章 人民币汇率变化中巴拉萨—萨缪尔森效应传导受阻程度估测

$$Q_T^* = A_T^* L_T^* \tag{3-3}$$

$$Q_N^* = A_N^* L_N^* \tag{3-4}$$

其中，Q 表示产出，A 表示劳动生产率，L 表示劳动投入。

参照既有文献（Hsieh，1982）的做法，假设一国一般价格水平是由该国贸易品价格和非贸易品价格的柯布道格拉斯（Cobb-Douglas）函数构造而成，即

$$P = P_T^{\alpha} P_N^{1-\alpha} \tag{3-5}$$

$$P^* = P_T^{*\alpha^*} P_N^{*1-\alpha^*} \tag{3-6}$$

其中，P 和 P^* 分别表示本国一般物价水平和外国一般物价水平，P_T 和 P_N 分别表示本国贸易品价格和非贸易品价格，P_T^* 和 P_N^* 分别表示外国贸易品价格和非贸易品价格，α 和 α^* 分别表示本国和外国贸易品价格在各自一般价格水平构造中的权重，$0<\alpha<1$，$0<\alpha^*<1$。

生产者利润最大化问题求解出的边际条件如下：

$$P_T A_T = P_N A_N = w \tag{3-7}$$

$$P_T^* A_T^* = P_N^* A_N^* = w^* \tag{3-8}$$

其中，w 和 w^* 分别表示本国和外国劳动工资水平。由公式（3-7）和公式（3-8）可以得到：

$$P_N = P_T A_T / A_N \tag{3-9}$$

$$P_N^* = P_T^* A_T^* / A_N^* \tag{3-10}$$

将公式（3-9）和公式（3-10）分别代入公式（3-5）和公式（3-6），可以得到本国和外国一般价格水平的数学公式，即：

$$P = P_T^{\alpha}(P_T A_T / A_N)^{1-\alpha} = P_T(A_T / A_N)^{1-\alpha} \tag{3-11}$$

$$P^* = P_T^{*\alpha^*}(P_T^* A_T^* / A_N^*)^{1-\alpha^*} = P_T^*(A_T^* / A_N^*)^{1-\alpha^*} \tag{3-12}$$

假定名义汇率为"1"且国内外贸易品价格符合"一价定律"，即

$$P_T = P_T^* \tag{3-13}$$

把两国之间的一般物价水平之比定义为两国货币之间的实际汇率，从而，巴—萨效应决定的实际汇率（用 rerbs 表示）（间接标价法）可以简洁地表达为：

$$\text{rerbs} = \frac{P}{P^*} = \frac{(A_T / A_N)^{1-\alpha}}{(A_T^* / A_N^*)^{1-\alpha^*}} \tag{3-14}$$

从公式（3-14）可以看出，两国货币实际汇率取决于两类因素，一是国内外贸易品部门与非贸易品部门之间的相对生产率，二是国内外贸易品价格在各自一般价格水平构造中的权重。假定外国所有变量不变，则本国货币实际汇率将随着本国贸易品部门和非贸易品部门相对生产率上升而升值，将随着本国贸易品价

格在一般价格水平中权重的上升而贬值。假设国内外贸易品价格在各自一般价格水平中的权重不变且相等，则两国货币实际汇率就完全取决于两国贸易品部门和非贸易品部门之间相对生产率的相对差异，即国内外贸易品部门相对于非贸易品部门生产率的相对上升将使本币实际升值，反之将使本币实际贬值。

二、人民币汇率变化中巴—萨效应传导受阻程度的算法

用 rer 代表由名义汇率和国内外价格水平等数据计算得到的现实中的人民币实际汇率（间接标价法），即：

$$\text{rer} = \frac{E \cdot P}{P^*} \tag{3-15}$$

其中，E 表示人民币名义汇率（间接标价法），P 和 P^* 分别表示由本币和外币标示的本国和外国一般价格水平。

用现实中的人民币实际汇率（rer）对由巴—萨效应决定的人民币实际汇率（rerbs）的偏离度来表示人民币汇率变化中巴—萨效应传导受阻的程度，即

$$\text{bshi} = \frac{\text{rerbs} - \text{rer}}{\text{rerbs}} \times 100\% \tag{3-16}$$

其中，bshi 表示人民币汇率变化中巴—萨效应传导受阻的程度。从公式（3-14）和公式（3-15）分别构造的巴—萨效应决定的人民币实际汇率和现实中的人民币实际汇率可以看出，如果 rerbs > rer，则有 bshi > 0，表示人民币汇率变化中巴—萨效应传导受到阻碍，或者说人民币汇率出现了巴—萨效应意义上的低估，bshi 值越大，表示人民币汇率变化中巴—萨效应传导受阻程度或人民币被低估程度越高；如果 rerbs = rer，则有 bshi = 0，表示人民币汇率变化中巴—萨效应传导没有受到阻碍，人民币实现了巴—萨效应意义上的实际汇率均衡；如果 rerbs < rer，则有 bshi < 0，表示人民币汇率变化中巴—萨效应传导过度，或者说人民币汇率出现了巴—萨效应意义上的高估，bshi 的绝对值越大，表示人民币汇率变化中巴—萨效应过度传导程度或人民币高估程度越严重。

根据巴—萨假说的基本思想构建的上述简约理论模型及人民币汇率变化中巴—萨效应传导受阻程度的算法，测度巴—萨效应决定的人民币实际汇率 rerbs 及其传导受阻程度 bshi 需要以如下工作为基础：将经济部门划分为贸易品部门和非贸易品部门；测算本国和外国贸易品部门和非贸易品部门的劳动生产率；计算本国和外国一般价格水平构成中贸易品价格和非贸易品价格的权重；计算现实中的人民币实际汇率。

第二节 关于样本选择、数据采用、部门划分及生产率表达方法的说明

一、关于样本时间起点的说明

无论按照巴拉萨（1964）的做法还是按照巴—萨假说的理论模型，巴—萨效应都是市场经济主体在工资和价格灵活可变环境下基于市场理性的经济规律[①]。在一个非市场经济的国家，由于工资、价格和名义汇率等变量更多的不是市场信号，而是行政管理者设定的纯粹用以会计核算的外生变量，因而巴—萨假说并没有存在的逻辑基础和制度环境。因而，严格地说，在计划经济环境下研究巴—萨假说是没有意义的。

就中国国情而言，从1949年中华人民共和国建立以后，直到70年代后期，中国处于较长时间的计划经济年代。在计划经济时期，企业（主要是国有企业或集体企业）实际上属于政府的一部分，并没有经营自主权（聂辉华，2019）；价格是基于投入产出表由大型计算机计算出来的（张维迎，2012）；人口的居住和就业纳入国家计划之中，人口和劳动力在地区之间特别是城乡之间的自由迁移和流动受到严格限制（蔡昉，2018a）；政府对人民币汇率实行广泛管制，汇率只是计划体制中对外交往的核算工具，而非调节对外经济关系的杠杆变量，人民币汇率脱离实际，而且汇率政策和其他政策之间的关系错乱（陈彪如，1989；张志超，2003）；推行以重工业优先发展为主要目标的进口替代战略（林毅夫，2007）。

自改革开放开始，中国经历了从中央计划体制到市场化经济体制的转型阶段，通过一系列市场化取向的经济体制改革，到20世纪90年代初期，中国国有企业的自主性越来越强，非国有经济发展迅速，"物价闯关"和"价格并轨"基本结束，国家对人口流动的控制逐渐放松，人民币汇率并轨改革逐步完成，出口导向战略基本确立。经过多层面的改革和开放，20世纪90年代早期以后的中国越来越符合巴—萨假说所隐含要求的市场经济基础性条件，在中国讨论巴—萨效应真正具有了实质性的科学意义。正是基于物价管制、汇率管控和劳动力管制等

[①] 巴拉萨（1964）研究的对象均为市场经济国家，包括美国、英国、日本、加拿大、德国、法国、瑞典、挪威、丹麦、比利时、意大利和荷兰12个国家。

方面的考虑，众多基于巴—萨假说研究人民币汇率问题的文献均将实证分析样本的起始时间定在20世纪90年代早期（唐旭和钱士春，2007；冯雅洁，2012；Wang et al.，2016；陈仪等，2018）。

不仅如此，整个20世纪80年代，中国工业和服务业部门之间的生产率增长差异非常小，贸易品和非贸易品部门工资率也处在很低的水平。通过价格改革、劳动力市场改革、汇率改革等市场取向的改革和对外开放，90年代初期以后，中国工业部门的生产率增长相对而言变得非常强劲，构成中国经济持续高速增长的最重要推动因素（Gao，2006；卢锋和刘鎏，2007）。因而，中国经济体制和经济发展的上述阶段性特点让1990年以后的中国成为讨论巴—萨假说的虽非完美但实属恰当的场景。

基于上述考虑，本书将考察人民币汇率变化中巴—萨效应传导受阻问题的时间起点定在1990年。需要说明的是，以1990年为样本时间起点并不意味着1990年中国市场化经济体制改革已经全部完成。事实上，即便在1990年以后，伴随着中国"渐进式改革"的推进，政府对经济生活的过度干预以及不合理的行政控制等仍然存在。

二、关于数据选用与数据构造的说明

从上文关于测算人民币汇率变化中巴—萨效应传导受阻程度的模型中可以看出，严格按照巴—萨假说的逻辑过程对巴—萨效应进行确切的经验检验需要国内外分部门长期可比的统计数据。长期可比的意思是要拥有尽可能长时段的国内外相关数据，而且在贸易品部门和非贸易品部门分类、部门生产率度量指标和部门生产率测算的货币标准等方面做到国内外完全一致。没有按照这些要求执行的实证研究实际上与巴—萨假说的逻辑实质并不完全相符，严格说来，这类实证研究的确切性是存疑的。显然，根据上述要求，测算巴—萨效应决定的人民币实际汇率及巴—萨效应传导受阻程度需要非常高质量的数据。

目前来看，荷兰格罗宁根大学（University of Groningen）的"格罗宁根增长与发展中心"（GGDC）提供的"10部门数据库"（GGDC 10-sector database）（Timmer et al.，2015）和"生产率水平数据库"（productivity level database）（Inklaar & Timmer，2014）提供了大体上符合上述要求的高质量数据，也成为国内外学者研究巴—萨效应问题经常采用的数据（Cheung et al.，2006；Wang et al.，2016；陈仪等，2018）。尽管GGDC "10部门数据库"和GGDC "生产率水平数据库"均只更新到2010年，但却是目前在跨国面板数据中研究巴—

萨效应最贴切的数据。GGDC"10 部门数据库"提供了包含中国、美国和日本等在内的 43 个国家"当年本币价"的 10 部门增加值、"2005 年不变本币价"的 10 部门增加值和相应的 10 部门就业人数三个重要数据,其中韩国和智利的政府服务部门(government services)的数据缺失。此外,GGDC"10 部门数据库"中英国、丹麦、意大利、法国、荷兰和瑞典等 6 个国家缺 2010 年各部门"2005 年不变本币价"增加值,此处假设以上各国 2010 年相对于 2009 年各部门"2005 年不变本币价"增加值增长率等于该部门 2010 年相对于 2009 年"当年本币价"增加值增长率,从而获得这些国家 2010 年各部门的"2005 年不变本币价"增加值。

由于 GGDC"生产率水平数据库"没有直接提供与 GGDC"10 部门数据库"在部门意义上一一对应的各国各部门"2005 年国际美元价"表示的价格,此处根据 GGDC"生产率水平数据库"的子数据库——"35 部门数据库"(GO_35Industry)中所划分的 35 个部门中各部门产品"2005 年国际美元价"数据逐一与 GGDC"10 部门数据库"进行匹配,得到了与 GGDC"10 部门数据库"的部门划分一一对应的各国各部门产品"2005 年国际美元价"表示的价格。其中,对于"35 部门数据库"与"10 部门数据库"口径完全一致的部门,直接采用"35 部门数据库"中部门产品"2005 年国际美元价"的价格,而对于"35 部门数据库"与"10 部门数据库"口径不一致的部门,按照"10 部门数据库"的部门口径,由该部门包含的各子部门价格简单平均得到该部门产品"2005 年国际美元价"的价格。此外,GGDC"生产率水平数据库"中各国各部门"2005 年国际美元价"表示的产品价格只涵盖了中国、美国和日本等 42 个国家,而且国家范围与 GGDC"10 部门数据库"中的国家范围不完全一致,因此,此处只能选取 GGDC"生产率水平数据库"和 GGDC"10 部门数据库"两个数据库均涵盖的国家作为样本。经过两个数据库的数据匹配,此处获得了 17 个国家的相关数据,这 17 个国家是中国、美国、日本、英国、丹麦、意大利、法国、瑞典、荷兰、韩国、墨西哥、印度、印度尼西亚、南非、阿根廷、智利和巴西。

此外,在计算人民币实际汇率时,本书采用各国 GDP 平减指数(GDP deflator)。通常认为,GDP 平减指数反映经济总量活动的价格变化,较之消费者物价指数(CPI)或批发物价指数(WPI)更加全面,而且,如果各国 GDP 平减指数采用统一货币衡量,GDP 平减指数在水平值上就具有国际可比性(Frensch,2006;Schmillen,2011)。因而,参照有关文献(Wood,1991;Frensch,2006;Schmillen,2011;Wang et al.,2016)的做法,此处采用宾夕法尼亚大学国际比较中心(center for international comparisons)宾夕法尼亚大学国际表(Penn World

Table 9.0）数据库中国和世界各国的 GDP 平减指数（GDP deflator）来计算人民币同各国货币之间的实际汇率（rer）。

三、关于部门划分的说明

从巴拉萨（1964）的论文和本章基准模型的理论推演过程可以看出，实证检验巴—萨假说的基本程序应该首先是将经济部门分成贸易品部门和非贸易品部门，然后考察国内贸易品部门与非贸易品部门相对生产率的变化，以及国内外部门生产率结构性变动的相对改变，最后研究国内外部门生产率结构性变动的相对改变对实际汇率的影响。因而，在实证研究巴—萨效应时，区分贸易品部门和非贸易品部门是至关重要的。由于贸易品部门和非贸易品部门没有绝对的定义，加之部门可贸易性的时变性和跨国异质性，学术界在经验上对贸易品部门和非贸易品部门进行精确划分面临很多困难（伊藤等，1997；唐旭和钱士春，2007）。可以想象的是，巴—萨效应实证分析结果对部门分类是比较敏感的，不同的部门分类方法往往会产生不同的实证结果，不恰当的部门划分可能扭曲经验分析结果，因此，在进行部门划分时务求谨慎。

在部门分类的实践中，比较没有争议的是把服务业看成是非贸易品部门。尽管交通、运输和电信技术的迅猛发展增强了部分服务商品的可贸易性，事实上也促进了服务贸易的发展，而且一些服务作为贸易品生产的投入要素也加大了服务部门的间接可贸易性，但传统服务贸易和当代服务外包一般都受到更为严格的技术经济条件约束，整个服务业贸易依存度依然比较低，因而把服务业看作非贸易品部门大体上是合理的（卢锋和刘鎏，2007；林念等，2013）。而关于贸易品部门应该包括哪些子部门通常存在一定的争议，有的主张把服务业以外的所有行业即农业和工业视为贸易品部门，这也是最常用的做法。但有的学者认为农产品的特殊性往往使农产品处于更严格的政府管制之下，而且农产品的单位价值运输成本高昂，可贸易性较低，因而主张农业部门归属于非贸易品部门，贸易品部门仅包含工业品生产部门（Dumrongrittikul，2012；Menzies et al.，2016；陈仪等，2018）。徐建炜和杨盼盼（2011）由于数据可得性限制在研究中直接排除农业部门，这样也避免了农业部门贸易属性的争议[①]。还有的学者认为工业部门内部电

[①] 忽视农业部门的分析固然可以一定程度上避免关于农业部门可贸易性的争议，但完全不考虑在经济中占有一定比例的农业部门也使研究的可靠性受到质疑。徐建炜和杨盼盼（2011）在计算实际汇率时采用整体物价，而在计算"相对相对生产率"时却排除农业部门，这事实上存在着统计口径不一致的问题，进而可能影响到研究的可信度。

力等公用事业部门以及建筑业的可贸易性程度很低,而制造业可贸易性最高,因而主张用制造业作为贸易品部门的代表(卢锋和刘鎏,2007)。

参考主流文献的做法,本书将农业和工业视为贸易品部门,将服务业看作非贸易品部门。具体而言,参照有关文献(Wang et al.,2016)的做法,本书将GGDC"10部门数据库"中的农业(agriculture)、采矿业(mining)、制造业(manufacturing)、"电、气、水"供给(utilities)和建筑业(construction)等5个部门归集为贸易品部门,余下的贸易、餐饮和酒店(trade, restaurants and hotels)、运输仓储(transport, storage and communication)、金融与商业服务(finance, insurance, real estate and business services)、政府服务(government services)和社区服务(community, social and personal services)等5个部门归集为非贸易品部门。

四、关于部门生产率表达指标选择的说明

由于直接度量部门生产率面临统计数据可得性的限制,部门生产率"相对相对增长"的测算构成检验巴—萨效应的难题之一(卢锋和韩晓亚,2006)[①]。正是受限于部门生产率数据较难获得,很多文献并没有测算部门生产率,而是用人均GDP增长等总量指标表征部门相对生产率。然而,直接采用人均GDP增长来研究巴—萨效应对于实际汇率解释力的做法存在理论逻辑和实证检验方法之间的错位。从逻辑上来说,如果能够严格证明人均GDP增长与部门相对生产率增长高度正相关,用人均GDP增长来检验巴—萨效应对于实际汇率的解释力在统计上也是可以接受的。然而,在目前的文献内,几乎所有用人均GDP增长代替部门相对生产率进行的相关研究并没有严格证明两者之间的正相关性。具体到人民币实际汇率研究而言,用人均GDP表示部门相对生产率固然有其方便之处,但也存在较为明显的局限,由于我国处于体制转轨时期,一定阶段内可能出现GDP增长显著偏离部门劳动生产率提升的现象,因而利用GDP增长率衡量贸易品劳动生产率相对增长可能发生较大误差(卢锋和刘鎏,2007)。诸多文献用人均GDP增长率来代替部门生产率进行研究,得到GDP增长率估计系数不显著甚至回归系数符号与理论假设相反的结果,从而得出巴—萨效应不显著或不存在的研

[①] 有关国际机构和各国统计部门一般不直接发布两部门劳动生产率,因而无法获得以两部门分类为基础的劳动生产率数据。如OECD统计了一些发达国家分行业的劳动生产率数据,亚洲开发银行发布了亚洲国家和地区细分行业的劳动生产率数据,美国劳工局发布了十几个国家制造业部门的劳动生产率数据,但各国部门划分方法不尽相同。

究结论,实际上,这一结论上的偏差与变量选择不当不无关系(Edwards,1989;卢锋和刘鎏,2007)。

按照巴拉萨(1964)的基本思路,为避免理论逻辑要求与经验变量选择之间的错位,本书采用部门生产率指标而非人均GDP等总量指标进行实证分析。进一步地,关于部门生产率,可选项包括劳动生产率和全要素生产率,本书采用以部门人均增加值衡量的部门劳动生产率指标。采用这一指标的主要理由如下:第一,本章的模型推导过程得出的生产率指标是劳动生产率指标,劳动生产率相对增长是汇率升值的充要条件,而全要素生产率增长并不是汇率升值的必要条件(卢锋和刘鎏,2007);第二,与全要素生产率相比,劳动生产率的测算较少受到资本度量方法差异以及国际比较偏差等因素的影响;第三,全要素生产率一般采用索洛剩余(Solow residual)的方法计算,然而,对发展中国家全要素生产率的计算通常在一国整体的层面上进行,较少有分部门长期可比的数据,而且全要素生产率的计算难以避免模型设计和估算方法的主观偏差,因此使用劳动生产率是"最有效率"的(卢锋和刘鎏,2007);第四,劳动生产率指标的数据可得性要优于全要素生产率(卢锋和韩晓亚,2006)。实际上,巴拉萨(1964)采用的也是劳动生产率指标,而且在研究巴—萨效应时使用劳动生产率也是学者们的主流做法。

第三节 中外部门生产率及其差异

本书基于GGDC"10部门数据库"和GGDC"生产率数据库",参考相关文献(Wang et al.,2016;陈仪等,2018)的算法计算了各国各年各部门的实际增加值,并测算了用人均实际增加值表示的劳动生产率。本节将测算中外贸易品部门和非贸易品部门劳动生产率水平并分析中外部门劳动生产率的差异。

一、中外贸易品部门和非贸易品部门劳动生产率

(一)中外贸易品部门劳动生产率

首先计算了各国贸易品部门劳动生产率,然后计算了中国以外的16个国家贸易品部门劳动生产率的平均值,进一步地,此处还将16个国家分成发达国家组和发展中国家组,然后分别计算了发达国家组和发展中国家组贸易品部门劳动

生产率的平均值，劳动生产率的单位是千美元（2005年不变价，下同）。发达国家包括美国、英国、德国、法国、意大利、瑞典、荷兰和日本等国家；发展中国家包括韩国、印度、印度尼西亚、智利、南非、巴西、阿根廷和墨西哥等国家[①]。中国、中国以外其他国家整体、发达国家组和发展中国家组的贸易品部门劳动生产率分别用 prt_cn、prt_to、prt_ad 和 prt_ud 表示。图3-1展示了中外贸易品部门劳动生产率的变动情况。

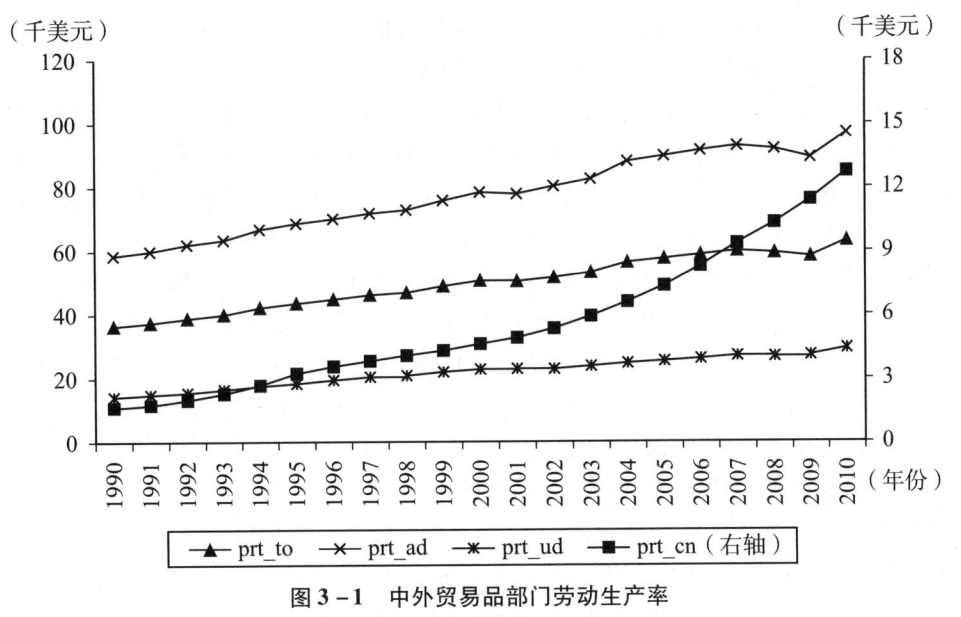

图3-1 中外贸易品部门劳动生产率

注：由于 prt_cn 与 prt_to、prt_ad、prt_ud 的数值差距过大，因此，prt_cn 的数值以右轴为参照，其他三个劳动生产率参照左轴数值。后文中标注右轴亦如此。

从图3-1可以看出，1990~2010年，中国贸易品部门劳动生产率上升显著，其增长速度明显快于其他国家[②]。具体而言，中国贸易品部门劳动生产率从1990年的人均增加值0.16万美元上升至2010年的1.27万美元，20年间增长了6.76

---

① 关于发达国家和发展中国家的划分标准有很多，本书采用联合国贸发会议（UNCTAD）的标准。其中2005年联合国贸发会议发布新闻公告宣布韩国成为继日本和新加坡之后亚洲第三个发达国家，因而，在本书研究时间段（1990~2010年）的大部分时间里，韩国是一个发展中国家，因此将韩国列入发展中国家组。

② 实际上，工业部门劳动生产率的快速进步是1994年之后中国经济改革最为主要的特征之一（杨长江和程锋，2008）。

倍，年均复合增长率为10.79%。同期其他国家整体贸易品部门平均劳动生产率从1990年的3.64万美元上升至2010年的6.32万美元，20年间增长了0.73倍，年均复合增长率为2.79%。因而，简单计算下来，中国贸易品部门劳动生产率年均增速超过其他国家约8个百分点。此外，同期发达国家贸易品部门平均劳动生产率从1990年的5.86万美元上升到2010年的9.69万美元，20年间增长了0.65倍，年均复合增长率为2.55%。而同期发展中国家贸易品部门平均劳动生产率从1990年的1.43万美元上升至2010年的2.94万美元，20年增长了1.06倍，年均复合增长率为3.67%。总体来看，中国贸易品部门劳动生产率增长率显著高于其他发展中国家，而其他发展中国家则略高于发达国家。

更进一步地看，样本期内中国贸易品部门劳动生产率大致经历了两个趋势性的转折点。第一个转折点出现在1997年，1997~2001年中国贸易品部门劳动生产率增速有所下降，这与部分学者以索罗残差计算的中国全要素生产率增长率在1998~2001年（亚洲金融危机相关期间）有所减速的结论相印证（Tyers et al.，2008）。第二个转折点出现在2002年，可能受到中国加入世界贸易组织利好的影响，中国贸易品部门劳动生产率增长率显著上升，从2002年的0.53万美元提高到2010年的1.27万美元，8年间增加了1.38倍。从图3-1的走势来看，相对于其他国家而言，中国贸易品部门生产率增长最快的时间段就是2002年中国正式加入世界贸易组织以后的年份。

尽管中国贸易品部门劳动生产率增长迅速，但无论与发达国家还是发展中国家比较，中国贸易品部门劳动生产率的绝对水平均存在较大差距。比如2010年，发达国家贸易品部门平均劳动生产率为9.69万美元，而发展中国家贸易品部门平均劳动生产率也达到2.94万美元，而中国只有1.27万美元，中国贸易品部门劳动生产率大致相当于发达国家的13.11%和发展中国家的43.20%。

考虑到制造业是贸易品部门的主要子部门，此处进一步考察了中国与其他国家制造业部门的劳动生产率，图3-2和图3-3分别展示了中国与各发达国家制造业部门劳动生产率差异和中国与各发展中国家制造业部门劳动生产率差异。

从图3-2可以直观看出，在样本的所有时间里，中国制造业劳动生产率均明显低于各发达国家。2010年中国制造业的劳动生产率为2.52万美元，而2010年发达国家中制造业部门劳动生产率最低的意大利也达到了6.95万美元，而最高的美国则更是达到14.45万美元。但从制造业部门劳动生产率的增速来看，中国则超过了样本中所有的发达国家，1990~2010年，中国制造业部门劳动生产率增加了7.61倍，而发达国家中制造业劳动生产率增速最高的是瑞典，20年增长了 3.78 倍，最低的则是意大利，20 年仅增长了 0.18 倍。此外，2001 年以后，美国和瑞典的制造业劳动生产率增长非常突出。

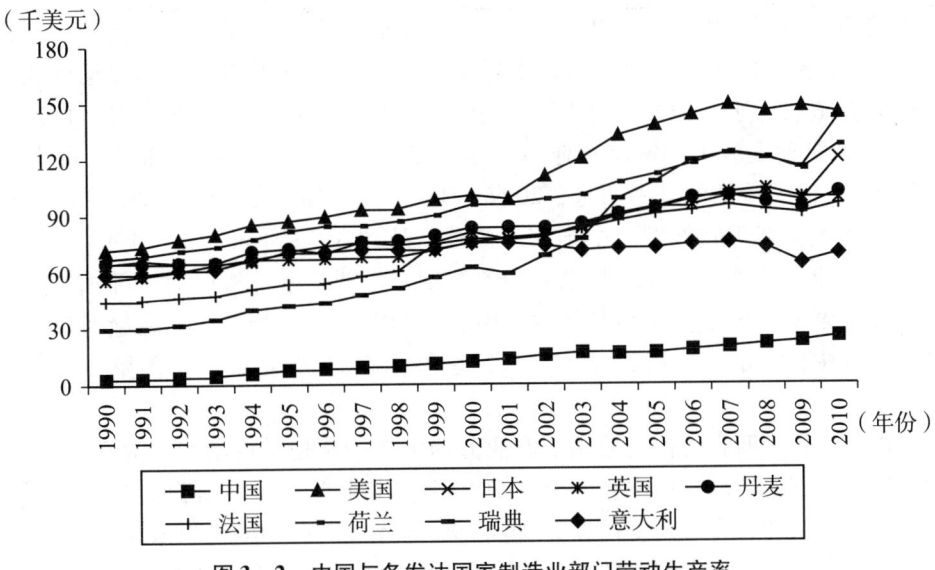

图 3-2　中国与各发达国家制造业部门劳动生产率

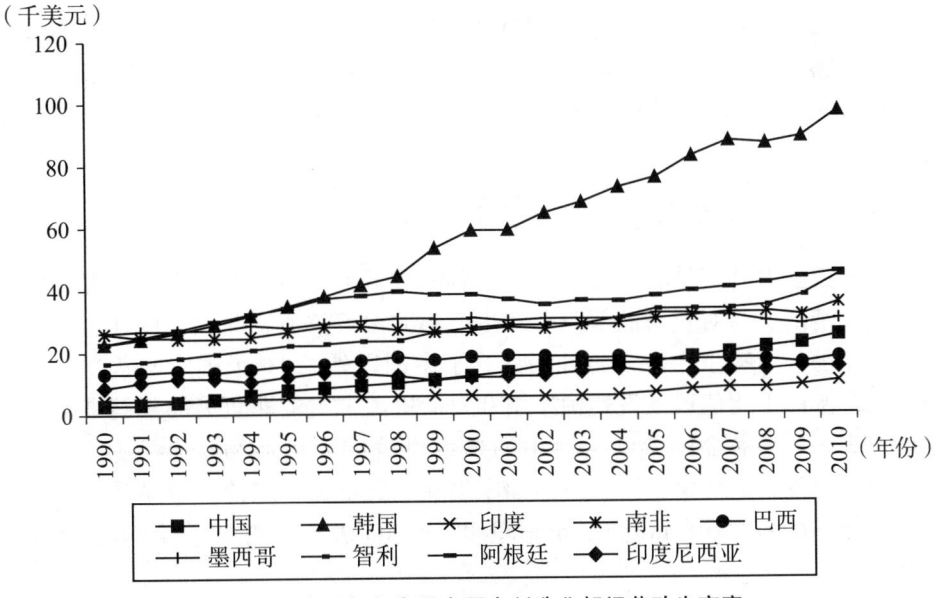

图 3-3　中国与各发展中国家制造业部门劳动生产率

如图 3-3 所示，与其他发展中国家相比，中国制造业劳动生产率在 1990 年是最低的，到 2010 年仍处于中等偏下的水平。1990 年中国制造业劳动生产率为 0.29 万美元，而同年其他发展中国家制造业劳动生产率最低的是印度，其制造业部门劳动生产率为 0.44 万美元。但经过了 20 年的发展，到 2010 年，中国制造业劳动生产率上升至 2.52 万美元，已经超过了印度、印度尼西亚和巴西，但依然低于其他发展中国家。从制造业生产率增长速度来看，1990~2010 年，其他发展中国家制造业劳动生产率增长速度最高的是韩国，20 年增长了 3.30 倍，最低的是墨西哥，20 年仅增长了 0.16 倍，因而中国 7.61 倍的增幅显然大大高于其他发展中国家。此外，从图 3-3 还可看出，1998 年以后韩国制造业的劳动生产率增长令人印象深刻，亚洲金融危机以后，韩国制造业的劳动生产率走出了一条与其他发展中国家非常不同的趋势线，在绝对值上与其他发展中国家的差距越拉越大，韩国也终于在 2005 年被联合国贸发会议宣布为发达国家。

以上分析表明，无论是采用工农业劳动生产率还是采用制造业劳动生产率，中国贸易品部门劳动生产率在 1990~2010 年的增长速度表现强劲，在样本国家中是增长最快的，有理由相信以 20 世纪 90 年代之前启动的价格改革与 1994 年开始的产权改革为代表的对内开放和以出口导向战略与招商引资为代表的对外开放确实极大地提高了中国微观企业的经营效率，促进了中国贸易品部门劳动生产率的显著提升，因而获得了相对于其他国家的劳动生产率增长优势。需要说明的是，此处测算得到的中国贸易品部门劳动生产率与诸多既有文献的测算结果大体一致（Fogel, 2006; Rodrik, 2006; 卢锋和刘鎏, 2007; Tyers et al., 2008; 胡再勇, 2013）。

（二）中外非贸易品部门劳动生产率

在分析了中外贸易品部门生产率以后，接下来考察中外非贸易品部门生产率的变化情况。与对贸易品部门劳动生产率的考察类似，此处不仅计算了各国非贸易品部门劳动生产率，而且还计算了中国以外的 16 个国家非贸易品部门劳动生产率的平均值以及发达国家组和发展中国家组的非贸易品部门平均劳动生产率，非贸易品部门劳动生产率的单位也是千美元（2005 年不变价）。中国、中国以外其他国家整体、发达国家组和发展中国家组的非贸易品部门劳动生产率分别用 prn_cn、prn_to、prn_ad 和 prn_ud 表示。图 3-4 展示了上述计算结果。

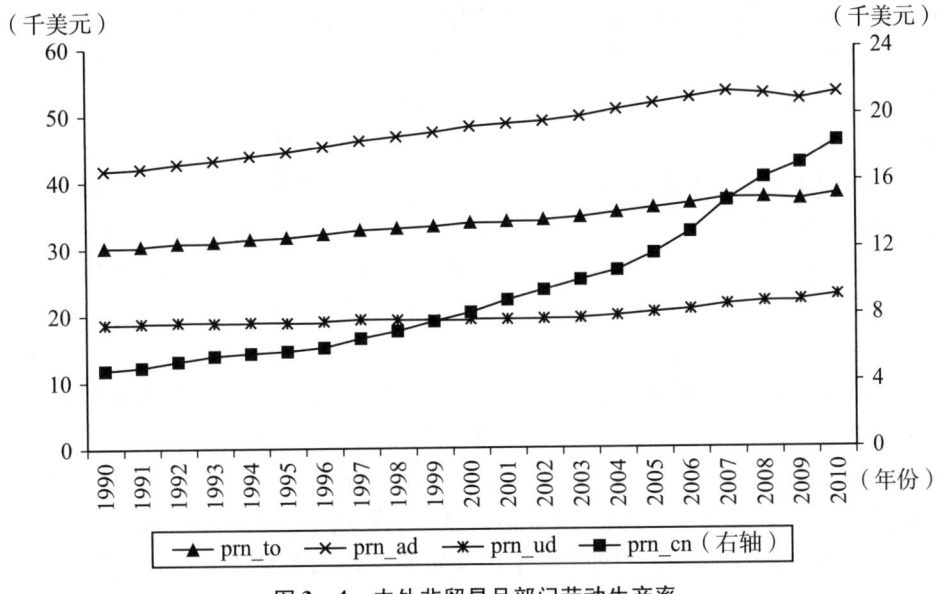

图 3-4 中外非贸易品部门劳动生产率

20 世纪 90 年代以来，中国非贸易品部门劳动生产率上升显著，相对于其他国家而言，中国非贸易品部门劳动生产率增长速度表现出明显的优势。具体而言，中国非贸易品部门劳动生产率从 1990 年的 0.47 万元美元上升至 2010 年的 1.84 万美元，20 年间增长了 2.88 倍，年均复合增长率为 7.02%。同期其他国家非贸易品部门平均劳动生产率从 1990 年的 3.02 万美元上升到 2010 年的 3.80 万美元，20 年间增长了 0.26 倍，年均复合增长率仅为 1.16%，中国非贸易品部门劳动生产率年均增速超过其他国家平均值约 5.86%。此外，同期发达国家非贸易品部门平均劳动生产率从 1990 年的 4.17 万美元上升至 2010 年的 5.32 万美元，20 年间增长了 0.28 倍，年均复合增长率为 1.23%，而同期发展中国家非贸易品部门劳动生产率则从 1990 年的 1.87 万美元上升至 2010 年的 2.28 万美元，20 年间增长了 0.22 倍，年均复合增长率仅为 1.01%。总体来看，中国非贸易品部门劳动生产率增长率显著高于发达国家，而发达国家则略高于发展中国家，这一点与中外贸易品部门劳动生产率增长差异的情形略有不同。

仔细观察可以发现，中国非贸易品部门劳动生产率走势线包含两个"加速点"，一个出现在 1997 年，另一个出现在 2005 年。似乎 1997 年爆发的亚洲金融危机不仅没有给中国非贸易品部门劳动生产率带来负面影响，反而使其逆势加速增长，这一点与贸易品部门的表现具有明显反差。此外，从数据来看，2002 年中国正式加入世界贸易组织并没有在短期内显著促进中国非贸易品部门劳动生产率增长，直到3年以后的2005年中国非贸易品部门劳动生产率才开始呈现出加速增长态势，这一点也与贸易品部门有所不同。此处观察到的2005年中国非贸易品部门劳动生产率开始加速上升态势与有关文献（Ma，2006）的发现一致，同时也表明中国非贸易品部门劳动生产率在推动中国总体生产率增长和经济赶超上具有重要贡献。

尽管中国非贸易品部门劳动生产率增长表现突出，但从绝对水平来说，不管是相对于发达国家平均水平，还是相对于发展中国家平均水平，中国非贸易品部门劳动生产率水平均较低。

具体而言，与各发达国家相比（如图3-5所示），中国非贸易品部门劳动生产率水平与美国的差距最为明显，与样本中其他发达国家也有很大差距。从增长速度来看，发达国家非贸易品部门劳动生产率增速最快的是瑞典，1990~2010年增长了0.63倍，远低于中国的2.88倍，意大利则出现了负增长。与各发展中国家相比（如图3-6所示），1990年中国非贸易品部门劳动生产率低于样本中所有发展中国家，但由于此后经历了较快速的增长，到2010年，中国非贸易品部门劳动生产率已经超过了印度尼西亚和巴西，接近阿根廷和印度的水平。数据显示，发展中国家非贸易品部门劳动生产率增长最快的是印度，20年间上升了1.50倍，墨西哥和巴西则是负增长，其中墨西哥下降得更为明显。

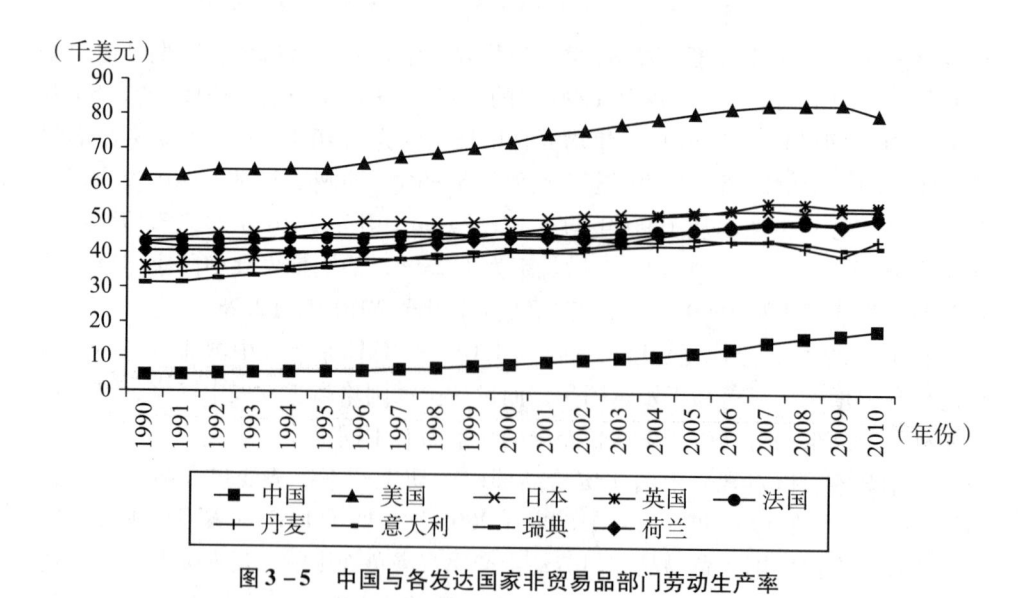

图3-5 中国与各发达国家非贸易品部门劳动生产率

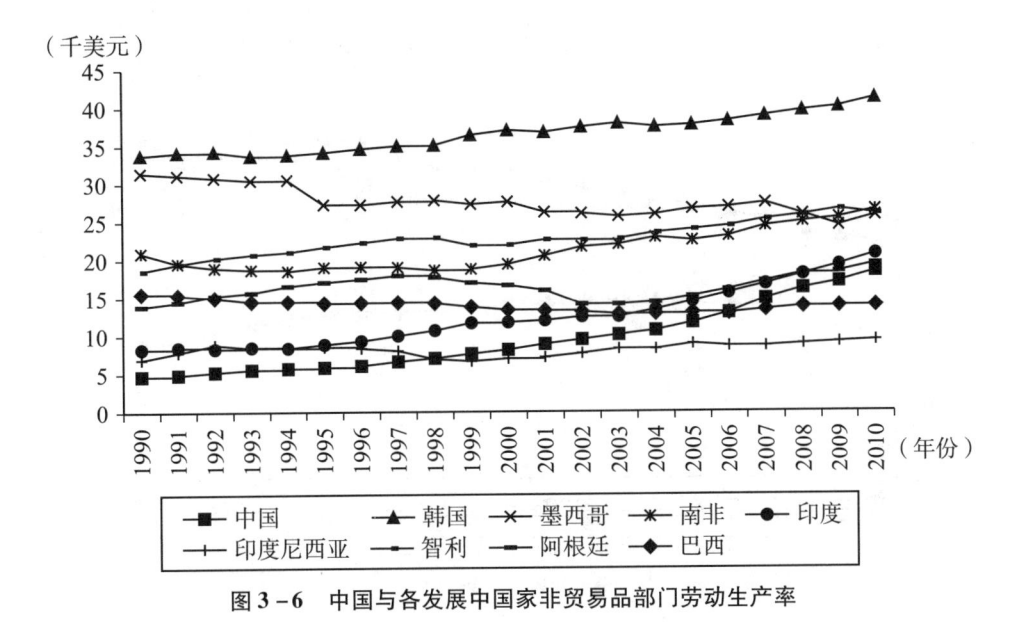

图 3-6 中国与各发展中国家非贸易品部门劳动生产率

(三) 中外贸易品部门生产率差异与非贸易部门生产率差异

1990~2010 年，中国贸易品部门与非贸易品部门劳动生产率均经历了相对于外国更快速度的增长，但中国与其他国家两部门劳动生产率的绝对差距是否已经收窄？再者，相对其他国家而言，两部门中哪个部门劳动生产率的差距更大？这也是人们关心的重要问题。图 3-7 展示了中外贸易品部门生产率差异 (prtd) 与非贸易部门生产率差异 (prnd) 动态走势，具体算法为外国平均劳动生产率减去中国劳动生产率。尽管上文分析表明中国贸易品部门劳动生产率增速高于其他国家，但图 3-7 显示，中外贸易品部门劳动生产率的绝对差距并没有收敛，反而呈现发散态势。非贸易品部门则相反，中国非贸易品部门劳动生产率的快速增长使得中外非贸易品部门劳动生产率差距越来越小。此外，图 3-7 还表明，中外贸易品部门劳动生产率差距要大于中外非贸易品部门劳动生产率差距。

二、中外部门劳动生产率的结构性差异

(一) 中外部门相对劳动生产率

对照式 (3-14) 的要求，接下来考察中外部门之间相对生产率的变动情况。

(千美元)

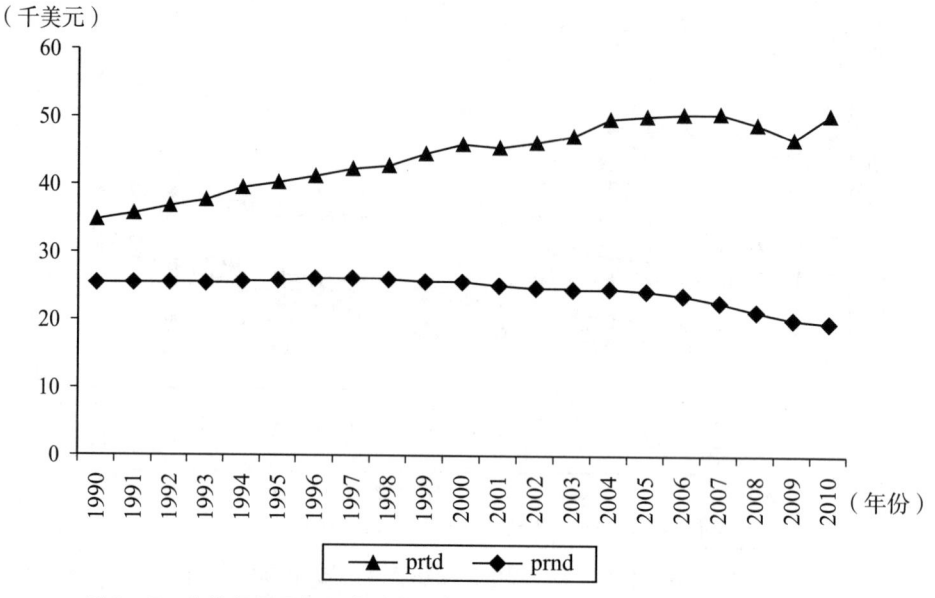

图3-7 中外贸易品部门劳动生产率差异与非贸易品部门劳动生产率差异

用贸易品部门劳动生产率与非贸易品部门劳动生产率之比表示部门劳动生产率的结构性变化，此处不仅计算了17个国家贸易品部门与非贸易品部门的相对生产率，而且分别计算了中国以外其他国家、发达国家组和发展中国家组两部门相对生产率的平均值，图3-8展示了上述计算结果，rpr_to、rpr_ad、rpr_ud和rpr_cn分别表示除中国外其他国家、发达国家组、发展中国家组两部门相对生产率的平均值和中国的两部门相对生产率。

从图3-8可以看出，发达国家贸易品部门和非贸易品部门相对生产率值最高，其次是其他发展中国家，而中国的两部门相对生产率值最低。从变化幅度来看，中国贸易品部门与非贸易品部门相对劳动生产率值上升较快，由1990年的0.35上升至2010年的0.69，20年增长了1倍，年均复合增长率为3.52%。同期发达国家和其他发展中国家部门相对劳动生产率值变化较为平稳且趋势基本一致，1990~2010年两组国家均增加了0.40倍，年均复合增长率为1.70%。相对于其他国家而言，中国两部门相对劳动生产率值增长更快，每年比其他国家多上升约1.82%，这符合巴—萨假说关于部门相对生产率增长的假设条件。

仔细观察中国部门相对劳动生产率变化轨迹还可以发现，1990~1996年，受益于市场化改革和对外开放红利，中国部门相对劳动生产率上升显著，年均上升9.02%。但受到1997年东南亚金融危机的影响，中国部门相对劳动生产率从

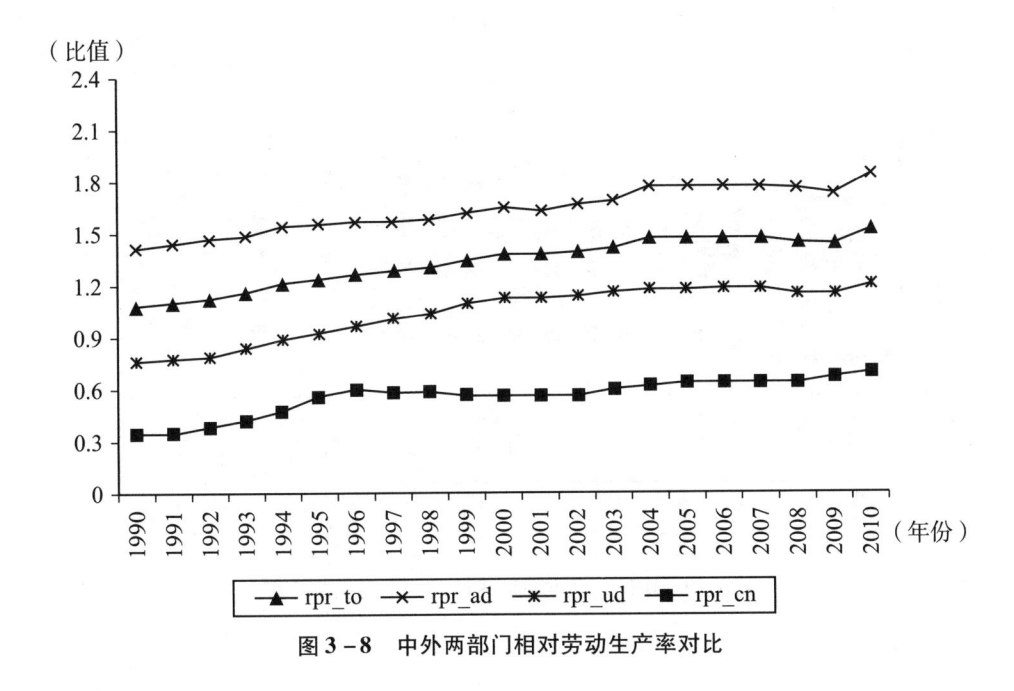

图 3-8 中外两部门相对劳动生产率对比

1996年阶段性高点（0.59）一路下滑，到2001年降至最低水平（0.55）。此后，受到中国加入世界贸易组织的利好，中国部门相对劳动生产率继续上升，尽管2007年该比值有微弱下降，但后来维持了上升的势头。

分国家来看，与各发达国家相比（如图3-9所示），中国部门相对劳动生产率水平与丹麦和荷兰的差距最为明显，与样本中其他发达国家也存在不同差距。不过从上升速度来考察，中国部门相对劳动生产率具有很大的优势。发达国家部门相对生产率上升速度最接近中国的是瑞典，1990~2010年增长了0.83倍（中国为1.00倍），其他发达国家的部门相对劳动生产率也有提升，提升幅度在0.04倍至0.39倍。与其他各发展中国家相比（如图3-10所示），1990~2010年，中国部门相对生产率仅仅高于印度，与其他发展中国家均有差距，其中与阿根廷、智利和韩国的差距更为明显。从变化幅度来看，在所有发展中国家中，中国的部门相对劳动生产率提升幅度居于第二位，仅次于目前已经晋级为发达国家的韩国，1990~2010年韩国部门相对生产率增长高达1.74倍。此外，除印度外（印度的部门相对劳动生产率下降0.18倍），其他发展中国家部门相对劳动生产率也有不同程度的上升（从0.15倍到0.84倍不等）。

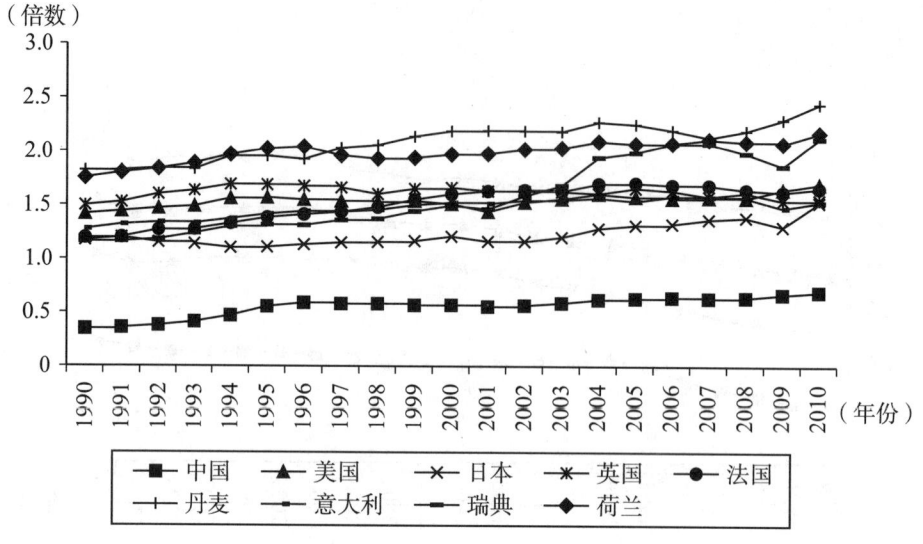

图 3-9　中国与各发达国家部门相对劳动生产率

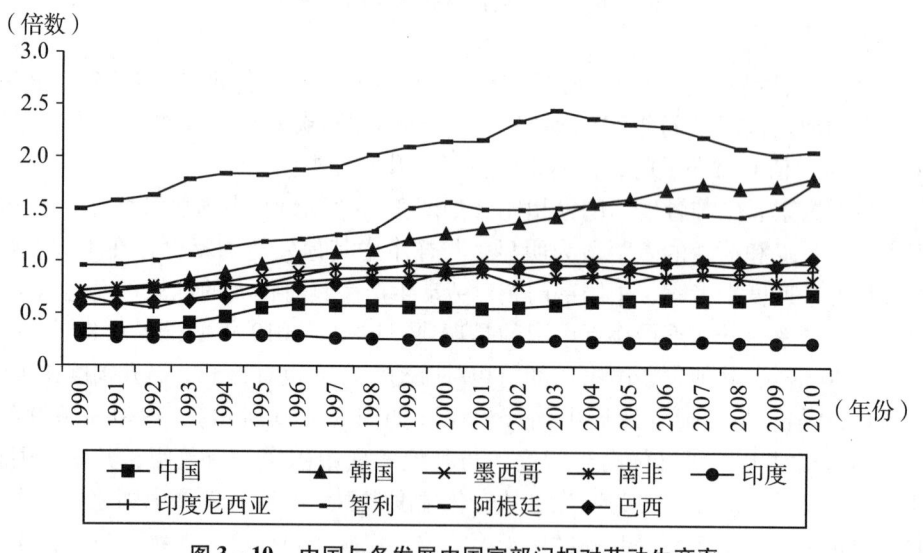

图 3-10　中国与各发展中国家部门相对劳动生产率

值得指出的是，1990~2010 年，发达国家的贸易品部门与非贸易品部门之间相对生产率的平均上升幅度为 0.32 倍（如表 3-1 所示），而同期发展中国家两部门相对生产率的提升幅度则为 0.61 倍（如表 3-2 所示），后者几乎为前者的两倍。这或许印证了一个重要的历史事实，即落后赶超型国家的总体生产率增长及经济增长的主要动力来自贸易品部门生产率提升，其中以韩国、中国和智利为典型代表。

表3-1　　　　　　　发达国家部门相对劳动生产率变化情况

年份	美国	日本	英国	法国	丹麦	意大利	瑞典	荷兰	发达国家平均
1990	1.42	1.17	1.50	1.20	1.82	1.28	1.16	1.75	1.41
2000	1.54	1.17	1.65	1.55	2.14	1.50	1.44	1.94	1.64
2010	1.70	1.53	1.55	1.66	2.44	1.53	2.12	2.18	1.84
1990~2010上升倍数	0.20	0.30	0.04	0.39	0.34	0.20	0.83	0.24	0.32

表3-2　　　　　　　发展中国家部门相对劳动生产率变化情况

年份	中国	韩国	墨西哥	南非	印度	印度尼西亚	智利	阿根廷	巴西	发展中国家平均
1990	0.35	0.66	0.72	0.71	0.28	0.66	0.96	1.50	0.58	0.71
2000	0.57	1.27	0.98	0.87	0.25	0.94	1.57	2.15	0.90	1.06
2010	0.69	1.81	0.99	0.83	0.23	0.92	1.76	2.06	1.04	1.15
1990~2010上升倍数	1.00	1.74	0.38	0.15	-0.18	0.40	0.84	0.37	0.80	0.61

（二）中外部门生产率结构性变化的差异

在上文对部门相对生产率变动的国别考察基础上，接下来进一步分析中国与其他国家部门生产率结构性变化的差异，即卢锋（2006）所谓的"相对相对生产率"的变动情况。"相对相对生产率"用中国部门相对生产率比上外国部门相对生产率表示。类似的，此处不仅分别计算了中国与其他16个国家之间部门生产率结构性变化的差异，而且还分别计算了中国与其他16个国家整体、中国与发达国家组、中国与发展中国家组之间的部门生产率结构性变化的平均差异。图3-11展示了上述计算结果，其中rrpr_to、rrpr_ad和rrpr_ud分别表示中国对其他国家整体、对发达国家组和对发展中国家组的两部门"相对相对生产率"。

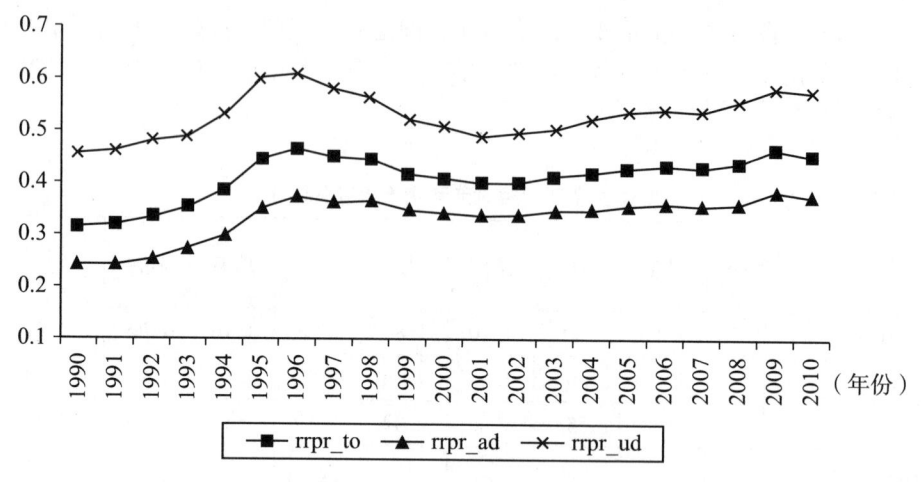

图 3-11　中国相对于其他国家部门间结构性生产率的差异

图 3-11 显示，尽管中国部门相对生产率提升显著，但其他国家两部门相对生产率也在上升，所以中外部门"相对相对生产率"曲线就变得平缓一些。而且，中国与发展中国家之间的部门间结构性生产率的相对变化要大于中国与发达国家之间的部门间结构性生产率的相对变化，前者平均高出后者 0.20 左右的水平。从趋势上看，2002 年正式加入世界贸易组织以后，中国与发展中国家之间的部门间结构性生产率相对变化提升幅度比中国与发达国家之间更明显。具体而言，中外部门结构性生产率变化差异的轨迹可以划分为三阶段，第一阶段为 1990 年至 1996 年的增长阶段，第二阶段为 1997 年至 2001 年的下降阶段，第三阶段为 2002 年以后的缓慢上升阶段，从 2002 年开始的缓慢上升过程一直持续到 2006 年，2007 年和 2008 年中外"相对相对生产率"变化不明显，这与徐建炜和杨盼盼（2011）的结论相似①。总体来说，中外部门间结构性生产率的相对变化从 1990 年的 0.32 提升至 2010 年的 0.46，20 年增长了 0.43 倍。

接下来进一步考察国别层面中外部门间结构性生产率相对变化的动态过程。图 3-12 和图 3-13 分别展示了中国与各发达国家之间部门相对生产率的相对变化轨迹和中国与各发展中国家之间部门相对生产率的相对变化趋势。尽管从整体性走势来看，国别层面的观察结果与上文基于其他 16 个国家整体以及国家组的

---

① 徐建炜和杨盼盼（2011）认为，造成"相对相对劳动生产率"与实际汇率之间呈现负相关关系这一现象的可能原因是在 2005~2008 年期间，中外"相对相对劳动生产率"增加并不快，但是实际汇率却"弥补性"地快速上升，所以表现出与巴—萨假说不符的现象。

观察结果相似，但国别层面的走势图可以看出中外部门间结构性生产率相对变化的国家异质性。

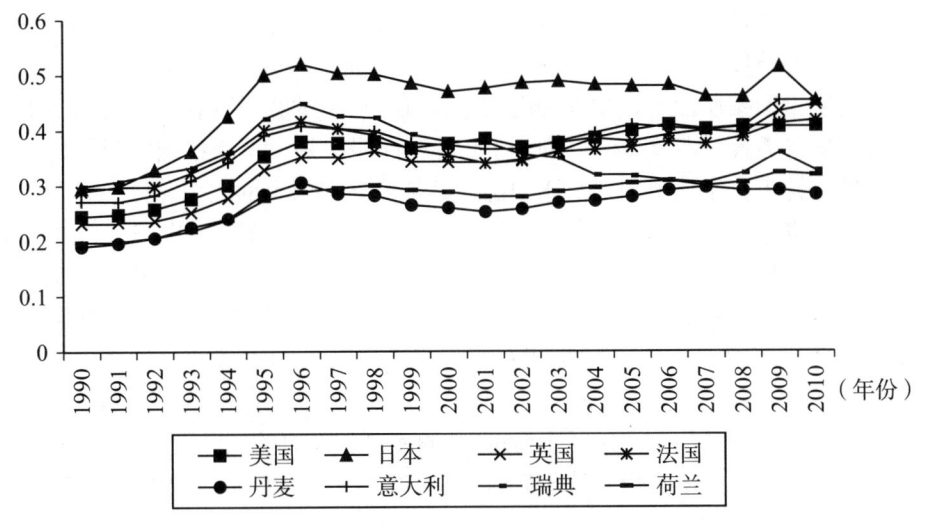

图3-12 中国与各发达国家间部门结构性生产率的相对变化

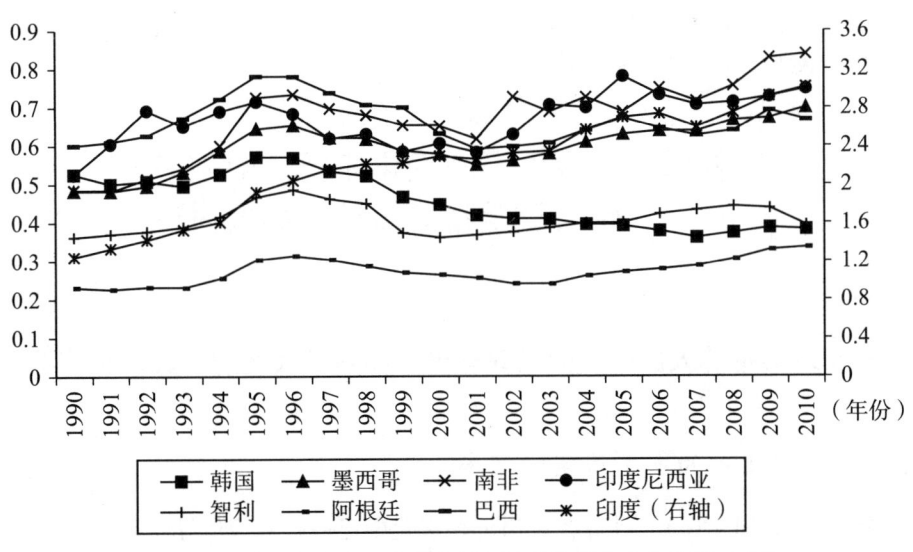

图3-13 中国与各发展中国家间部门结构性生产率的相对变化

具体而言，在发达国家层面上，1990~2010年，中外部门间结构性生产率的相对变化比值上升幅度介于 0.09 倍（相对于瑞典）与 0.93 倍（相对于英国）之间，其中最受人们关注的中国与美国之间和中国与日本之间的部门间结构性生产率的相对变化比值提升幅度分别为 0.67 倍和 0.54 倍，在发达国家中处于中等偏上的水平，表现出中国相对世界第一大经济体（中国第一大贸易伙伴国家）和世界第三大经济体（中国第二大贸易伙伴国家）生产率的结构性进步。

在发展中国家层面上，中外部门间结构性生产率的相对变化则呈现出更大的分化和国家异质性（如图 3-13 所示）。需要说明的是，由于中国相对于印度的部门间结构性生产率比值明显大于中国与其他发展中国家的比值，因而，为了提高图形对比度，中国与印度间的部门"相对相对生产率"比值在图 3-13 的右轴显示。可以看出，1990~2001 年，除了印度以外，中国与其他发展中国家的部门结构性生产率差异的走势大体相同，都是在 1990~1996 年上升而在 1996 年以后趋于下降。从 2001 年开始，中国相对于大部分发展中国家部门结构性生产率的比值均呈现上升的态势，其中相对于南非、印度尼西亚、印度、巴西和墨西哥的升势更为显著。而韩国则是一个特别明显的例外，2001 年以后，中国相对于韩国的部门结构性生产率比值延续了始自 1996 年的下降态势，造成中韩间 2010 年的比值比 1990 年还低。

总体来说，尽管存在个别国家的例外，但 1990 年至 2010 年，中国相对于其他 16 个国家的部门结构性生产率变化的轨迹基本符合巴—萨假说关于国内外部门间生产率结构性差异的前提要求。

第四节 人民币汇率变化中巴—萨效应传导受阻程度测算及简要讨论

一、现实中的人民币实际汇率与巴—萨效应决定的人民币实际汇率

（一）现实中的人民币实际汇率

根据公式（3-16），计算人民币汇率变化中巴—萨效应传导受阻程度需要现实中的人民币实际汇率数据。参照既有文献（Wood，1991；Frensch，2006；Schmillen，2011；Wang et al.，2016）的做法，现实中的人民币实际汇率用中国与外国之间的 GDP 平减指数之比表示。由于采用的是间接标价法，因而，计算得

到的人民币实际汇率值上升表明人民币升值，实际汇率值下降表示人民币贬值。图 3-14 和图 3-15 分别展示了现实中人民币相对于各发达国家货币和相对于各发展中国家货币的实际汇率走势。

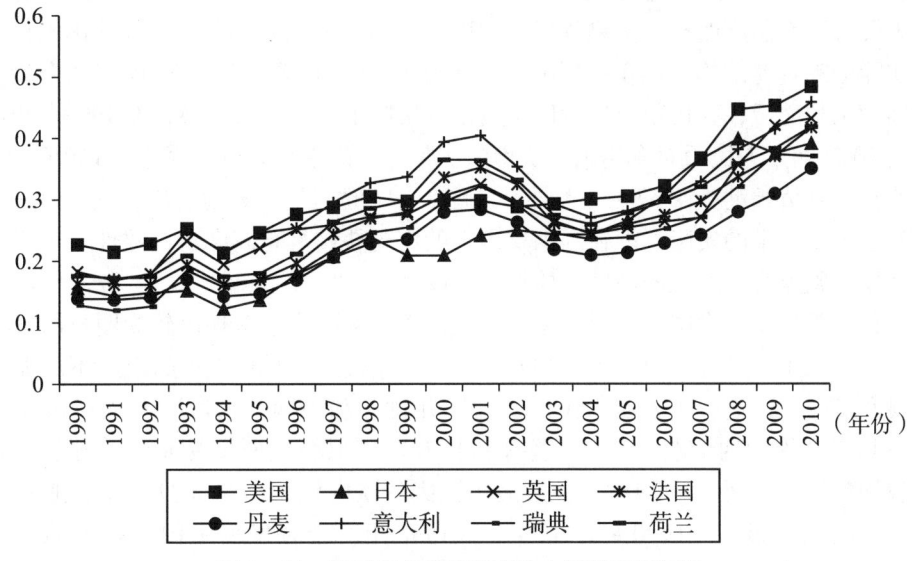

图 3-14　相对于各发达国家的人民币实际汇率

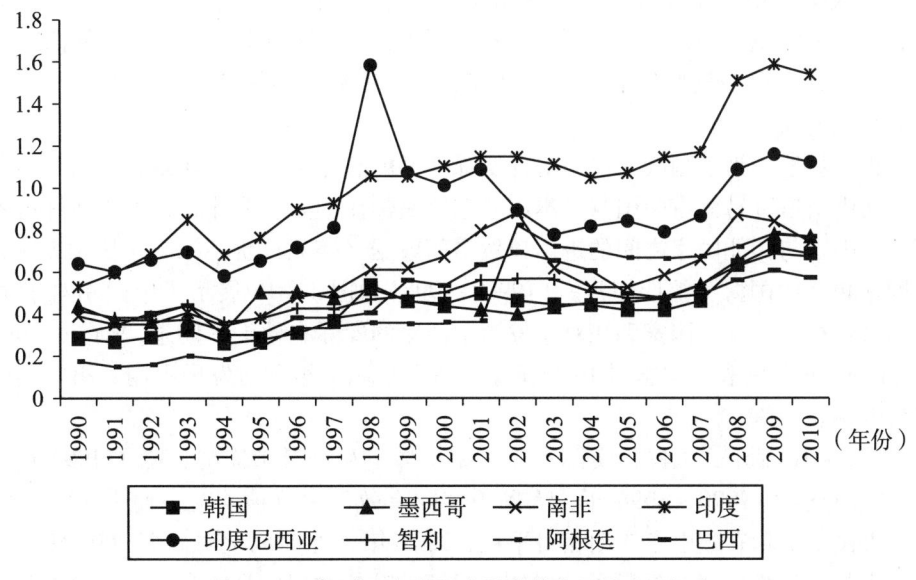

图 3-15　相对于各发展中国家的人民币实际汇率

计算结果表明，相对于各发达国家而言，人民币实际汇率整体上趋于升值。在趋势性升值轨迹中，存在三个明显的升值"断点"，第一个是1994年，第二个是1999年，第三个是2002年，在时间点上大体分别对应着1994年人民币汇率并轨、90年代末期亚洲金融危机和2002年中国正式加入世界贸易组织，可能表明人民币汇率制度改革、金融危机和中国"入世"对人民币相对于发达国家货币的实际汇率具有结构性的重要影响。在经过1994年以及2002~2004年两个短暂期间的调整之后，人民币对发达国家货币的实际汇率又重拾升势，在1990~2010年的20年间，人民币对发达国家货币的实际汇率的平均升值幅度达到149.06%，年均复合升值幅度为4.67%。此外，从图3-14也可以明显地看出，人民币相对各发达国家货币的实际汇率在国家层面上的变动轨迹具有高度的一致性，表明了这些发达国家之间经济的高度同质性和互联性。

相对于各发展中国家来说，总体上人民币实际汇率也呈现出较为明显的升值态势，大致上经历了1994年和2003年两个断点，其中2003年的断点不是那么明显和统一，这进一步表明人民币"汇率并轨"和中国"入世"对人民币实际汇率具有结构性的影响。此外，除了韩国和印度尼西亚两个受亚洲金融危机影响较深的国家以外，中国对其他发展中国家的实际汇率似乎并没有受到亚洲金融危机的明显影响。1990~2010年，人民币相对于各发展中国家货币的实际汇率平均升值幅度达到132.15%，年均复合升值幅度为4.30%。相比于发达国家，人民币相对于发展中国家货币的实际汇率平均升值幅度略低一些。此外，图3-15也显示，人民币与各发展中国家货币间的实际汇率走势的离散程度较高，这应该与这些发展中国家之间经济发展的异质性比较大且经济稳定性相对较差有关。

进一步地，为了刻画人民币对外实际估值的总体水平，此处以中国与其他各国之间进出口贸易额占中国与样本国家总贸易额比例为权重计算人民币实际有效汇率。中国与其他国家之间的进出口贸易额数据（美元计价）来自中国国家统计局网站和《中国海关统计年鉴》（1990~1998）。图3-16展示了中国相对于16个国家、相对于发达国家和相对于发展中国家的实际有效汇率动态，rer_to、rer_ad和rer_ud分别表示中国对16个国家、对发达国家组和对发展中国家组的实际有效汇率。

图3-16显示，人民币实际有效汇率整体上呈现升值态势，除了1994年的特殊时间点外，1990~1998年，人民币实际有效汇率升值明显，而1998~2005年，人民币实际有效汇率变动相对平稳，2005年（在时间上对应着2005年人民币汇率制度改革）以后经历了一段较为显著的升值过程。具体来说，以中国对所

图 3-16 人民币实际有效汇率

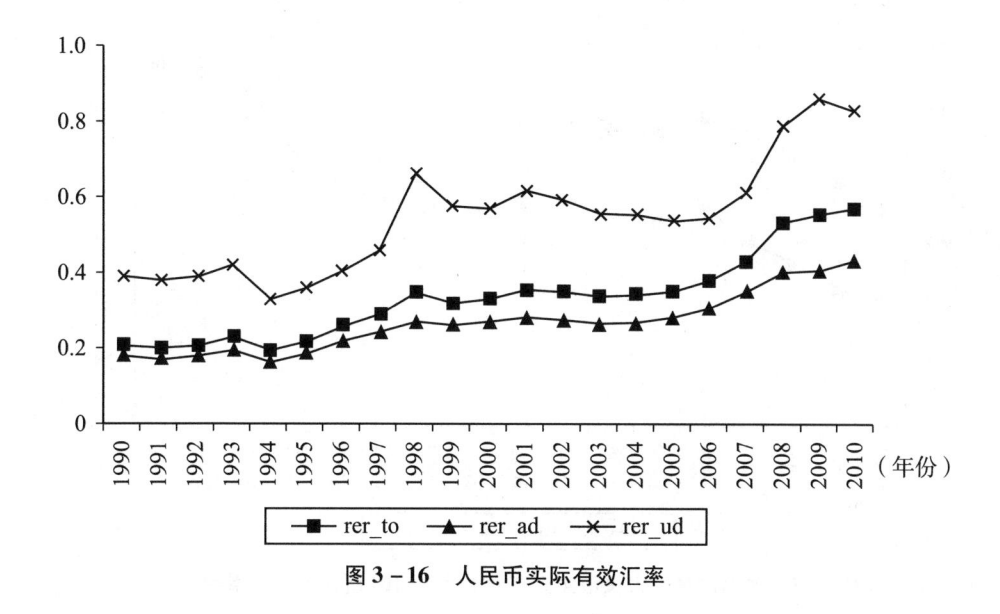

有国家的实际有效汇率为例,人民币实际有效汇率从 1990 年的 0.21 上升到 2010 年的 0.57,20 年间升值了 176.44%,年均复合升值率为 5.22%。此外,人民币相对于发展中国家货币的真实估值水平显著高于人民币相对于发达国家货币的真实估值水平,而且,中国相对于发展中国家的实际有效汇率表现出更大的波动性,而中国相对于发达国家的实际有效汇率变化相对稳定,中国相对于所有国家的实际有效汇率在估值水平和演变形态上与中国相对于发达国家的实际有效汇率更接近,表明发达国家在中国对外经济贸易格局中具有更重要的地位。

接下来进一步用国际清算银行（BIS）测算的人民币实际汇率与本书计算的人民币实际有效汇率进行对比。国际清算银行以 2010 年为基期对各国汇率进行了正规化处理（各国 2010 年汇率指数等于 100）。图 3-17 展示了本书测算的人民币实际有效汇率（rer_to）与国际清算银行测算的人民币实际汇率（rer_bis）的走势。可以看出,rer_to 和 rer_bis 两个序列变化趋势大致相同,相关性检验表明,两个序列之间的相关系数达到 0.74,且在 1% 的统计水平上显著,表明本书基于中国 16 个经贸伙伴计算的人民币实际有效汇率与国际清算银行基于中国所有经贸伙伴计算的人民币实际汇率之间具有高度的相似性,这也表明样本中的 16 个国家基本涵盖了中国的主要经贸伙伴。

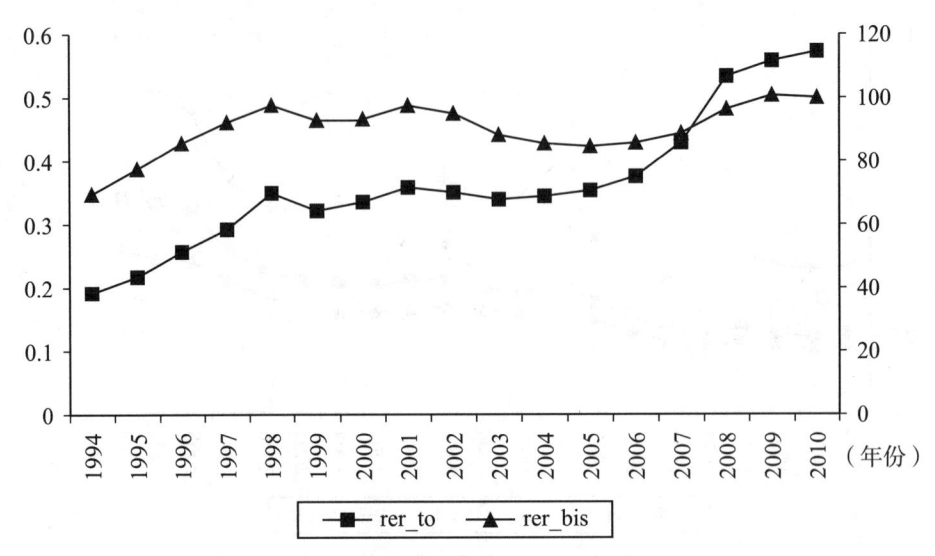

图 3-17 本书测算的人民币实际有效汇率与 BIS 测算的人民币实际汇率

无论是 rer_to 还是 rer_bis 的走势均显示出，1998～2008 年，人民币实际有效汇率几乎没有升值，甚至在某些年份还有所贬值，虽然 20 世纪 90 年代中期后中国经济经历了快速增长，但在 2004 年甚至 2008 年以前人民币实际汇率并没有表现出明确的升值倾向[1]，这与人们基于巴—萨假说关于经济增长与汇率变化关系的基本认知产生冲突，也与大多数经历了快速经济增长的国家如日本和新加坡在其高速增长时期都出现了实际汇率持续升值的情形不符[2]，卢锋和刘鎏（2007）、孙国峰（2011）和唐翔（2012）等提出的"人民币实际汇率之谜"或"人民币低估之谜"指的大致就是 1998～2005 年甚至到 2008 年这段时间内人民币实际汇率的表现与人们的普遍预期不相符[3]。

（二）巴—萨效应决定的人民币实际汇率

公式（3-16）表明，计算人民币汇率变化中巴—萨效应传导受阻程度不仅需要现实中的人民币实际汇率数据，还需要巴—萨效应决定的人民币实际汇率数据。

---

[1] 国外也有学者认为这一段时期内人民币实际汇率的表现令人困惑（Tyers & Zhang, 2010）。
[2] 日本经济高速增长的时间段主要是从 20 世纪 60 年代至 80 年代初期，新加坡经济高速增长的时间段则是从 20 世纪 60 年代到 90 年代初期，在其经济快速增长时期，两国都出现了实际汇率持续升值的现象。
[3] 其中孙国峰（2011）计算得出人民币对美元双边实际汇率在 1999～2003 年持续下滑，2004～2006 年也始终在低位徘徊。

因而，接下来计算并展示巴—萨效应决定的人民币实际汇率 rerbs。在计算巴—萨效应决定的人民币实际汇率时，各国非贸易品价格在一般价格水平构造中的权重（$1-\alpha$ 或 $1-\alpha^*$）用该国当年价服务业增加值占当年价总增加值的份额表示，因而非贸易品价格权重具有国别异质性和时变性。图 3-18 和图 3-19 分别展示了相对于各发达国家和相对于各发展中国家的由巴—萨效应决定的人民币实际汇率走势。

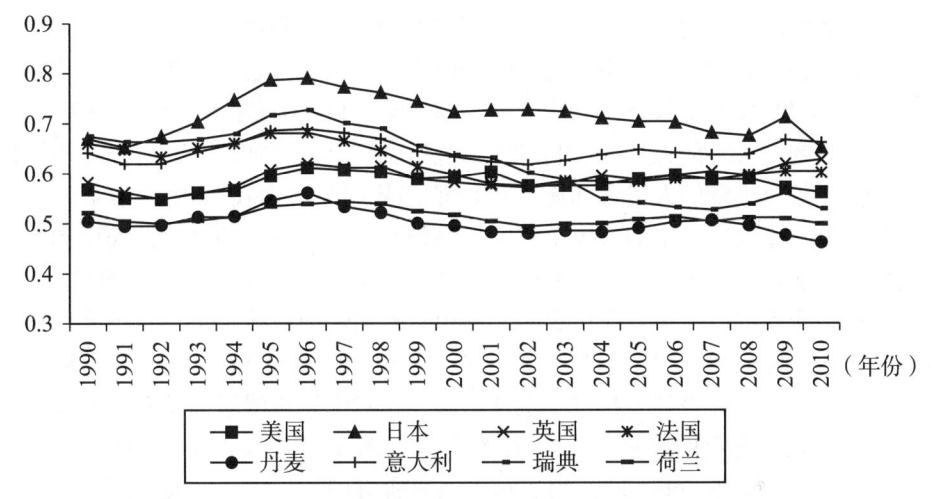

图 3-18 相对于各发达国家由巴—萨效应决定的人民币实际汇率

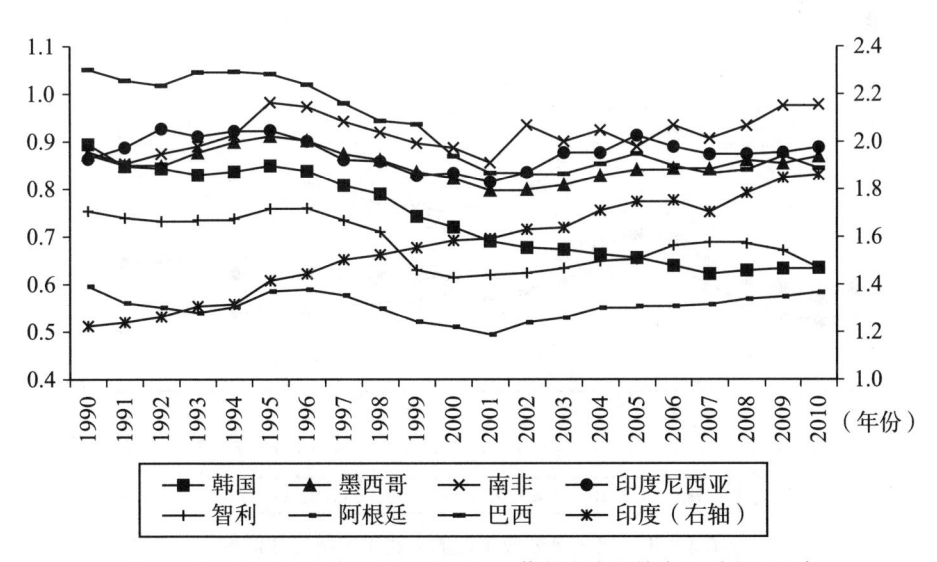

图 3-19 相对于各发展中国家由巴—萨效应决定的人民币实际汇率

相对于各发达国家而言，1990~2010年，巴—萨效应决定的人民币实际汇率总体变动趋势相同，其中瑞典是个较为明显的例外。在这一期间，1996年和2002年是两个较为突出的拐点，其中在1996年以前，巴—萨效应决定的人民币实际汇率大体上趋于升值。1996~2002年，巴—萨效应决定的人民币实际汇率无一例外均显著贬值。2002年以后，变动趋势有所分化，其中相对于日本和瑞典来说，巴—萨效应决定的人民币实际汇率继续贬值，而相对于其他发达国家而言，巴—萨效应决定的人民币实际汇率则有不同程度的升值。

相对于各发展中国家来说，巴—萨效应决定的人民币实际汇率轨迹大体上经历了1995年和2001年两个趋势性节点，其中印度和韩国是两个例外。1995年以前，巴—萨效应决定的人民币实际汇率呈现升值态势，1995年以后，除印度以外，巴—萨效应决定的人民币实际汇率贬值趋势明显。而在2001年以后，除韩国以外，巴—萨效应决定的人民币实际汇率则有了程度不一的升值，而中国与韩国间由巴—萨效应决定的实际汇率则一直延续了从1995年开始的贬值趋势。

为进一步观察巴—萨效应决定的人民币对外估值的整体水平，接下来以进出口贸易额占比为权重对中国相对于各个国家由巴—萨效应决定的人民币实际汇率进行加权平均，计算得到了相对于全体国家、相对于发达国家和相对于发展中国家由巴—萨效应决定的人民币实际有效汇率。图3-20报告了上述计算结果，rerbs_to、rerbs_ad和rerbs_ud分别表示中国对所有国家、中国对发达国家以及中国对发展中国家由巴—萨效应决定的人民币实际有效汇率。

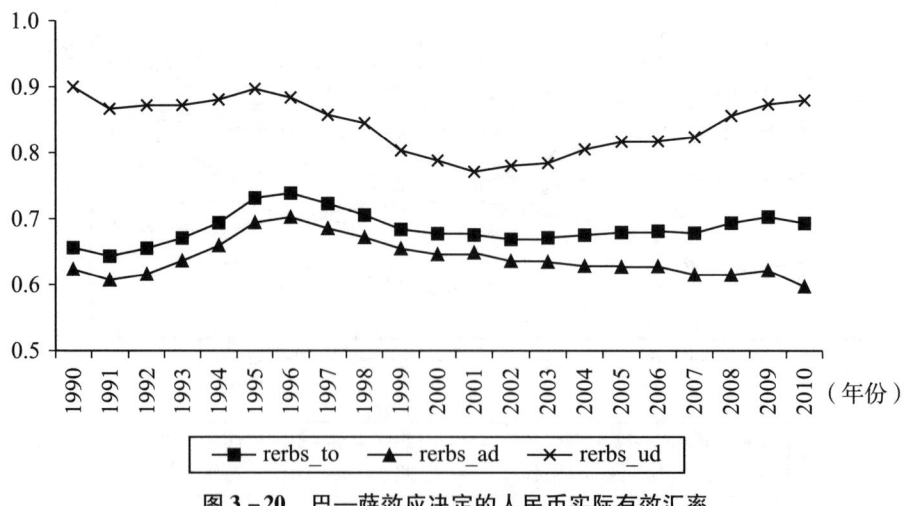

图3-20 巴—萨效应决定的人民币实际有效汇率

从图 3-20 可以看出，巴—萨效应决定的人民币实际汇率走势表现出如下几个特征：第一，人民币实际汇率的变动大致经历了三个阶段，1990~1996 年巴—萨效应决定的人民币实际汇率不断升值，1996~2002 年则趋于贬值，而 2002~2010 年则呈现小幅稳步升值态势。第二，中国对发展中国家由巴—萨效应决定的人民币实际汇率普遍高于中国对发达国家的人民币实际汇率，平均而言，前者比后者高出 0.20 的水平。第三，1990~2001 年，中国与发达国家间和中国与发展中国家间由巴—萨效应决定的人民币实际汇率走势基本相同，呈现出同升同降的特征，但 2001 年以后，两者走出了两条方向完全不同的路线，前者趋于缓慢下降（从 0.65 降至 0.60），后者则表现出显著上升的势头（从 0.77 升到 0.88）。

对比图 3-11 和图 3-20，可以看出，两者的形态大体相同，即中外部门间结构性生产率的相对变化与巴—萨效应决定的人民币实际汇率走势基本一致。但也存在一定的趋势性区别，其中最突出的差异就是中国对发达国家由巴—萨效应决定的人民币实际汇率与中国和发达国家之间部门结构性生产率相对变化的走势不同。这似乎有悖于常理，因为按照巴—萨假说的一般逻辑，如果一国两部门间结构性生产率提升较快，该国的实际汇率应该趋于升值，而不是相反。按照公式（3-14）的算法，巴—萨效应决定的人民币实际汇率不仅取决于中外部门间结构性生产率的相对变化即 $(A_T/A_N)/(A_T^*/A_N^*)$ 的高低，也取决于中外非贸易品价格在一般价格水平构造中的相对权重即 $(1-\alpha)/(1-\alpha^*)$。如果中国非贸易品部门增加值占比相对于外国非贸易品部门增加值占比不断下降，那么，即使中外部门间结构性生产率的相对变化有所上升，最终得到的由巴—萨效应决定的人民币实际汇率也可能会下降。考察非贸易品部门增加值占比的数据可以发现，2001 年开始，发达国家非贸易品部门增加值占比上升明显，比如美国非贸易品部门增加值占比从 1999 年的 70% 上升至 2010 年的 80%，或许是受到 2002 年中国加入世界贸易组织的影响，中国非贸易品部门增加值占比没有延续 1996 年至 2002 年间的明显升势，2002 年中国非贸易品部门增加值占比为 39%，而直到 2010 年，中国非贸易品部门增加值占比也只上升至 40%，八年间几乎没有发生变化。因此，可以认为，正是由于 2001 年以后中国相对发达国家非贸易品部门增加值占比的下降导致了中国同发达国家间由巴—萨效应决定的人民币实际有效汇率趋于贬值。

为更直观地对比中国相对所有国家、中国相对发达国家和中国相对发展中国家由巴—萨效应决定的人民币实际有效汇率在走势上的差别，此处将上述三个序列即 rerbs_to、rerbs_ad 和 rerbs_ud 在 1990 年的值正规化为 1，得到图 3-21。

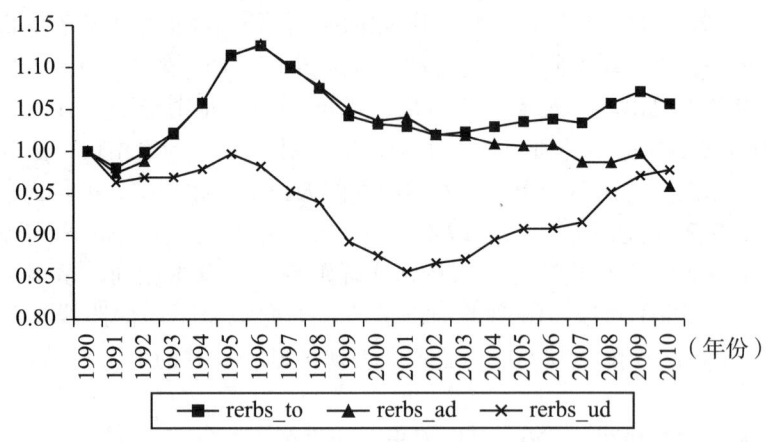

图 3-21 正规化的由巴—萨效应决定的人民币实际有效汇率

可以看到，经过正规化处理以后，中国相对所有国家、中国相对发达国家和中国相对发展中国家由巴—萨效应决定的人民币实际有效汇率的相同点和差异性显得更为清晰。在变化趋势上，1990 年至 2001 年前后，rerbs_to 与 rerbs_ad 的走势线几乎完全重合，而在 2002 年后，两者走势迥然有别。

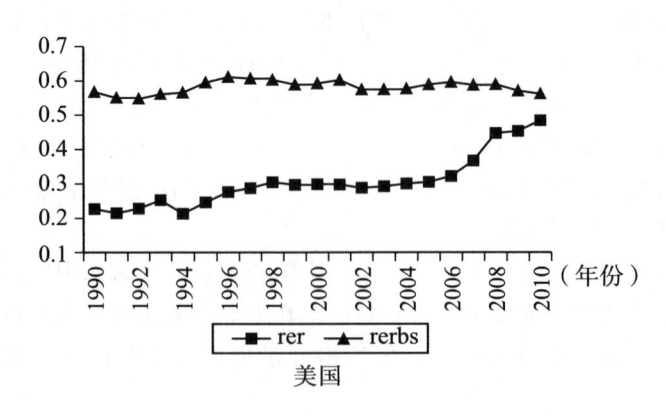

（三）现实中的人民币实际汇率与巴—萨效应决定的人民币实际汇率对比

接下来将现实中的人民币实际汇率与由巴—萨效应决定的人民币实际汇率放在一起进行对比，以直观考察现实中的人民币实际汇率对由巴—萨效应决定的人民币实际汇率的偏离方向。图 3-22 和图 3-23 分别展示了现实中的中国相对于各发达国家和中国相对于各发展中国家的人民币实际汇率与由巴—萨效应决定的人民币实际汇率的走势。

美国

日本

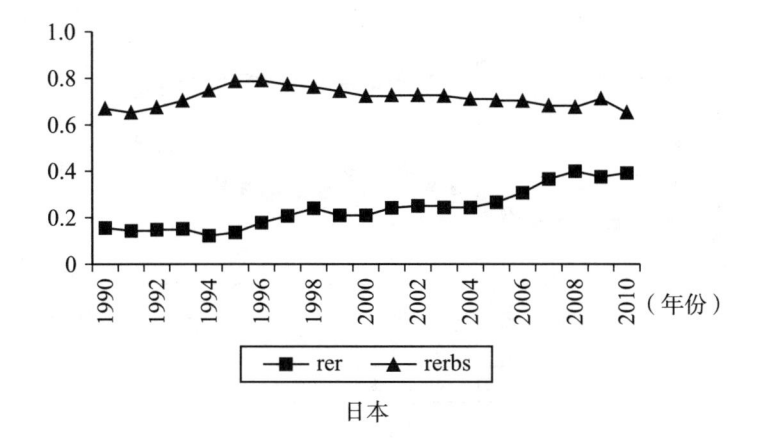

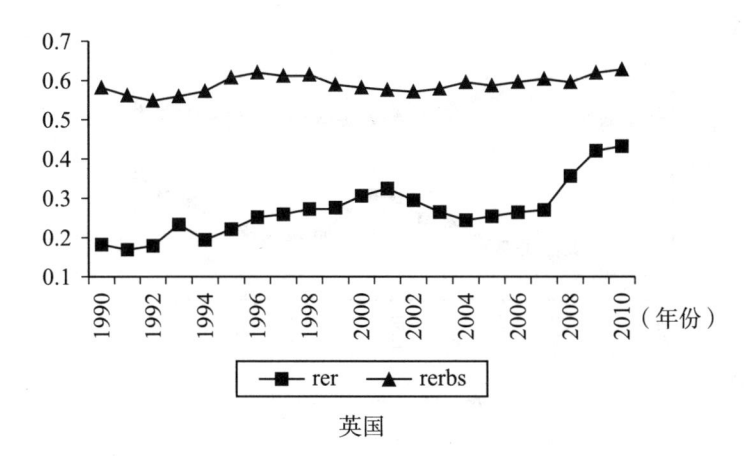

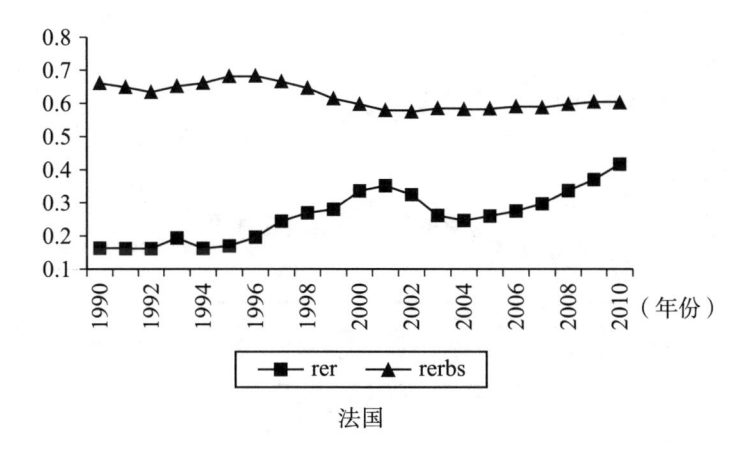

英国

法国

丹麦

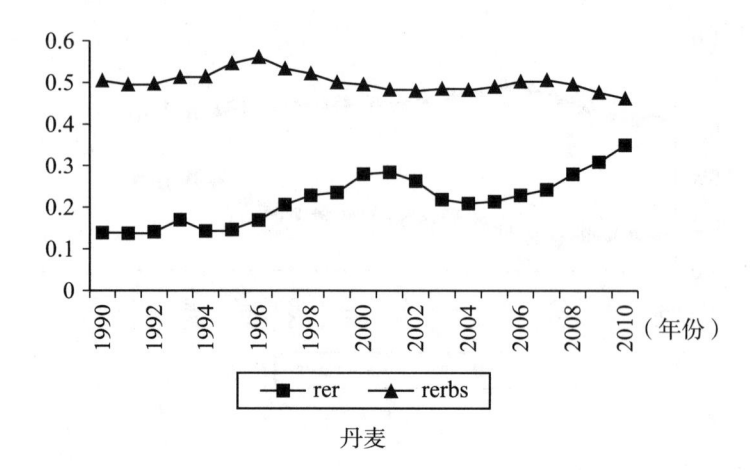

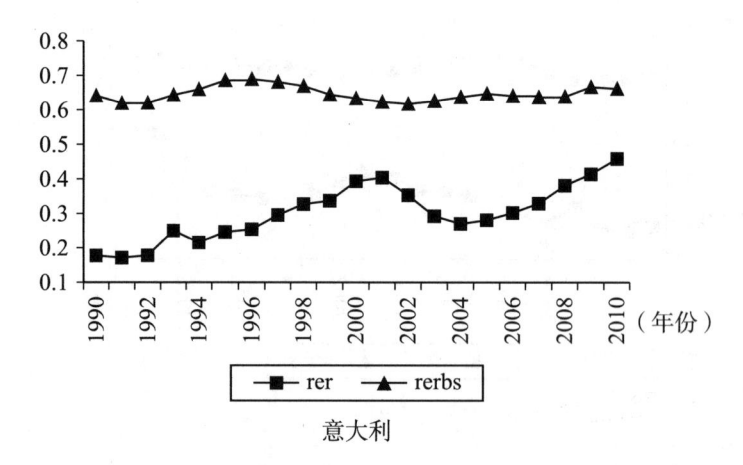

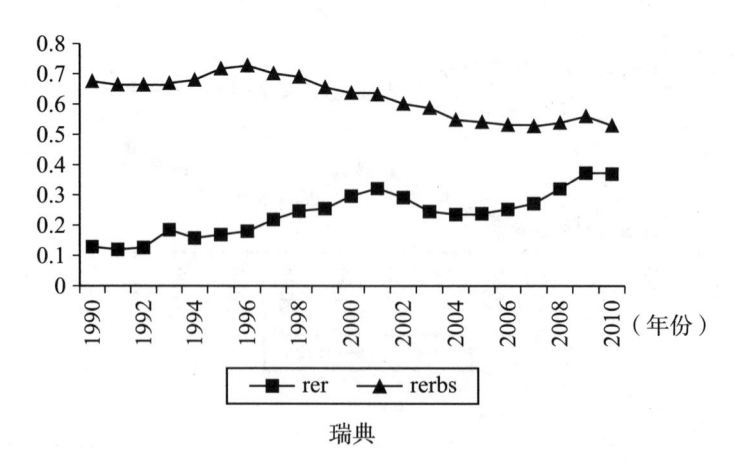

意大利

瑞典

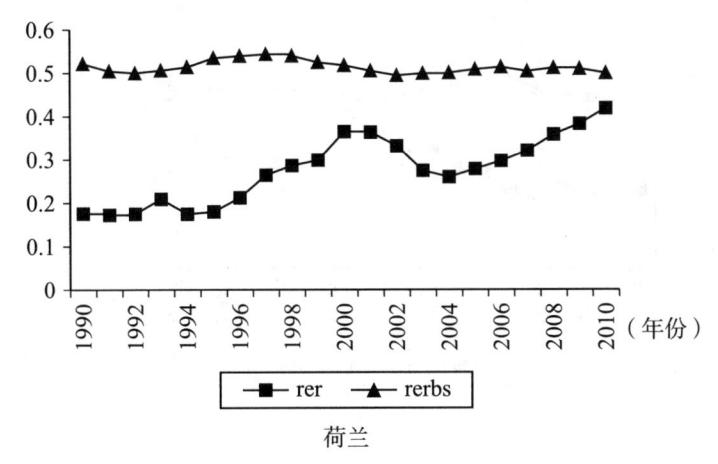

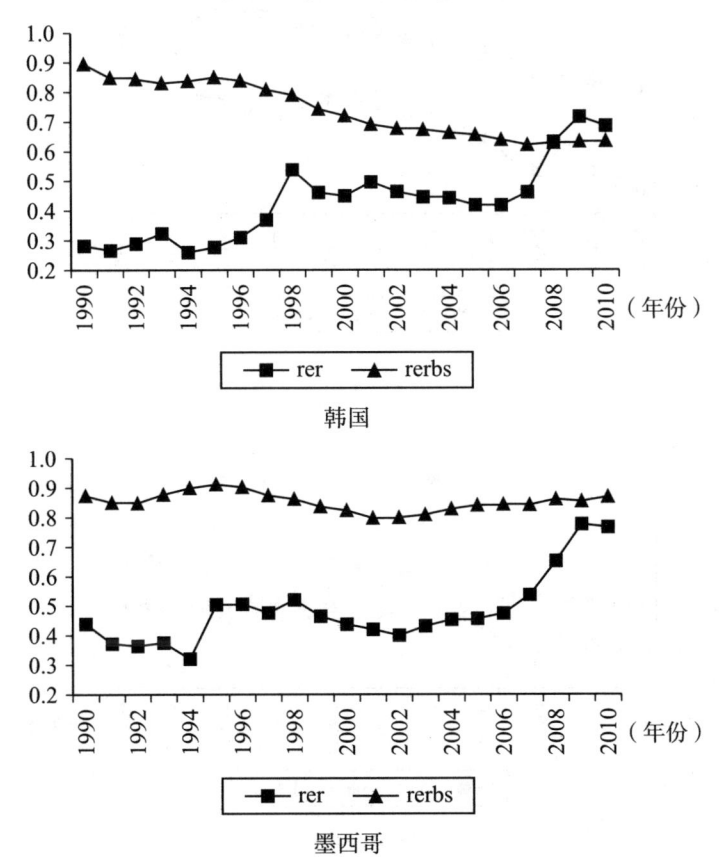

第三章　人民币汇率变化中巴拉萨—萨缪尔森效应传导受阻程度估测

荷兰

图 3-22　相对于各发达国家的现实中人民币实际汇率
与由巴—萨效应决定的人民币实际汇率

韩国

墨西哥

南非

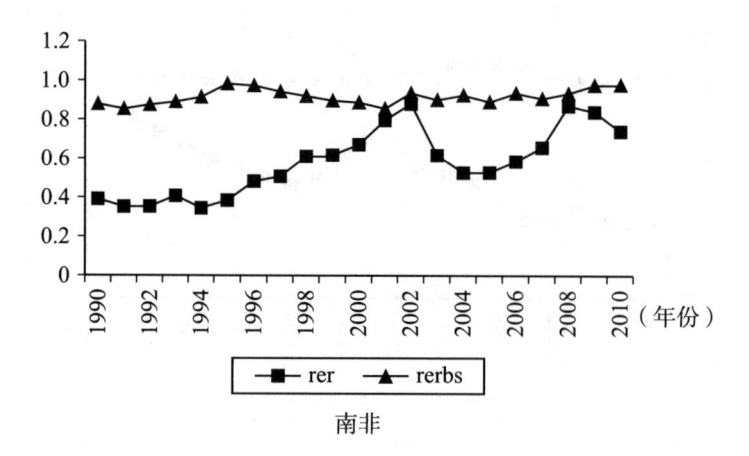

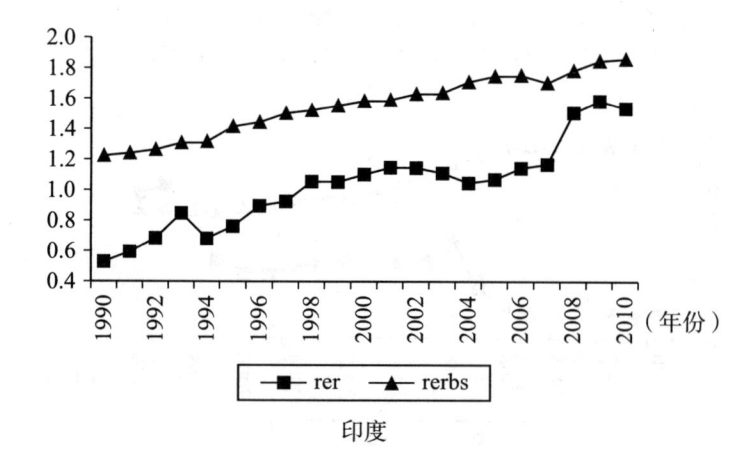

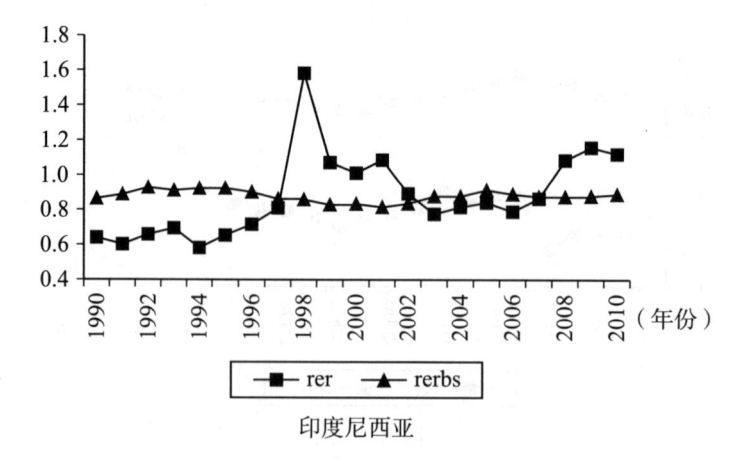

印度

印度尼西亚

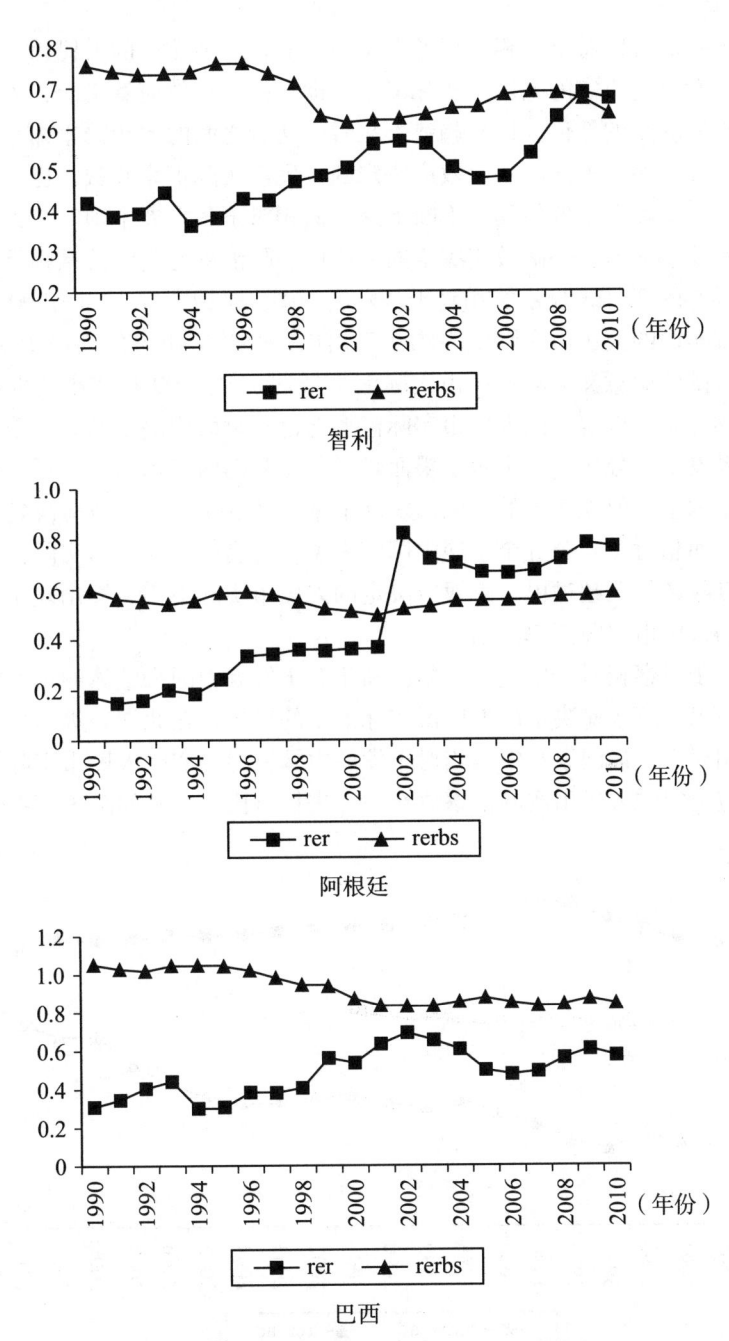

第三章 人民币汇率变化中巴拉萨—萨缪尔森效应传导受阻程度估测

智利

阿根廷

巴西

图3-23 相对于各发展中国家的现实中人民币实际汇率
与由巴—萨效应决定的人民币实际汇率

从图 3-22 可以看出，相对于各发达国家而言，现实中的人民币实际汇率均低于由巴—萨效应决定的人民币实际汇率，即在巴—萨效应意义上，人民币实际汇率存在不同程度的低估。但从趋势上来看，两者之间的差距趋于缩小，现实中的人民币实际汇率逐渐向巴—萨效应决定的人民币实际汇率收敛，巴—萨效应意义上的人民币实际汇率低估程度不断下降。而相对于各发展中国家来说，现实中的人民币实际汇率与巴—萨效应决定的人民币实际汇率之间的关系则呈现出明显不同的图景。图 3-23 显示，相对于各发展中国家来说，在 20 世纪 90 年代的早些时候，现实中的人民币实际汇率均小于由巴—萨效应决定的人民币实际汇率，即存在巴—萨效应意义上的人民币实际汇率低估。但从 90 年代中后期或者更晚一些的时候开始，现实中的人民币实际汇率与巴—萨效应决定的人民币实际汇率之间的关系发生了分化。其中对于墨西哥、印度和巴西三国而言，尽管两者之间的差距趋于缩小，但现实中的人民币实际汇率依然低于巴—萨效应决定的人民币实际汇率。而相对于其余五个发展中国家来说，现实中的人民币实际汇率则在不同的时间点收敛甚至超过巴—萨效应决定的人民币实际汇率，即出现了巴—萨效应意义上的人民币实际汇率高估。

为进一步观察相对于发达国家整体和相对于发展中国家整体的现实中人民币实际汇率与巴—萨效应决定的人民币实际汇率的走势，在此把经进出口贸易额加权的中国相对于发达国家和中国相对于发展中国家的现实中人民币实际汇率与由巴—萨效应决定的人民币实际汇率放在一起进行对比，结果如图 3-24 所示。

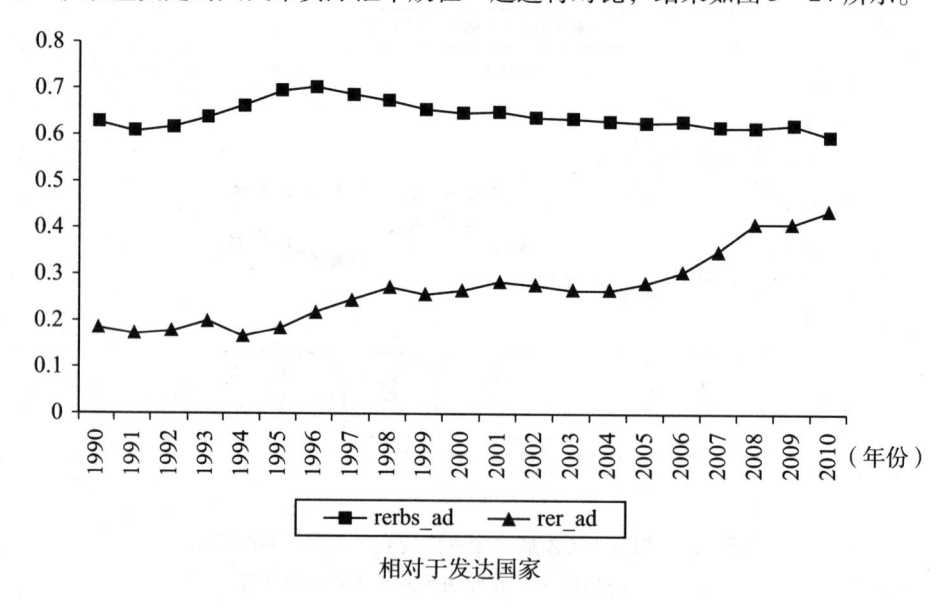

相对于发达国家

相对于发展中国家

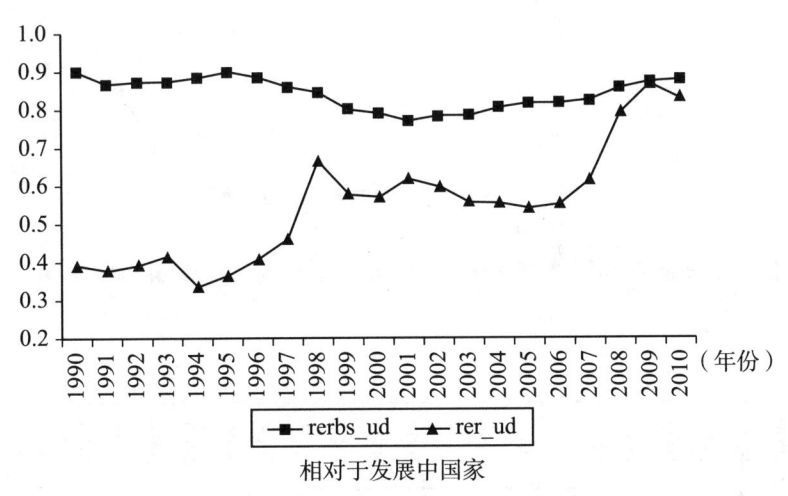

图 3-24 现实中的人民币实际汇率和由巴—萨效应决定的人民币实际汇率对比

观察图 3-24 可以发现，在 2009 年之前，不管是相对于发达国家还是相对于发展中国家，现实中的人民币实际汇率均明显低于巴—萨效应决定的人民币实际汇率，但现实中的人民币实际汇率均呈现出向巴—萨效应决定的人民币实际汇率加速逼近的态势。而 2009 年以后，中国对发展中国家的现实中实际汇率大体上已经收敛至巴—萨效应决定的实际汇率水平，巴—萨效应意义上的人民币汇率低估现象几乎不再存在，但相对于发达国家而言的汇率低估现象依然明显存在。

为了考察人民币实际汇率的整体估值情况，接下来把中国相对于所有国家的现实中实际汇率（rer_to）（以贸易额加权）与由巴—萨效应决定的实际汇率（rerbs_to）（以贸易额加权）放在一起对比分析，如图 3-25 所示。

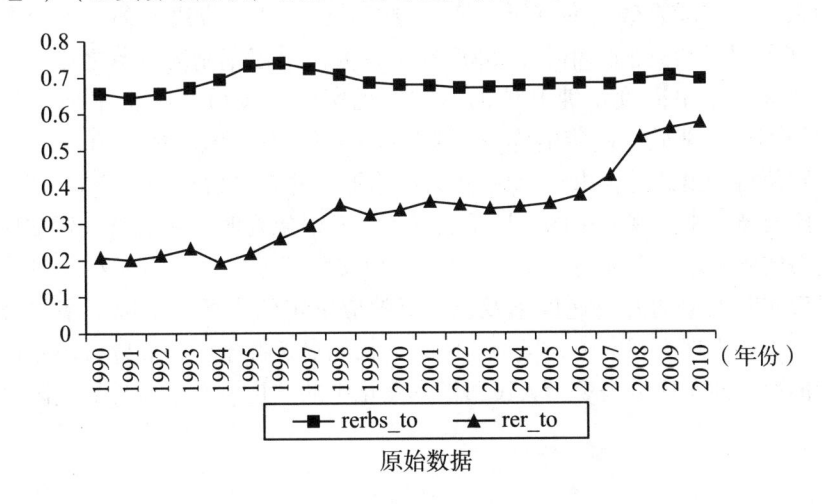

原始数据

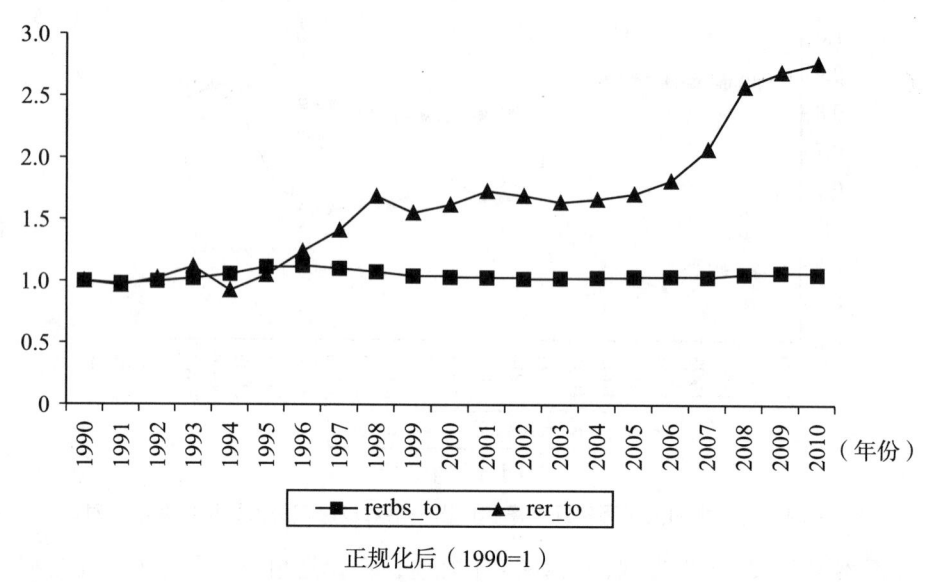

图 3-25 现实中的人民币实际有效汇率和由巴—萨效应决定的人民币实际有效汇率对比

1990~2010 年，现实中的人民币实际汇率一直低于巴—萨效应决定的人民币实际汇率，说明相对于巴—萨效应决定的人民币实际汇率而言，现实中的人民币实际汇率存在长期的低估。两条曲线在走势上的不同之处主要表现在以下三个方面：第一，尽管 1994 年 1 月人民币汇率并轨改革导致现实中人民币实际汇率走低，但巴—萨效应决定的人民币实际汇率并没有下降反而有所上升。第二，1997 年爆发的东南亚金融危机期间由于中国坚持人民币名义汇率不贬值，使人民币实际有效汇率有所升值，但同时巴—萨效应决定的人民币实际汇率却出现了明显的贬值。第三，2005 年 7 月人民币汇率制度改革之后，受到人民币对美元汇率单向度快速升值的影响，现实中人民币实际汇率估值显著上升，但同期巴—萨效应决定的人民币实际汇率只表现出微小的升值。

特别值得指出的是，由于 1994 年人民币汇率并轨以后特别是 2005 年人民币汇率制度改革以来，现实中的人民币实际汇率升值幅度明显超过巴—萨效应决定的人民币实际汇率，因而可以认为，"人民币实际汇率之谜"并不是表现为现实中人民币实际汇率的升值速度不及巴—萨效应决定的人民币实际汇率的升值速度，而是主要表现为现实中人民币实际汇率长期显著低于巴—萨效应决定的人民币实际汇率，即实质上表现为人民币汇率变化中的"巴—萨效应传导受阻之谜"。

二、人民币汇率变化中巴—萨效应传导受阻程度估算及讨论

(一) 人民币汇率变化中巴—萨效应传导受阻程度估算[①]

基于上面得到的相关数据，接下来可以根据公式（3-16）计算中国与各国间汇率变化中巴—萨效应传导受阻的程度。图 3-26 和图 3-27 分别报告了中国与各发达国家之间、中国与各发展中国家之间汇率变化中巴—萨效应传导受阻的程度，即公式（3-16）中的 b_{shi}。

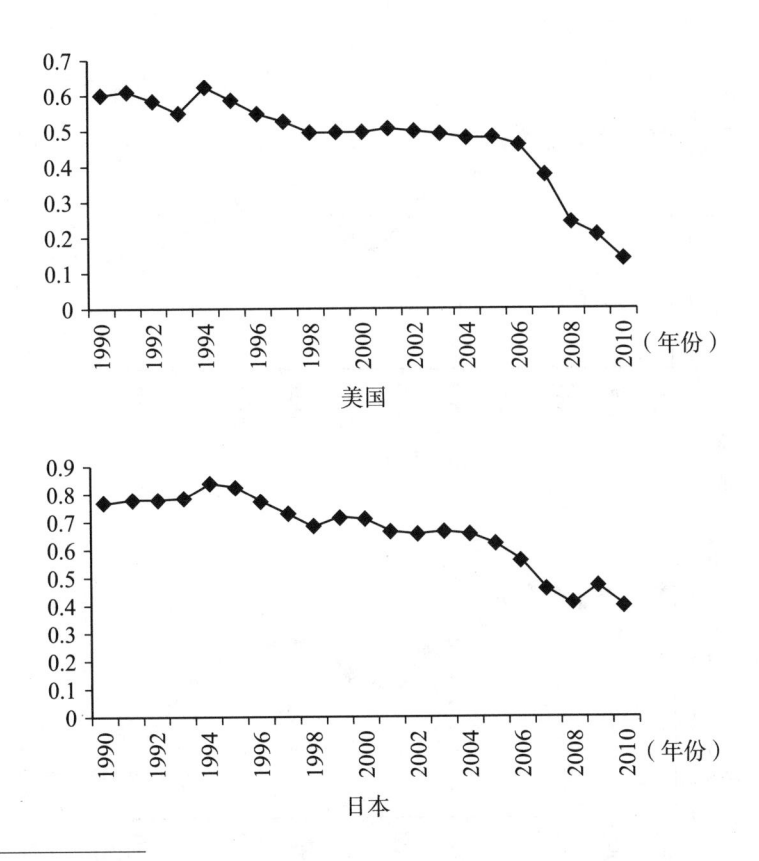

美国

日本

[①] 很多关于人民币汇率的研究只关注人民币对美元汇率，因为在过去很多年里人民币都事实上盯住美元。但中国的贸易伙伴远非只有美国，因此，反映人民币对外整体估值的人民币有效汇率的走势可能与人民币美元双边汇率走势不完全一致。如 2005 年中期至 2008 年中期，人民币兑美元汇率升值约 21%，但人民币有效汇率的升幅只有 11%（汪涛和胡志鹏，2010），前后几乎相差一倍。因此，只考虑中美双边汇率可能导致对人民币对外整体估值的错误判断。

英国

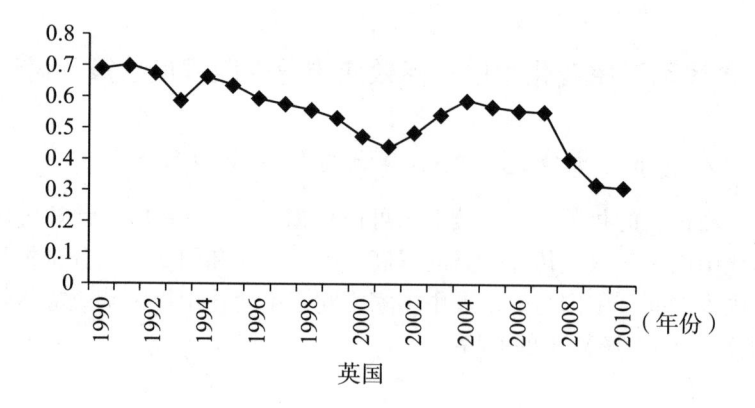

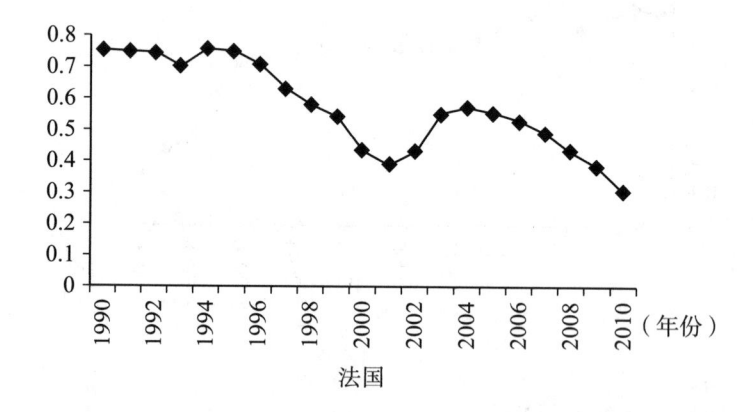

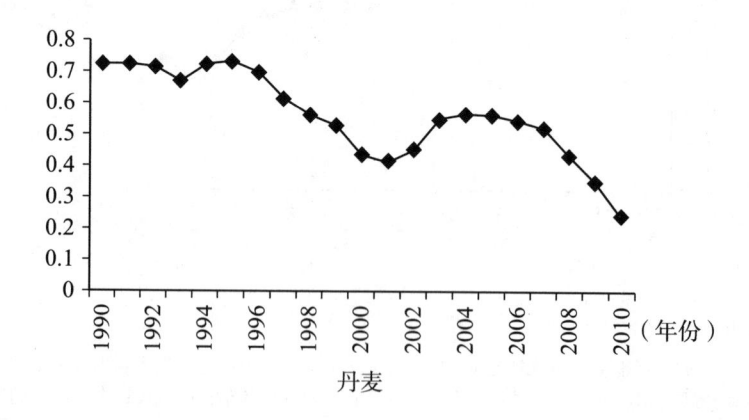

法国

丹麦

意大利

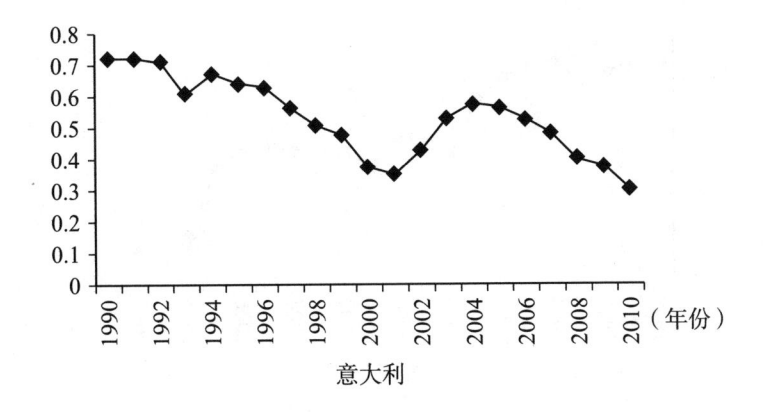

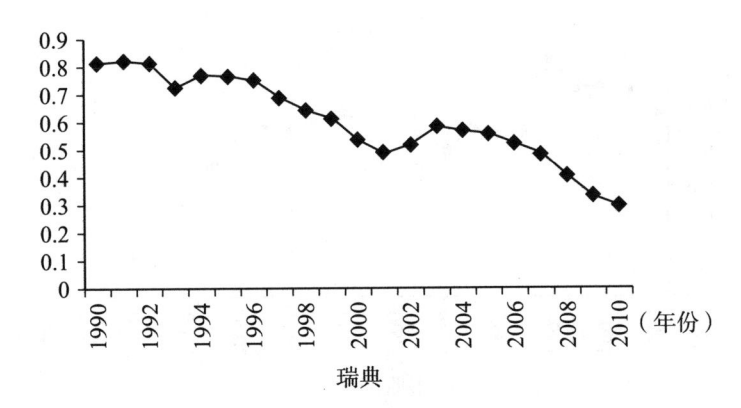

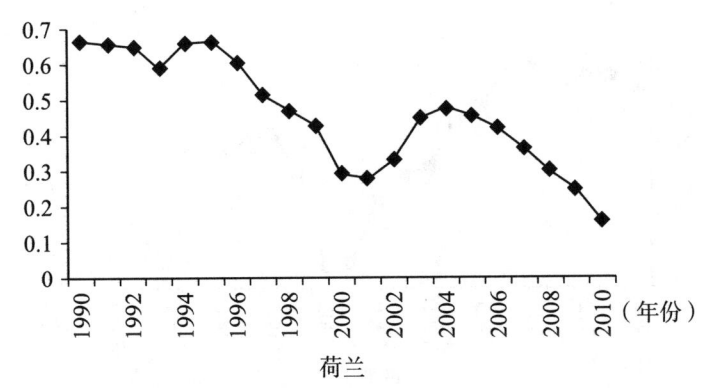

瑞典

荷兰

图3-26 相对于各发达国家的人民币汇率变化中巴—萨效应传导受阻程度

韩国

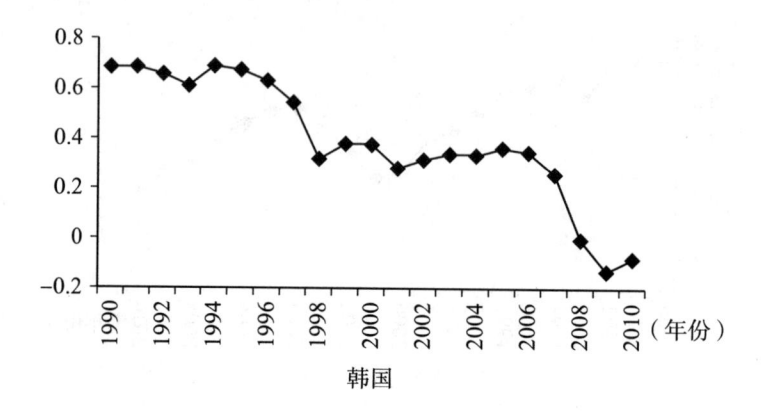

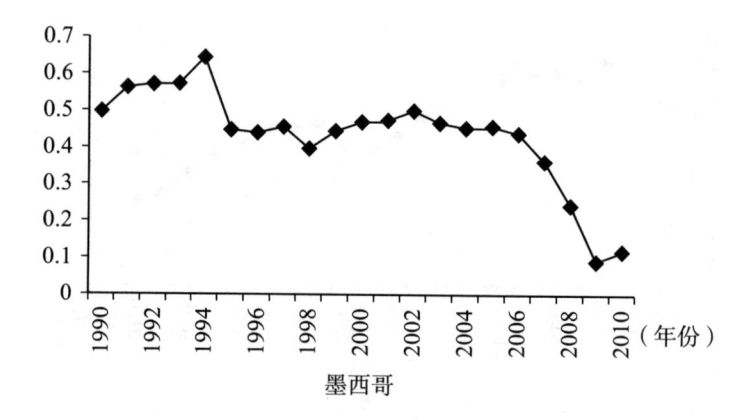

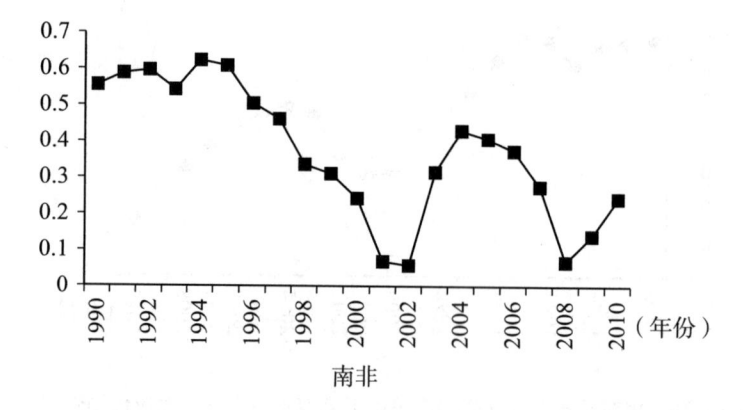

墨西哥

南非

印度

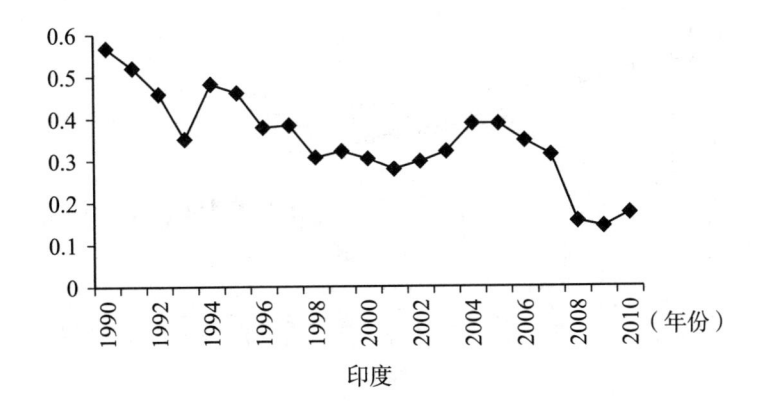

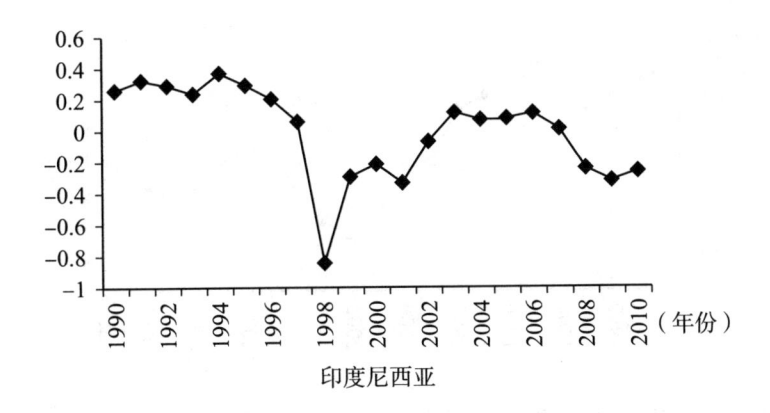

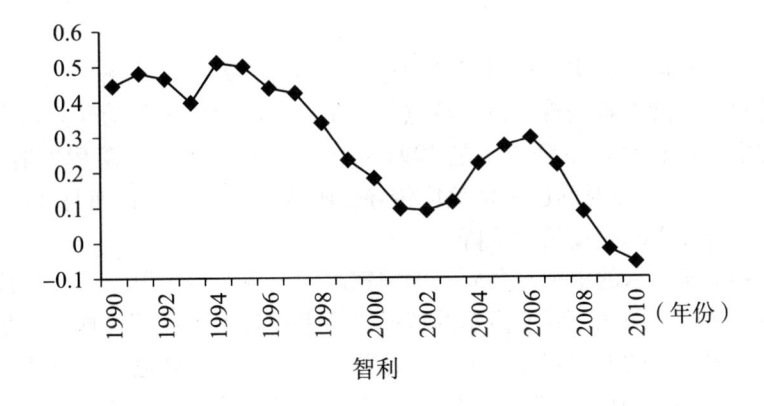

印度尼西亚

智利

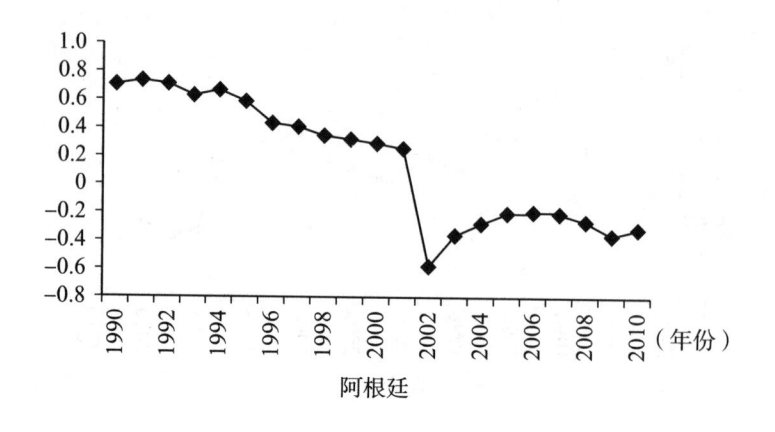

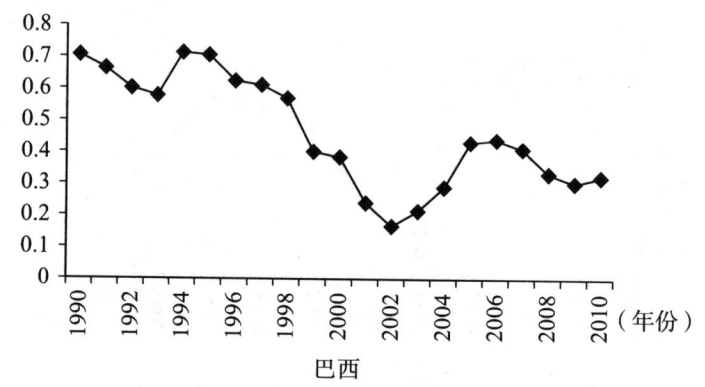

图 3-27 相对于各发展中国家的人民币汇率变化中巴—萨效应传导受阻程度

从图 3-26 可以看出，相对于各发达国家而言，人民币汇率变化中巴—萨效应传导受阻的程度大致表现出以下特点：一是巴—萨效应传导均受到阻碍，但传导受阻程度呈现趋势性下降；二是 1994 年巴—萨效应传导受阻程度有所上升；三是 2002 年后的一段时间巴—萨效应传导受阻程度趋于上升；四是 2005 年以后巴—萨效应传导受阻程度快速下降。

图 3-27 所展示的中国与各发展中国家之间汇率变化中巴—萨效应传导受阻程度大体上也具有图 3-26 所显示的特征，但也有若干不同的表现。一是巴—萨效应传导受阻水平的波动程度更大；二是相对于韩国、印度尼西亚、智利和阿根廷四国出现了 $bshi<0$ 的情形，也即巴—萨效应传导过度，或者说出现了巴—萨效应意义上的人民币汇率高估；三是除了智利以外，相对于其他发展中国家而言都在 2009 年或 2010 年出现了巴—萨效应传导受阻程度上升的"翘尾"趋势。

为进一步分析人民币汇率变化中巴—萨效应传导受阻程度的结构性特点，此处分别计算了贸易额加权的中国与发达国家组之间、中国与发展中国家组之间汇率变化中巴—萨效应传导受阻的程度，计算结果如图3-28所示，bshi_ad 和 bshi_ud 分别表示中国与发达国家组之间、中国与发展中国家组之间汇率变化中巴—萨效应传导受阻程度。

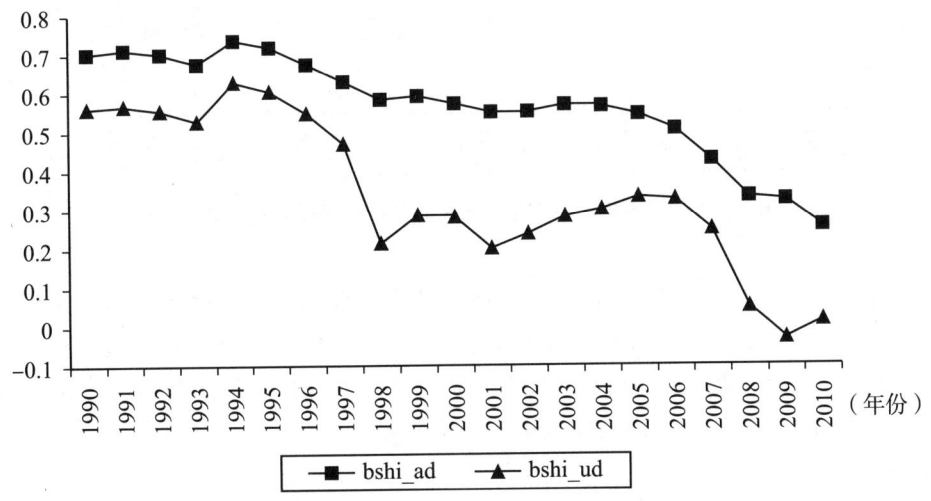

图3-28 人民币汇率变化中巴—萨效应传导受阻的结构性特征

图3-28显示，无论是相对于发达国家还是相对于发展中国家，人民币实际汇率都在快速地向巴—萨效应决定的实际汇率收敛，其中相对于发展中国家的人民币汇率变化中巴—萨效应传导受阻程度显著降低，传导受阻现象几近消失。还有一点不同的是，相对于发达国家而言，人民币相对于发展中国家货币的估值向巴—萨效应决定的实际汇率收敛的进程波动更大，可能与发达国家经济较为稳定而发展中国家的经济波动更大有关。

最后，为了直观考察人民币汇率变化中巴—萨效应传导受阻的总体程度，接下来以进出口贸易额占比为权重对国别层面人民币汇率变化中巴—萨效应传导受阻程度进行加权平均，计算得到总体意义上的巴—萨效应传导受阻程度（bshi_to），计算结果如图3-29所示。

由图3-29可以看出，人民币汇率变化中巴—萨效应传导受阻总体程度走势较为平滑，呈现出较为明显的下降趋势，期间出现了四个趋势性转折点：1994年、1999年、2002年和2005年。数据显示，人民币汇率变化中巴—萨效应传导受阻总体程度由1990年的68.53%下降至2010年的17.42%，20年间降低了51.11

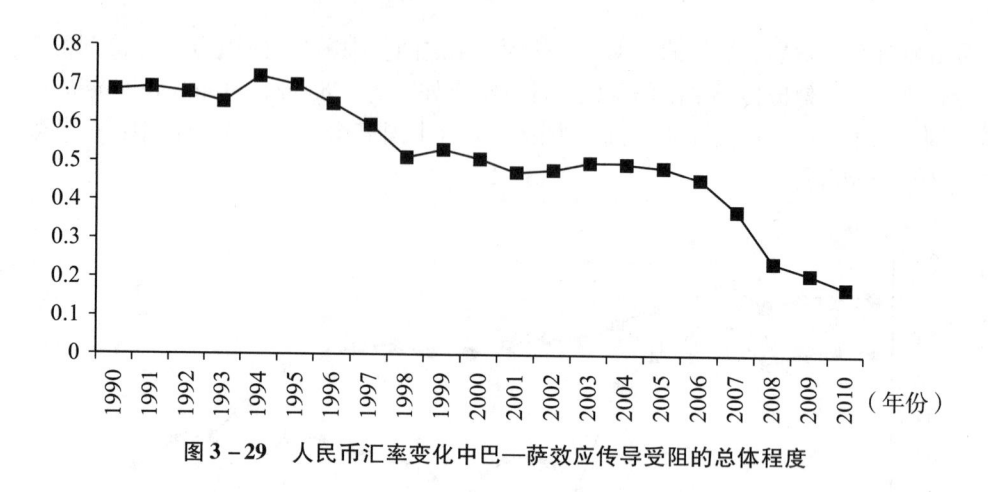

图 3-29 人民币汇率变化中巴—萨效应传导受阻的总体程度

个百分点,年均减少 2.56 个百分点。换句话说,现实中的人民币实际汇率对由巴—萨效应决定的人民币实际汇率偏离程度的一半以上是在这 20 年里得到矫正的。此外,图 3-29 还显示,2005 年以后巴—萨效应传导受阻程度下降的幅度较大,因而,整体而言,近些年人民币汇率变化中巴—萨效应传导受阻现象可能将不再存在。

(二) 对人民币汇率变化中巴—萨效应传导受阻程度的简要讨论

首先,从巴—萨效应传导受阻程度的变化趋势来看,伴随着中国经济的持续高速增长,巴—萨效应的传导效率也越来越高,表明经济快速增长背后的体制机制完善使得中国不断具备巴—萨效应传导所需的基本条件,使人民币汇率变化中巴—萨效应传导受阻程度呈现趋势性下降。实际上,这一现象也可与巴—萨效应在高收入国家更显著即巴—萨效应对收入区段较敏感的国际经验事实相印证(伊藤等,1997;卢锋和韩晓亚,2006)。

其次,在巴—萨效应传导受阻程度的具体数值上,本章测算的人民币汇率变化中巴—萨效应传导受阻程度即巴—萨效应意义上的人民币汇率低估程度可以与有关文献的估计结果相互印证。比如,部分学者的估计结果显示人民币在 2002~2003 年被低估了大约 18~50 个百分点(Coudert & Couharde, 2005),与本章估计的 48%~50% 相近;弗兰克尔(2005)基于扩展的购买力平价方法,估算出 2000 年人民币对美元汇率低估了 45% 左右,而本章计算的 2000 年人民币对美元实际汇率低估了 49%,两者较为接近;汪涛和胡志鹏(2010)认为 2009 年人民币汇率低估约 18% 是所有研究中最靠谱的估算结果,而本章测算的现实中人民币实际汇率相对于巴—萨效应决定的人民币实际汇率低估的程度在 2009 年和 2010 年分别为 21% 和 17%，与汪涛和胡志鹏（2010）的判断基本一致。

再次，在巴—萨效应传导受阻轨迹的趋势性转折点的形成上，1994 年人民币"汇率并轨"可能促成了 1994 年转折点的产生，因为汇率并轨使得人民币名义汇率出现了较大幅度的贬值（兑美元贬值 33%），客观上造成了统计意义上的巴—萨效应传导受阻程度提高。而 1999 年的转折点或许与 1997 年爆发的东南亚金融危机有关，因为金融危机期间内部经济系统和对外经济关系会出现一定程度的紊乱，加之亚洲金融危机以后，人民币汇率事实上的盯住美元制，使巴—萨效应传导不畅。此外，2002 年的转折点可能与 2002 年中国正式加入世界贸易组织这一事件存在关联，因为中国"入世"使中国经济对外开放程度提高，而经济开放度的上升往往与汇率贬值相关。

最后，2005 的转折点应该与 2005 年 7 月 21 日中国人民银行推行的人民币汇率形成机制改革具有内在关联，因为此次汇改的主要内容是改变早先的人民币盯住美元制度，实行以市场供求为基础、参考一篮子货币调节、有管理的浮动汇率制度，形成更富弹性的人民币汇率形成机制，人民币汇率的变动更为灵活，巴—萨效应传导具备了更好的条件，增加了现实中人民币实际汇率向巴—萨效应决定的人民币实际汇率收敛的可能性[1]。有理由相信，2005 年人民币汇率形成机制改革及其后人民币汇率定价机制的不断完善有助于让人民币汇率更多地受经济基本面因素的影响，从而有助于收窄现实中人民币实际汇率与巴—萨效应决定的人民币实际汇率之间的系统性偏差。实际上，2005 年放松管制之后人民币汇率表现出了回归均衡的强大动力，这一点可与韩嘉莹和沈悦（2012）的研究结论相印证，其实证研究发现 2005 年人民币汇率改革之后劳动生产率对实际汇率的解释力大幅增强。

---

[1] 事实上，2005 年人民币汇率形成机制改革以后，中国人民银行不断推出人民币汇率制度改革举措。比如 2006 年 1 月 4 日，央行进一步在外汇市场引入了做市商制度和询价交易机制，改变人民币汇率中间价的定价方式；此后又不断调整扩大人民币汇率每日波动幅度；2015 年 8 月 11 日央行进一步完善人民币兑美元汇率中间价报价机制，增强中间价市场化程度和基准性，这些举措使人民币汇率能够逐步反映真实市场需求，大大增强了外汇市场的价格发现功能。

第四章 人民币汇率变化中巴拉萨—萨缪尔森效应传导受阻的形成机理

本章将基于巴—萨假说的理论框架，特别是紧密结合中国经济体制机制转型的关键特征分别从贸易品价格偏离"一价定律"、城乡二元结构、金融抑制和地方政府竞争四个维度来阐述人民币汇率变化中巴—萨效应传导受阻的形成机理。

第一节 贸易品价格偏离"一价定律"对巴—萨效应传导的影响机理

一、贸易品价格偏离"一价定律"的原因和证据

贸易品"一价定律"是指在忽略跨国贸易成本的条件下，同质可贸易商品在不同国家用同一种货币表示的价格相同。从逻辑上看，贸易品"一价定律"成立的条件应包括国内外贸易品是同质商品，而且同质贸易品跨国套利者众多，套利交易活跃且套利成本为零，从而国内外贸易品市场是完全竞争市场。

相对于现实而言，这些假设条件往往过于严格，比如由于贸易品品牌、质量、款式、营销和包装等方面广泛存在的差异，国内外贸易品往往不是完全可替代的同质商品。也正因为贸易品的异质性，加上贸易品交易的市场分割以及企业的策略性行为，贸易品生产商和贸易商实际上拥有了商品的部分定价权，从而造成不同地区同类贸易品价格可能存在实质性差异。不仅如此，由于资金约束、信息不充分、跨国商品交易风险和国际商品贸易管制等因素的普遍存在，导致跨国商品套利规模受限，贸易品跨国套利活动的活跃度和充分性也受到实质性的制

约,贸易品市场竞争程度不足,从而造成国内外贸易品价格并不统一。此外,由于国与国之间距离遥远,跨国商品贸易和套利要付出更高的运输成本、更多的时间成本和更高的资金成本(可统称为"距离成本"),加之阻碍国际商品贸易的关税和各种非关税措施等行政性壁垒的广泛存在,贸易品跨国套利成本并不为零,这也是国内外贸易品价格一般不符合"一价定律"的原因。

实际上,关于战略市场博弈方面的文献可以为上述逻辑提供部分证明。如有学者基于战略市场博弈的模型分析发现,如果贸易品代理商的数量有限,"一价定律"将不能成立,如果贸易品代理者数量无限增长,贸易品价格将趋于统一,而与代理者的偏好和禀赋等市场结构因素无关(Koutsougeras,2003)。另有学者则认为贸易品代理商数量的无限性不一定会使贸易品价格趋同,异质性贸易品代理者的战略性博弈行为会造成贸易品价格不符合"一价定律"(Waseem,2018)。

大量经验研究的结果也表明现实中贸易品"一价定律"往往并不成立(Engel,1999;Crucini et al.,2005;Drine & Rault,2005;Bergin et al.,2006;MacDonald & Ricci,2007;Tyers et al.,2008;Solanes & Flores,2009)。事实上,正是由于贸易品价格偏离"一价定律"的普遍性和重要性,新开放条件下的宏观经济学(New Open Economy Macroeconomics,NOEM)依市场定价(Pricing to Market,PTM)这一分支就着重研究贸易品价格对"一价定律"的偏离。

二、贸易品价格偏离"一价定律"对巴—萨效应传导的影响

从本书第三章巴—萨假说理论模型的推导过程可以看出,巴—萨假说的一个关键假设或者说巴—萨效应传导的一个关键环节是国内外贸易品价格符合"一价定律"。因而,如果国内外贸易品价格并不符合"一价定律",巴—萨假说将不再成立,至少是不完全成立。实际上,经验研究表明,贸易品价格对"一价定律"的偏离往往导致巴—萨效应传导效率受损,实际汇率变动的绝大部分可能来源于贸易品价格对"一价定律"偏离的因素(Roger & Jenkins,1995;Engel,1999;徐建炜和杨盼盼,2011;胡再勇,2013)。徐建炜和杨盼盼(2011)发现人民币实际汇率变化中贸易品价格偏离"一价定律"因素的贡献达到60%~80%,而"相对相对生产率"对价格变动的影响只有20%~40%,贸易品价格偏离"一价定律"因素成为推动人民币实际汇率变动的主要原因,基于这样的分析结果,他们建议研究人民币实际汇率问题时应该更多地关注国内外贸易品交易格局的变化,而不应该仅仅局限于传统的巴—萨效应层面。

三、待检验假说一

基于上述分析，此处提出待检验假说一：由于贸易品"一价定律"是巴—萨假说成立的重要前提，而国内外贸易品价格一般不符合"一价定律"，因此，中外贸易品价格偏离"一价定律"将降低人民币汇率变化中巴—萨效应的传导效率，贸易品价格偏离"一价定律"程度越大，人民币汇率变化中巴—萨效应传导受阻程度越高。

第二节　城乡二元结构对巴—萨效应传导的影响机理

由巴—萨假说的数学形式可知，巴—萨效应传导的基本路径是：贸易品部门劳动生产率上升引致贸易品部门劳动工资提高，由于劳动在贸易品部门和非贸易品部门的完美工资套利，两部门工资趋于均等，但由于非贸易品部门劳动生产率并没有出现与贸易品部门同等幅度的增长，因而非贸易品价格相对上涨，进而使整体价格水平上升和本币实际汇率升值。因而，可以把贸易品部门劳动生产率上升引致贸易品部门工资同等程度提高称为巴—萨效应传导的"贸易品部门生产率—工资"环节，即贸易品部门工资等于贸易品部门劳动的边际产出，把劳动在贸易品部门与非贸易品部门之间流动套利使部门工资均等称为巴—萨效应传导的"部门间工资套利"环节。这两个传导环节在巴—萨效应经典文献中具有重要地位，构成开放经济追赶背景下巴—萨效应推动实际汇率升值的必要条件。

传统部门与现代部门并存的城乡二元结构是广大发展中国家的普遍特征，在传统部门中存在大量过剩的、隐形的剩余劳动力（Lewis，1954），传统农业部门的劳动边际生产率远远低于现代工业部门的劳动边际生产率，工农业发展水平存在显著差距。就中国而言，1958 年《中华人民共和国户口登记条例》的颁布标志着中国城乡二元体制的真正建立，虽然改革开放以后中国经历了 40 年的高速经济增长，目前中国经济总量已居世界第二位，但中国经济总体上仍然处于转型发展阶段，典型表现就是中国仍然具有明显的城乡二元结构（Menzies et al.，2016；蔡昉，2018b）。中国城乡二元结构对人民币汇率变化中巴—萨效应传导的制约可以通过其对巴—萨效应传导的"贸易品部门生产率—工资"环节和"部门间工资套利"环节的阻滞来体现。

一、城乡二元结构对"贸易品部门生产率—工资"传导环节的阻滞

中国城乡二元结构对巴—萨效应"贸易品部门生产率—工资"传导环节的阻滞机理可以概括为目前广为人知的"劳动力无限供给论",这种观点认为中国城乡二元结构条件下的贸易品部门劳动力价格并不能完全体现劳动边际产出,从而导致对巴—萨效应传导的"贸易品部门生产率—工资"环节产生阻滞。

就像大多数发展中国家一样,中国也存在一个落后的农业部门和一个快速扩张的现代城市制造业和服务业部门,且由于中国人口和中国农村人口绝对数量大,现实中存在大量农业剩余劳动力(黄少安,2018)。随着中国经济尤其是生产率增长更快的城市现代部门(在经济发展的早期由增长型政府主导推进的往往是制造业部门)快速扩张,只要能够提供给农村人口高于其最低生活需要的工资,农村富余劳动将大规模从乡村走向城市[①]。

事实上,由于中国城市经济的相对快速发展,大量农村人口进城务工(俗称"农民工")[②],中国成为国内人口迁移最为活跃的国家之一(Chan,2013),经历了人类历史上和平时期最大规模的人口迁移和劳动力流动(蔡昉,2018c)。国家统计局发布的《2019 年农民工监测调查报告》显示,2017 年、2018 年和 2019 年中国农民工总量分别达到 28652 万人、28836 万人和 29077 万人。大量农民工的出现有效弥补了中国快速工业化和城市化进程中巨大的劳动力缺口(黄祖辉和胡伟斌,2019),使中国经历了世界史上速度最快的城镇化进程(谢伏瞻,2019)。2001 年中国加入世界贸易组织加速推进了这一人口转移进程,中国"入世"后的早些年农业部门的停滞导致了该时期农村和城市之间数量更大的人口迁移,使农业部门成为中国加入世界贸易组织后受到负面影响最大的部门(Chang & Tyers,2008;Rees & Tyers,2008)。此外,就劳动年龄人口而言,1980~2010年,中国的 16 岁至 59 岁的劳动年龄人口以年平均 1.8% 的速度增长(蔡昉,2019),加之 90 年代末国有企业改革释放出大量企业冗员,因此,处在城乡二元经济发展阶段的中国具有"劳动力无限供给"的特征,中国经济也因此表现为有关学者(Lewis,1954)所谓的"劳动力无限供给条件下的经济发展"。

[①] 蔡昉(2018a)认为农业中积淀下大量的剩余劳动力是中国在开始改革开放之时面临的一项历史遗产。在城乡劳动力市场日益发育成熟的条件下,农民工已经在更大的地域范围内流动,总体方向是从中西部地区流向沿海地区,从农村进入各级城市。

[②] "农民工"是指从农村到城镇去从事非农工作的农村户籍人员,是中国城乡二元体制下所形成的一个特殊的社会群体(黄祖辉和胡伟斌,2019)。

"劳动力无限供给"使城市贸易品部门工资并不会完全反映贸易品部门劳动生产率增长，贸易品部门在劳动生产率快速进步的同时可以维持较低的工资增长速度，劳动者的工资水平往往明显低于其边际产出从而成为一个高度受制于劳动力供求状况的外生变量（Gao，2006；王泽填和姚洋，2009；蔡少琴，2012；韩嘉莹和沈悦，2012）。图4-1展示的1979~2010年中国农民工工资演变形态可作为上述逻辑的部分佐证。另外，根据本书的测算，如果以2011年美元不变价来衡量，2003~2014年，中国制造业的实际工资只增长了0.61倍，年均复合增长率只有4.42%，而1990~2010年，中国制造业劳动生产率上升了7.61倍，年均复合增长11.37%。其中2003~2010年，中国制造业劳动生产率上升了0.50倍，年均复合增长率达到5.96%，高于2003~2014年中国制造业实际工资增长率。因此，由于劳动力供过于求使城市贸易品部门工资的变化并不会完全体现贸易品部门劳动生产率的提升，贸易品部门劳动生产率增长转化为工资增长的链条部分中断，使劳动生产率和价格之间的关联被扭曲，巴—萨效应传导的"贸易品部门生产率—工资"环节并不通畅，导致人民币汇率变化中巴—萨效应传导受到阻碍[①]。

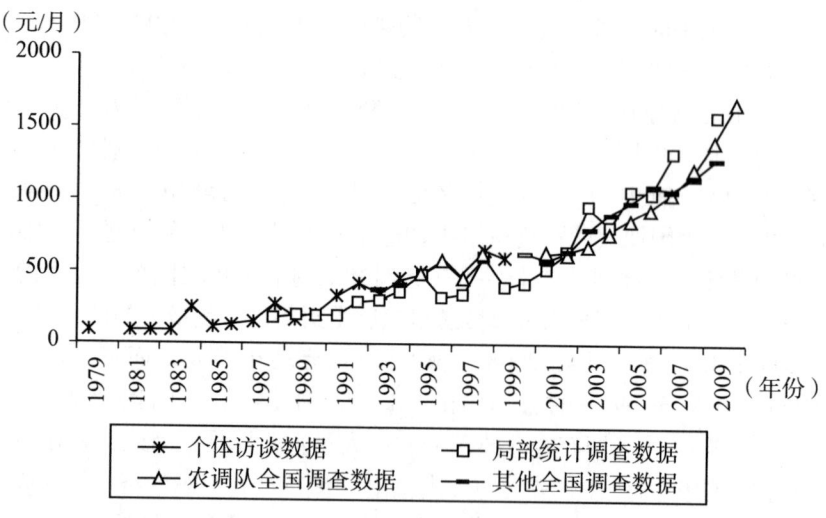

图4-1　1979~2010年中国农民工工资四类数据资料汇总

资料来源：卢锋. 中国农民工工资走势：1979~2010 [J]. 中国社会科学，2012（7）：62，图8.

---

① 农业部门剩余劳动力向工业部门的大规模转移，以及工业部门劳动生产率的快速进步是1994年之后中国经济改革最为主要的特征。与此同时，中国企业中劳动报酬低于劳动生产率导致的工资向下扭曲成为中国经济的重要特征事实之一（王宁和史晋川，2015；蒲艳萍和顾冉，2019）。

二、城乡二元结构对"部门间工资套利"传导环节的阻滞

(一) 城乡二元结构下中国非贸易品部门工资的外生性

中国城乡二元结构下农村大量隐性失业人口向城市转移将使城市出现劳动供过于求的局面,不仅降低了城市贸易品部门的工资水平,也使城市非贸易品部门工资上升乏力并具有外生性质,从而在一定程度上对巴—萨效应传导的"部门间工资套利"环节产生阻滞。不仅如此,由于城镇化过程中从农村转移出去的劳动力很多在非贸易品部门从事较为低端的服务业而贸易品部门吸纳的主要是城镇就业人口,尤其是工业部门中石油和电力等垄断性行业门槛很高,其他行业的工人几乎无法进入(胡德宝和苏基溶,2013),因此农村富余劳动由于个体受教育程度、个人技能和在城市的社会关系网络等因素使其在城市偏向于服务业部门的结构性配置会进一步加剧非贸易品部门工资决定的外生性。据本书测算,2003～2014年,以2011年美元不变价计,中国服务业部门的实际工资只增长了0.32倍,年均复合增长率只有2.56%,而1990～2010年,中国服务业劳动生产率上升了2.88倍,年均复合增长7.02%。其中2003～2010年,中国服务业劳动生产率上升了0.82倍,年均复合增长率达到8.93%,远高于2003～2014年中国服务业实际工资增长率。因而,城乡二元结构下劳动无限供给及其部门偏向配置进一步抑制了非贸易品部门工资对贸易品部门工资变动的响应,从而贸易品部门劳动生产率增长所带来的工资成本效应可能更小(Tyers et al.,2008),导致非贸易品部门工资上升乏力状况加剧和非贸易品部门相对价格的下降(伊藤等,1997),最终抑制了巴—萨效应传导和实际汇率升值。

(二) 城乡二元结构下劳动跨部门自由流动受限

中国城乡二元结构及附着其上的人口(劳动)管理制度对人口(劳动)在城乡间自由流动构成障碍,导致城乡之间乃至城市内部劳动力市场的分割和扭曲,造成较严重的劳动力流动摩擦和较高的制度性交易成本,从而不利于劳动的部门间工资套利活动,其中的代表是强化中国城乡二元结构的户籍管理制度。

新中国成立后,为了完成资本原始积累,确保工业快速发展,国家采取了从农业抽取剩余支援城市工业发展的战略,并配以把人口的居住和就业纳入国家计划并限制人口和劳动力在地区之间特别是城乡之间的自由迁移和流动的户籍管理制度,从而构建了以户籍制度为表征的城乡二元体制(李飞,2018)。1958年开

始实施到现在的户籍管理制度，尽管历经不同程度的改革和松动（如1984年开始实行的居民身份证制度便利了人口流动和自由择业），但毋庸讳言的是，中国户籍制度长期成为事实上的劳动（人口）自由迁徙的主要障碍，时至今日仍然在中国劳动力市场上扮演着重要角色，创造了"流动人口"这样的庞大特殊群体。其中的关键是本地户籍人口和外地户籍人口在劳动力市场机会、医疗卫生、子女教育、社会保障和社会公共事务权利等方面存在广泛而深刻的差别，这无疑增加了劳动力跨地区转移和跨部门交流的隐性成本，严重影响了外来务工人员（"农民工"）的工作体验，降低了流动人口对于工作地的归属感和跨地区流动意愿，影响了城乡之间、区域之间和部门之间劳动力自由流动性。此外，城乡二元的居民财产权益制度也"导致广大农民工始终处在城乡两栖化的不稳定流动以及与家人经常性分离、家庭定居地极不确定的状态，很难真正融入城市和成为市民化的城市居民"（黄祖辉和胡伟斌，2019），从而成为阻滞劳动力跨地区跨部门自由流动的又一重要原因。

除户籍制度外，还有一些与城乡二元结构紧密相关的因素也会降低中国劳动力跨部门自由流动程度。比如，在传统城乡二元结构下，与城市相比，中国广大农村地区电视、报纸、电话和网络等信息基础设施发展严重滞后，信息推送工具和信息交流手段缺乏，导致农村地区信息闭塞乃至成为信息孤岛。因而，农村地区的沟通往往都是本地化的沟通，缺乏跨地域和远距离的有效交流，致使人们获取外部资讯受限，从而制约了劳动力在城乡之间以及跨地区跨部门之间的流动，影响了劳动配置对部门工资差距的敏感度。再如，在传统城乡二元结构下，与城市较为发达的道路系统相比，农村道路交通基础设施较为落后，城乡交流之路等级低、路况差，影响着人口（劳动）在城乡之间和部门之间的便捷交流；此外，中国发达省份和落后省份事实上也形成了另一个层次的"城乡二元结构"，导致跨省区的高等级交通基础设施发展滞后，严重影响着跨省区和跨部门的人口（劳动）流动自由度。最后，由于城乡二元结构下城乡之间交流融合不足，造成城市与农村之间极大的物质差异和文明落差，加剧了农村转移人口背井离乡的痛苦，强化着农村人口的乡土观念以及安于现状害怕变化的心理，从而事实上阻碍着劳动在城乡之间、区域之间和部门之间的自由流动和合理配置。

实际上，已有证据表明，中国劳动力市场搜寻匹配成本和调整成本较高，劳动力市场以及劳动供需之间的结构性矛盾较为突出，工资变动缺乏足够弹性（徐忠和贾彦东，2019）。

从以上的论述可以看出，中国城乡二元结构下劳动力无限供给特征导致的非贸易品部门工资外生性以及与城乡二元结构紧密相关的劳动跨部门自由流动性不足将使巴—萨效应传导的"部门间工资套利"环节受到阻碍,从而不利于巴—萨效应在人民币实际汇率中表现出来。

应该指出的是,城乡二元结构造成的城乡之间劳动流动自由度不足也可能使农村富余劳动力无法充分向城市转移,从而可以部分消解中国劳动力无限供给对巴—萨效应传导的阻滞。而按照巴—萨假说的原理,城乡二元结构下劳动跨部门流动受限会降低巴—萨效应传导效率。在这个意义上,城乡之间劳动力流动自由度对于巴—萨效应传导的作用具有双重性,既有有利于巴—萨效应传导的一面,也有不利于巴—萨效应传导的一面,这一点王雪珂和姚洋(2013)也论述过。

三、待检验假说二

基于上述中国城乡二元结构对人民币汇率变化中巴—萨效应传导影响的理论分析,此处提出待检验假说二:中国城乡二元结构下的劳动力无限供给特征使部门工资具有外生性,部门间生产率的结构性变化无法完全传导至部门相对价格,从而降低人民币汇率变化中巴—萨效应的传导效率,而源于不当人口管理制度、信息网络缺乏和交通基础设施落后的劳动力跨部门自由流动障碍可能加剧城乡二元结构对人民币汇率变化中巴—萨效应传导的阻滞。

第三节　金融抑制对巴—萨效应传导的影响机理

上述基于中国城乡二元结构对巴—萨效应传导影响的"劳动力无限供给论"几乎成为一个解释人民币实际汇率特殊演变形态的主导理论,然而它并不能完全解释人民币汇率变化中"巴—萨效应传导受阻之谜"。因为很多学者认为,人民币实际汇率的演变轨迹以及巨额的经常项目顺差与中国"渐进式改革"过程中特有的一些体制性因素(制度摩擦和体制缺陷)或者说深层次"结构性扭曲"有密切关系,远非名义汇率政策或人口因素可以解释(杨长江和程锋,2008;汪涛和胡志鹏,2010)。因此,从中国经济体制的特殊性视角探寻人民币汇率变化中巴—萨效应传导受阻的成因是一个重要方向,然而,目前鲜有文献充分注意到中国经济体制的特殊性对巴—萨效应传导影响的复杂性和深刻性并展开有针对性的系统研究。

经济体制涵盖的对象非常广泛。由于金融是现代经济的核心,金融制度是经济社会发展中重要的基础性制度，而发展中的转型经济体金融制度环境的最大特点是存在金融抑制（financial repression）（Mckinnon，1973）。本节从理论上阐述与中国经济转型过程相伴随的金融抑制对人民币汇率变化中巴—萨效应传导的影响，认为人民币汇率变化中巴—萨效应传导受阻是中国金融抑制的一个可以解释的结果，给出了一个阐释人民币汇率变化中"巴—萨效应传导受阻之谜"的全新视角。此处提出一个猜想，中国较长时间和较为严重的金融抑制导致中国实际利率处于较低水平，这会阻碍巴—萨效应的正常传导，金融抑制是产生人民币汇率变化中"巴—萨效应传导受阻之谜"的重要原因。

一、中国金融抑制的表现

根据经典文献（Mckinnon，1973；Shaw，1973）的定义，金融抑制是指一国政府对其金融体系和金融活动的过度干预抑制了金融体系的正常发展，而金融体系发展滞后又阻碍了经济发展，最终造成了金融抑制和经济落后的恶性循环。中国金融体系发展长期面临着政府的过度干预，政府通过对金融中介和金融市场施加一系列具体约束使中国形成了严重的金融抑制体制（李晓龙和冉光和，2018）[①]。

政府对金融体系的管制和干预主要体现为以下两个层面：

一是金融进入管制。长期以来，国有银行占据了中国银行业的主要部分，形成了高度垄断的银行业结构，民间资本进入银行业受限较多，银行业竞争程度有待提高（刘瑞明，2011；戴静和张建华，2013；吕冰洋和毛捷，2013）。与此同时，中国资本市场准入门槛高，股票发行IPO长期执行审批制或核准制，部分种类企业债券的发行仍旧采取审批制的监管制度（黄桂田和何石军，2011；吕冰洋和毛捷，2013；李晓龙和冉光和，2018），对企业进入股票市场和债券市场的过多干预导致间接融资比例过大。

二是干预金融资源配置决策，包括金融价格管制和金融资源配置方向干预。在金融价格管制上，政府长期通过利率管制强行压低了存贷款基准利率，导致官方利率低于充分竞争条件下的均衡市场利率，此外，股票IPO定价和企业债券利率市场化程度较低导致股票市场和企业债券市场发展仍不成熟（黄桂田和何石

[①] 中国金融抑制普遍存在的原因包括：支持政府的重工业优先发展战略（林毅夫和孙希芳，2008；陈斌开和林毅夫，2012）；支持大量无效率的国有经济发展和降低信贷风险（Brandt & Zhu，2000；Lu & Yao，2009；刘瑞明，2011；戴静和张建华，2013）；政府可以获得经济收益（李广众，2001）。

军,2011;吕冰洋和毛捷,2013;王林辉和袁礼,2014;白俊红和卞元超,2016)①。在金融资源配置方向上,政府倾向使国有银行将大量资本要素以优惠利率投向国有企业和政府性投资企业,对小微企业和民营企业的信贷资源供给受到抑制(戴静和张建华,2013;徐晔和宋晓薇,2016;张军扩等,2019)。长期以来,在债券市场上,国债和政策性银行债券是主要金融工具,企业债券特别是非国有企业债券发行则被严格限制。中国金融资源配置方向上的诸多干预和管制措施产生了倾向于国有经济的资源配置结果,抑制了非国有经济的发展(Bai et al.,1999;Dwight,2004;刘瑞明,2011;陈斌开和林毅夫,2012)。因此,金融价格管制和金融资源配置倾向引发了资本价格与资本配置的双重扭曲(白俊红和卞元超,2016;张兴龙和沈坤荣,2016)②。

二、金融抑制影响巴—萨效应传导的机理

利率管制是中国转型时期金融抑制的集中表现之一(黄桂田和何石军,2011),因而,可以着重分析利率管制对人民币汇率变化中巴—萨效应传导的影响。理论上,同作为重要价格变量的利率和汇率之间存在着紧密的内在联系,如经典的利率平价理论和资产组合理论。实际上,部分学者已注意到实际利率对实际汇率会有重要影响,但认为实际利率并非实际汇率的长期影响因素(王雪珂和姚洋,2013)。然而,以实际利率低估为代表的金融抑制对实际汇率不仅有短期影响,在中长期也会成为塑造实际汇率行为的重要力量。

众所周知,劳动与资本是生产投入中最重要的两种要素(戴天仕和徐现祥,2010),利率被低位管制使资本和劳动的相对价格发生了显著的变化(白重恩和钱震杰,2009;罗长远和张军,2009),表现为资本劳动相对价格趋于下降(陈登科和陈诗一,2018)。而资本劳动相对价格的变化将改变企业对两种生产要素

---

① 中国利率管制导致利率低估是众所周知的事实,中国经常出现负实际利率的情况。从国际比较来看,黄桂田和何石军(2011)的数据显示,以一年期贷款利率为例,印度自20世纪80年代始还没有出现利率低于10%的年份,最低的是2005年的10.8%,而全球金融危机期间,印度的一年期贷款利率竟然高达12%以上;即使与资本丰裕的美国相比,我国大部分年份的利率都偏低,如20世纪80年代美国人均GDP达到12000美元时利率为18%,而我国的利率只有在1993~1996年这四年中出现过高于10%的情况,到2008年已经到了5.31%的低位。

② 白俊红和卞元超(2016)测算出资本的边际产出超出利率水平1.3倍,表明中国的金融市场受外部因素特别是政府干预的影响还很严重,使资本要素的价格被人为压低,从而出现了资本要素应得大于实际所得的情形。

的配置，而要素配置方式的变化方向和变化强度取决于资本劳动替代弹性①。如果资本劳动替代弹性大于1，则资本和劳动这两种生产要素之间为替代关系，如果小于1，则是互补关系，即资本劳动替代弹性反映了要素相对价格的变化对生产要素（资本和劳动）配置的影响（陈晓玲和连玉君，2012）。有证据表明属于发展中国家的中国的资本劳动替代弹性显著大于1②（黄先海和徐圣，2009；Neiman，2014；Berkowitz et al.，2015；陈登科和陈诗一，2018）③。因而，以低利率为标志的金融抑制导致的中国资本劳动相对价格下降会使生产过程中出现资本替代劳动的现象。

此外，由于中国长期实行的低利率政策造成资本要素价格扭曲，降低了资本使用成本，加之赶超战略和片面 GDP 绩效考核，中国经济发展过程中对于利用资本来替代劳动的技术进步具有较强的偏好，造成中国在技术选择方面呈现资本偏向（capital biased）的"逆资源禀赋"趋势④。不仅如此，由于中国劳动力无限供给延缓了资本回报递减的发生（蔡昉，2019），更进一步刺激了企业的资本深化倾向（罗楚亮和倪青山，2015），使我国经济发展过程中表现出以资本偏向型技术进步为特征的整体性资本深化趋势（陈晓玲和连玉君，2012）。有证据表明，中国技术进步偏向资本的速度越来越快，导致生产过程中资本贡献率大为提高，而初级劳动贡献率显著下降（周其仁，1997；戴天仕和徐现祥，2010）。图4-2 显示的中国资本劳动比走势可以作为部分佐证。

在城乡二元结构的转型背景下，由于资本使用有助于技术进步，更多资本促进的"逆资源禀赋"技术偏向对劳动具有明显挤出作用（Acemoglu，2010；余淼杰和梁中华，2014），降低了中国经济增长的就业吸纳能力，导致劳动力工资长期处于低增长状态⑤（陈宇峰等，2013）⑥。特别地，由于中国外向型经济发展在

---

① 资本劳动替代弹性定义为资本劳动投入比的变化率与这两种要素相对价格变化率的比值，它反映了资本劳动相对价格的变化率对生产中这两种要素投入比例的影响。由于替代弹性的大小影响企业对生产技术的选择，从而影响生产中要素的使用偏向。

② 陈晓玲和连玉君（2012）发现，除辽宁和河北外的东部省区及内蒙古的资本与劳动之间是替代关系，多数中西部省区的资本和劳动之间则存在互补关系。

③ 陈登科和陈诗一（2018）发现中国劳动收入份额变化与资本劳动相对价格变化显著正相关，这意味着中国资本劳动替代弹性很可能显著大于1。

④ 陈晓玲和连玉君（2012）的研究表明，我国多数省区的技术进步是资本偏向型。

⑤ 陈登科和陈诗一（2018）指出，1998 年以来中国资本劳动相对价格下降，加之中国资本劳动替代弹性显著大于1，资本劳动相对价格下降导致劳动收入份额累计下降0.16，控制劳动收入份额主要影响因素后，资本劳动相对价格下降显著拉低了中国劳动收入份额。

⑥ 陈宇峰等（2013）指出，与"中国奇迹"相伴随的就业增长缓慢等问题已越来越成为影响中国经济发展和社会稳定的绊脚石。

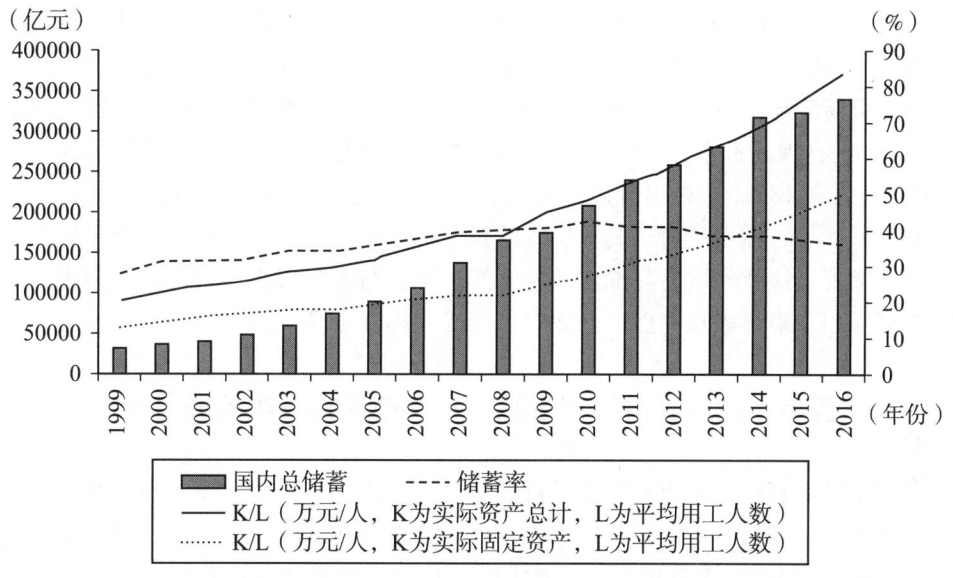

图 4-2 1999~2016 年中国总储蓄、储蓄率、资本劳动比变化趋势

资料来源：裴长洪，刘斌．中国对外贸易的动能转换与国际竞争新优势的形成［J］．经济研究，2019（5）：12，图4．

很大程度上是以劳动密集型产业的壮大为特征（陈登科和陈诗一，2018），因而，金融抑制将导致传统劳动密集的产业逐步演变成资本密集型的产业，从而挤出更多的劳动，使中国经济呈现出"无就业增长"的特征，加剧劳动供求矛盾，压缩工资上升空间。中国初次分配格局中劳动收入份额出现的大幅度持续下降的事实可以部分证明中国工资长期处于低增长状态，如伴随中国资本劳动相对价格的显著变化，中国的劳动收入份额在 1995 年达到峰值后也开始呈现出持续走低态势，资本劳动相对价格的下降是理解中国劳动收入份额下降问题的关键（白重恩和钱震杰，2009；罗长远和张军，2009；陈登科和陈诗一，2018）。此外，1994 年的分税制改革在地区之间引起的"招商引资竞赛"进一步抬高了资本的要价能力（罗长远和张军，2009），加剧了要素分配不合理的程度。

从以上论述可知，低利率管制显著改变了资本劳动相对价格，加上较高水平的资本劳动替代弹性，进一步加剧了劳动过度供给和就业压力，使劳动要价能力减弱，导致部门生产率增长通过工资的提高传导至人民币实际汇率的路径被部分阻隔了。

不仅如此，由于生产过程特别是贸易品生产过程中节约劳动力使用的倾向，制造业的劳均资本比总体经济上升得更快（黄先海和徐圣，2009；戴天仕和徐现祥,2010),从而使其劳动生产率表现出逐渐提高的特征(罗楚亮和倪青山,2015)。占比较大的高科技行业以及重工业等贸易品部门偏向资本的技术进步往往导致贸易品部门劳动生产率的提升,然而,由于这些部门具有更高的资本劳动替代弹性[①],因此资本劳动相对价格下降更容易导致资本对劳动的替代(陈登科和陈诗一,2018)。这就出现以下情况,一方面,由于资本对劳动的替代,工资上升乏力,另一方面,由于偏向资本的技术进步使贸易品部门劳动生产率出现了更高的增长,这就使贸易品部门劳动生产率增长与工资增长乏力之间的紧张关系变得更强烈,最终表现为巴—萨效应传导受阻程度更高。

三、国有企业在金融抑制影响巴—萨效应传导中的调节作用

由于经济赶超阶段政府对于经济增长和工业化具有强烈愿望,而国有企业是政府实现经济赶超目标的重要抓手,这使国有企业在激励约束机制、廉价金融资源获取能力、"逆资源禀赋"的高资本劳动替代弹性的产业站位等方面存在明显的特殊性,因而探讨国有企业在金融抑制影响巴—萨效应传导过程中发挥的调节作用也是一个重要的话题。

由于占据银行主体地位的国有银行在信贷资金配置上对国有企业的体制性倾向以及国有企业特别是大型国有企业在发行股票和债券等方面所享有的诸多便利,国有企业往往可以获得更多更低廉的资本。这实际上是通过金融中介和金融市场向国有企业提供利率租金和资本租金的方式变相补贴国有企业(Giovannini & de Melo,1993;李广众,2001;Cull & Xu,2003)。由于国有企业往往处在高替代弹性的产业,致使国有企业的技术进步更具有劳动节省的资本偏向性质,产生更严重的资本替代劳动的现象(罗长远和张军,2009;陈宇峰等,2013),从而对劳动有更多的挤出。陈宇峰等(2013)发现,国有企业固定资产净值占工业部门的比例为50.1%,民营企业仅为15.6%,他们认为正是掌握大量廉价资本资源的国有企业[②]的"逆资源禀赋"倾向导致了工业部门的高资本偏向性,工业部门国有企

[①] 陈登科和陈诗一(2018)发现资本劳动替代弹性在行业间存在较大差异。科技含量较高的行业以及重工业的资本劳动替代弹性一般高于低科技含量行业与轻工业,这些行业面对资本相对价格的下降更容易采用资本替代劳动:计算机、电子与通信设备制造业、医药制造业以及黑色金属冶炼及压延加工业的资本劳动替代弹性位居前三,数值分别为3.98、2.81与2.71;家具制造业与饮料制造业资本劳动替代弹性最低,分别为1.03和1.07。

[②] 卢峰和姚洋(2004)指出,虽然非国有部门对中国GDP的贡献超过了70%,但是非国有部门在过去十几年里获得的银行正式贷款却不到20%,其余的80%以上都流向了国有部门。

业的人均资本存量是民营企业的 5.2 倍。陈宇峰等（2013）还测算出，如果将国有企业的固定资产拿出 20% 转移到民营企业，中国总体上将增加 1505 万个就业机会，几乎相当于国有企业的全部就业人数。

综上所述，国有企业更容易从处于抑制状态的中国金融体系中获取金融资源，这将强化国有企业的高资本劳动替代弹性的产业站位，从而挤出更多的劳动，加剧中国工资向下扭曲[①]，使生产率与工资之间的"失联"程度即巴—萨效应传导受阻程度进一步提高。

四、待检验假说三

根据以上论述，此处提出待检验假说三：中国金融抑制通过压低利率使资本大量替代劳动，造成劳动力供给过剩，工资增长乏力，导致贸易品部门劳动生产率与工资水平之间的关系扭曲，从而使人民币汇率变化中巴—萨效应传导受到阻碍，而由于在金融抑制环境中的融资便利性、高资本劳动替代弹性的产业站位以及地理分布的结构性偏向，国有企业会加剧人民币汇率变化中巴—萨效应传导受阻的程度。

第四节 地方政府竞争对巴—萨效应传导的影响机理

改革开放以来，中国地方政府在地区的经济增长中扮演了一个非常重要的角色，直接干预甚至某种程度上主导了地方经济增长（高培勇等，2019），地方政府寻求一切可能的资源进行投资、推动地方经济发展的热情在世界范围内也是罕见的（周黎安，2007）。对于中国经济的发展，没有任何力量有竞争产生的能量这么强大，没有任何竞争有地方政府"为增长而竞争"对理解中国的经济增长那么重要（张军，2005）。可见，地方政府竞争也是转型时期中国经济体制的重要特征，也是中国经济体系的一个不容忽视的基础因素，对中国的经济基本面无疑具有系统性的重要影响。或许，这样一个独具特色但也存在扭曲的经济体系基础因素就暗含着破解人民币汇率变化中"巴—萨效应传导受阻之谜"的"密码"。

[①] 尽管也有学者指出，国有控股企业中分配格局可能会因为意识形态偏好而对劳动者具有一定的偏向性，国企资本所有者"虚位"特征也使国企员工更可能分享企业利润（罗楚亮和倪青山，2015），从而使得劳动收入比例在国有控股企业中更高。但这只是对于国有企业内部职工而言，并不能改变国有企业由于使用丰富廉价资本而挤出大量劳动的局面，从而也无助于改变整体工资水平增长乏力的现实。

尝试从地方政府竞争这一重要视角解释人民币实际汇率特殊演变形态的研究思路值得学术界在理论上倍加注意和认真对待。然而，这却是一个鲜有文献关注的问题，根据目前的文献阅读，基于地方政府竞争对人民币实际汇率开展的研究文献只有唐翔（2012），但唐翔（2012）并没有直接结合巴—萨效应研究地方政府竞争对人民币实际汇率的影响。

一、地方政府竞争的原因

地方政府竞争是指地方政府为吸引资本、技术和人才等生产要素而在投资环境、法律制度、政府效率等方面开展的跨区域竞争。中国特色的地方政府竞争主要有两个原因：地方财政竞争和官员晋升竞争。

就地方财政竞争而言。为了打破统收统支体制下吃大锅饭的局面，实现财政"分灶吃饭"，以调动地方增收节支的积极性，中国从1980年开始实施"财政包干制"。中国财政分权的结果，使地方政府从经济活动的管理者变成了经济活动和经济利益主体，各求发展，形成所谓的"诸侯经济"（沈立人和戴园晨，1990）。1994年的分税制改革，进一步强化财政分权的效应（姚洋，2008），提高了对地方政府的激励（林毅夫和刘志强，2000；周业安，2003；周黎安，2004；张军等，2007），从而显著影响了地方政府的行为选择。在市场化改革所形成的全国统一商品市场的条件下，财政激励系统的重构必然造成地方政府之间的竞争关系：各地方政府为了发展地方企业，扩大地方经济规模，增加自身的财政收入，必须为本地企业谋求在全国产品市场上的各种竞争优势，这就为中国地方政府之间的竞争建立了制度基础（张维迎和栗树和，1998）。许多地方政府无暇顾及长远和全局利益，不惜以种种非正当手段追逐和争夺经济资源以增加短期财政收入，而以牺牲地方政府本应有的其他非经济职能为代价。

就官员晋升而言。在中国，尽管财政上实行分权体制，但在政治上则执行集中统一领导的制度，党中央拥有任命地方官员的政治上的绝对权威，有能力奖励和惩罚地方官员的行为（张军等，2007）。改革初期，经过1978年底党的十一届三中全会，中国确立了以经济发展为中心的发展战略。因而，20世纪80年代初以来地方官员的选拔和晋升的标准由过去的纯政治指标变成经济绩效指标，其中以GDP增长为标杆的地方经济表现是地方官员晋升考核机制中最为重要的指标（Li & Zhou，2005；周黎安，2004；张军等，2007）。地方经济增长速度与地方官员晋升直接"挂钩"（余永泽和潘妍，2019）。地方官员在这一外在刚性约束下依赖制定较高的经济增长目标来向上级政府释放"能力信号"(周黎安，2007)。实际上，辖区经济增长更快的地方官员更容易得到晋升，这种体制以一个自上而下而不是自下而上的高度分权的结构制造了政府间"为增长而竞争"的发展共识和强大激励，反映了地方政府官员面临的政治激励与推动地方经济增长激励之间的完美兼容性(张军等，2007)。然而，由于有限晋升机会的约束，地方官员政治晋升博弈是一个"零和博弈"。处于政治晋升博弈中的地方官员不愿意进行区域合作与分工，对于那些双赢的区域合作机会"反应冷淡"，地方官员为了提高自己的政绩位次、同时降低其竞争对手的位次，会"不择手段"地想尽一切办法进行竞争(周黎安，2004；姚洋，2008)。地方政府间的这种竞争已经造成了地方财政支出结构"重基本建设、轻人力资本投资和公共服务"的明显扭曲(杨海生等，2008)。

综上，中央政府对地方政府特殊的激励结构使地方官员兼具"经济参与人"和"政治参与人"的双重特征(周黎安，2004)，不仅创造了地方政府间典型的"标尺竞争"，而且推动了政府系统向发展型政府治理模式的转型(张军等，2007)。

与此同时，行政分权化导致地方司法、执法和监管部门的属地化，这些部门与地方政府形成了相对稳定的人事与经济依附关系，这一体制为地方政府干预司法和执法创造了条件，弱化了中央对地方社会生活的干预，导致地方对中央的政策与法规选择性执行(汪洋，2002；樊鹏等，2008)。这样，地方政府基于财政和晋升的正常竞争会逐渐演变成低级化甚至没有底线的"竞次"①。

二、地方政府竞争的方式

地方政府为了获取财政收益和官员晋升机会，往往通过各种方式吸引移动要素尤其是资本要素进入辖区，这些竞争的方式大致有以下几类：

---

① "竞次"也可称为"竞劣"或者"向下赛跑"，是当今全球化研究领域的一个重要概念。它所反映的现象是，由于经济全球化导致国际和地区间的生产和贸易竞争变得日趋激烈，各国和各地区政府都有很强的动机去竞相放松或降低对生产过程和生产方法(process and production methods，PPMs)的监管标准，特别是劳动标准和环境标准，帮助境内企业降低生产成本以获取不公平的竞争优势。许多研究者认为，"竞次"已经造成全球范围内的劳工权利、环境、公共服务和道德的普遍恶化，是经济全球化的反对者所持的主要批评意见之一，而"竞次"问题在中国尤为突出(唐翔，2012)。

(1) 劳工权益方面。地方政府控制最低工资①，对违反国家劳动保护和安全生产法规、侵害工人权益的现象熟视无睹甚至蓄意纵容②，使企业有机会维持工人低薪资待遇③，提高劳动强度和延长劳动时间，降低劳动保护投入（Chan，2003；罗长远和张军，2009；唐翔，2012；白俊红和卞元超，2016）。由于地方政府竞争导致的公共权力在劳动力市场监察上的缺位，加之产业资本逐利本性的夹击，市场竞争所形成的工资水平事实上并未包括劳动者的养老基金、医疗保险等必要支出，实质上是通过牺牲劳动者的福利待遇对产品价格实施补贴，正是由于这一因素，看似竞争定价下的合理工资水平事实上存在极大的低估（杨长江和程锋，2008），对农民工"人口红利"的透支和套取每年高达5200亿元人民币（钟伟，2006）。

(2) 资金和土地等要素供给和要素价格方面。地方政府竞争导致公共权力滥用，通过干预甚至主导金融部门的信贷决策为辖区企业特别是预算软约束的辖区企业筹集资金，造成"信贷公地悲剧"（江曙霞等，2006）。此外，尽管中国土地资源短缺，但地方政府通过控制土地市场向当地企业廉价甚至免费提供土地（张五常，2005；钟伟，2006；白俊红和卞元超，2016），使中国长期以来存在着工业用地价格偏低的土地市场分割现象（田文佳等，2019）。

(3) 产品质量方面。为达到节约成本的目的，企业往往偷工减料，以次充好，违反产品质量规范，而在政绩考核、财政利益甚至寻租的驱动下，地方政府对辖区内企业制假售假普遍存在不同程度的包庇纵容行为，导致各种危害人体健康的假冒伪劣商品层出不穷（唐翔，2012）。

(4) 环保标准方面。地方政府竞争使企业相互攀比式地减少对工业污染物的处理投入，采用资源掠夺型、环境破坏型的野蛮生产方式，以牺牲环境为代价换取企业利润，导致我国环境状况逐年恶化（杨海生等，2008；唐翔，2012），中国在经济快速发展的同时也付出了严重的环境和能源资源代价（林伯强和谭睿鹏，2019）。

(5) 产业选择和发展战略方面。地方政府刺激资源、环境破坏型和劳动密集

---

① 最低工资制度是各国政府管制劳动力市场的重要手段之一，旨在保障低收入劳动者的生活水准，防止企业过度侵犯劳动者合法权益。1993年中国中央政府开始实行最低工资制度，随着2004年《最低工资规定》的颁布，最低工资制度进一步完善并在全国全面实施。

② 比如，中国沿海雇佣农民工的生产型企业普遍存在工人超时加班、休假权利无保障的现象（Chan，2003）。

③ 在经济高速增长的20世纪90年代，各地政府规定的最低工资上涨速度仅仅与通货膨胀率持平，即最低工资标准的实际水平10年没有变化；从1993年开始，大多数城市的最低工资标准甚至低于中央政府规定的底线（即当地平均工资的40%）（Chan，2003）。

型行业的生产（张维迎和栗树和，1998），采用地区封锁、地方保护主义和"大而全"的发展战略，开展产业大战、开发区建设大战以及吸引外资"让利竞赛"（周黎安，2004）。其中在税收方面，尽管地方政府不具备法定的独立税权，但并不妨碍地方政府给予外资企业税收"超国民待遇"（罗长远和张军，2009；汪立鑫和闫笑，2018），并通过降低税收征管努力使实际税率低于名义税率，从而产生一种税收"逐底竞争"①。此外，地方政府通过影响甚至干预国有企业，不惜以地方产业和企业的经济预算为代价参与地区竞争（周黎安，2004）②。

综合来看，地方政府"标尺竞争"的重要策略和主要途径就是以竞相吸引外商直接投资（FDI）为突出表现的"招商引资竞赛"（张晏和夏纪军，2005；罗长远和张军，2009），地方政府吸引外商直接投资的行为更为主动和激进（汪立鑫和闫笑，2018）。为了吸引并留住外商直接投资，部分省区秉承"一切为了投资者，一切为了企业"的工作理念③，综合运用了上述劳工权益、土地供给和环保标准等各方面的竞争手段。

三、地方政府竞争影响巴—萨效应传导的机理

地方政府竞争是中国一个重要的经济体制基本面，尽管经济学界几乎形成了一致看法，即基于以GDP为主要指标的绩效考核制度的地方政府分权竞争有效促进了中国经济体制转轨（张维迎和栗树和，1998；Li et al.，2000），是推动中国经济市场化改革取得成功的重要因素（姚洋，2008），有助于中国快速推进工业化（高培勇等，2019），是驱动中国经济长期高速增长的根本性制度安排和重要原因（张军等，2007；徐现祥和王贤彬，2010）。毋庸讳言的是，地方政府间过度的竞争乃至竞次也会带来相当程度的扭曲，产生多维负面影响，其中就可能包括对人民币汇率变化中巴—萨效应的传导产生不利影响。

地方政府竞争（竞次）阻滞人民币汇率变化中巴—萨效应传导的机理主要体现在以下几个方面：

---

① 也有学者认为税收收入是更为重要的考核指标（Shih et al.，2012；Lü & Landry，2014），税收激励会使得地方政府加强税收征管，展开税收"争优竞赛"（race to the top），但许敬轩等（2019）的研究发现经济增长是相对更重要的考核指标。

② 这也是在改革开放条件下我国国有企业存在软预算约束的一个重要根源（周黎安，2004）。

③ 实际上，如果喊出"一切为了投资者，一切为了企业"的口号是为了改革创新省区营商环境，提高政府公共服务质量和效率，这无疑是值得肯定的。但如果在"一切为了投资者，一切为了企业"口号指导下的实践中过分强调投资者的利益而忽视包括劳动者权益在内的其他方面诉求，这一口号可能转化成不择手段竞争外来资本的行政要求。

第一，地方政府控制最低工资水平的竞争系统性压低了工人工资（Chan，2003；罗长远和张军，2009；唐翔，2012），尤其是压制了劳动密集型或人均资本较低企业的平均工资（马双等，2012），扭曲了部门生产率增长与工资增长的正常联系纽带，从而阻碍了巴—萨效应传导。

第二，地方政府竞争使企业生产过程的中间环节（如产品检验检疫、行为合规确认等）和中间投入减少，由于"节省"了大量中间生产环节投入的劳动力，造成整个经济对劳动力的需求量大幅下降（唐翔，2012）[1]，从而使劳动者议价能力下降，工资水平对生产率变化响应弹性不足，从而阻碍了巴—萨效应的传导。

第三，地方政府逐底竞争导致劳工权益没有保障，明显有违社会道德价值的童工使用、超八小时工作日和无正常休假现象大量存在。这实际上相当于增加了劳动力供给总量或减少了劳动力需求量，造成劳动供给过剩，提高了失业率[2]，降低了工资水平（唐翔，2010）。考虑到超时劳动尤其是贸易品部门常态化的超时劳动（制造业工厂晚上加班生产是常事，相比较而言，由于工作性质的缘故，中低端服务业不容易出现超时劳动的现象），贸易品部门劳动强度的增加事实上增加了贸易品部门劳动生产率（以劳均增加值计算），这样就出现了贸易品部门劳动生产率相对提高而社会总体工资水平上升乏力并存的现象，从而对巴—萨效应传导中的"贸易品部门生产率—工资"环节产生阻滞。

第四，地方政府竞争导致政府部门劳动督查和劳动权益保障、土地督查和问题整治等方面投入不足和人员缺位，忽略了教育、医疗、环境督查和污染治理等关键民生方面的努力，进而减少了提供这些公共服务的非贸易品部门的劳动需求，考虑到服务业部门发展具有较高的就业弹性，这将进一步加剧劳动力供求紧张关系，成为非贸易品部门工资上升乏力的重要原因。

第五，地方政府孜孜以求的外商直接投资（更多的是制造业外商直接投资）的流入还进一步增加了当地资本供给，降低资本价格，助推资本深化，不仅使贸易品部门劳动生产率提高，还会造成资本对劳动的进一步替代，导致社会整体工资水平上升动力不足，从而阻碍巴—萨效应的传导。

总体来说，在中国经济赶超阶段由地方政府执行的"亲商"发展战略而非"亲劳工"的发展战略使地方政府在公平、公正和安全等公共品提供的严重缺位

---

[1] 唐翔（2012）基于"投入乘数效应"的模拟试验显示，在考虑的最严重情形下，治理地方政府竞次将使劳动力需求量增加20%。

[2] 例如，2006年时任全国总工会保障工作部劳动处处长陈杰平指出，大量加班加点现象与失业率高企并存说明工厂超时劳动是"就业杀手"。

导致了包括工资在内的劳工权益的系统性牺牲，客观上也使巴—萨效应传导过程中的"贸易品部门生产率—工资"环节发生扭曲，从而最终不利于人民币汇率变化中巴—萨效应的正常传导。

四、待检验假说四

综合上面的分析，此处提出待检验假说四：地方政府竞争（竞次）通过劳动权益保障缺失等渠道，客观上造成劳动需求减少和工资水平低下，从而部分阻隔了从部门劳动生产率到部门工资再到部门相对价格的巴—萨效应传导路径，导致人民币汇率变化中巴—萨效应传导效率受损。

第五章 人民币汇率变化中巴拉萨—萨缪尔森效应传导受阻成因的经验证据

根据本书第四章讨论的人民币汇率变化中巴—萨效应传导受阻的形成机理，本章分别从中外贸易品价格偏离"一价定律"、城乡二元结构、金融抑制和地方政府竞争等四个层面考察人民币汇率变化中巴—萨效应传导受阻成因的经验证据，对第四章的四个待检验假说进行实证检验。

第一节 贸易品价格偏离"一价定律"对巴—萨效应传导影响的实证分析

巴—萨假说理论推演的过程显示，国内外贸易品价格符合"一价定律"是巴—萨效应传导链条的关键环节之一，如果这一环节不能实现或不完全符合，势必影响巴—萨效应的存在性和传导效率。实际上，正是由于考虑到贸易品价格不符合"一价定律"对巴—萨效应传导的影响，诸多研究巴—萨效应的文献均在实证回归分析中控制贸易条件（Edwards，1989；Montiel，1999；Zhang，2001；杨长江，2002；施建淮和余海丰，2005；徐坡岭和刘来会，2017）。有的学者直接研究贸易品价格偏离"一价定律"对巴—萨效应的影响（徐建炜和杨盼盼，2011；胡再勇，2013）。

一、中外贸易品价格比较与贸易品价格偏离"一价定律"的程度

为研究中国与外国贸易品价格偏离"一价定律"对人民币汇率变化中巴—萨效应传导的影响，此处借鉴相关文献（Wang et al.，2016）的做法，基于格罗宁根增长和发展中心（GGDC）"10 部门数据库"（GGDC 10 - sector database）和"生产率数据库"（GGDC productivity level database）测算了包括中国在内的 17 个

国家贸易品可比美元价格。为了与本书第三章人民币汇率变化中巴—萨效应传导受阻测度算法相匹配，此处贸易品部门包含的范围也是 GGDC "10 部门数据库"中的第 1 至第 5 个部门，即农业部门加工业部门。

在相关文献中，学者们估算贸易品价格偏离"一价定律"程度的常用方法有：生产者价格指数（PPI）法（徐建炜和杨盼盼，2011；胡再勇，2013），进出口价格指数法（徐建炜和杨盼盼，2011），贸易成本法（王雪珂和姚洋，2013）以及产品差异度法（Tyers et al，2008）。但相对于这些方法来说，本章采用的基于农业和工业增加值的贸易品可比价格衡量方法具有一定的优势。因为贸易品套利的便捷性使用于国内交易的贸易品价格和用于对外交易的贸易品价格之间具有天然和直接的联系，因而基于部门增加值计算的贸易品价格是一个更能直接体现对外交易层面贸易品价格的指标。而生产者价格指数（PPI）只是考察货物在批发环节的价格，而实际汇率的应有之意是衡量贸易品在零售环节的国际交换价格，这就使采用生产者价格指数代替贸易品价格的研究结果可能出现偏误。本章计算的贸易品价格由于采用国际统一标准（2005 年不变美元价），从而保证了贸易品价格在绝对水平上进行国际比较的可能性，而生产者价格指数更多是以国内同比或环比数据来表现，在国际比较意义上的不足较为明显。本章的算法在直接性和国际可比性上也优于进出口价格指数法、贸易成本法以及产品差异度法。

在计算各国贸易品价格的基础上，本节还分别计算了外国贸易品平均价格（pt_to）、发达国家贸易品平均价格（pt_ad）和发展中国家贸易品平均价格（pt_ud），图 5-1 展示了这些贸易品价格与中国贸易品价格（pt_cn）的走势。发达国家贸易品的平均价格最高，发展中国家贸易品平均价格次之，中国贸易品价格最低。就贸易品价格走势而言，无论是发达国家还是发展中国家，其贸易品价格均大致呈现出先上升后下降再上升的特征，其中的价格低点约在 2002 年。而中国贸易品价格的走势与外国相比有所不同，在总体上表现出平稳上升的态势，1994 年的下降是唯一明显的例外。另一个特点是，1990~2003 年中国贸易品价格几乎没有发生变化。2003 年以后中国贸易品价格与国外贸易品价格一样上涨明显。因而，由于国内外贸易品价格存在明显差异，因而，总体上来讲，中外贸易品价格并不符合"一价定律"。

为了进一步直观观察中外贸易品价格的差异度，首先计算了中国与各国之间贸易品价格对"一价定律"的偏离度[①]，然后分别计算了中国相对于全体国家、

[①] 计算方法为：$onep_{it} = (pt\_f_{it} - pt\_cn_t)/pt\_cn_t$，其中 $onep_{it}$ 为 t 年中国与 i 国之间贸易品价格对"一价定律"的偏离度，pt_f_{it} 为 t 年 i 国贸易品的价格，pt_cn_t 为 t 年中国贸易品的价格。

相对于发达国家和相对于发展中国家贸易品价格对"一价定律"的平均偏离度，分别用 onep_to、onep_ad 和 onep_ud 表示。从贸易品价格对"一价定律"偏离度的算法可以看出，如果偏离度值大于零，说明中国贸易品价格低于外国贸易品价格，偏离度值越大，表明外国贸易品价格相对于中国贸易品价格越高；反之则反是。图 5-2 展示了中外贸易品价格对"一价定律"偏离度的计算结果。

图 5-1 中国与其他国家贸易品价格对比

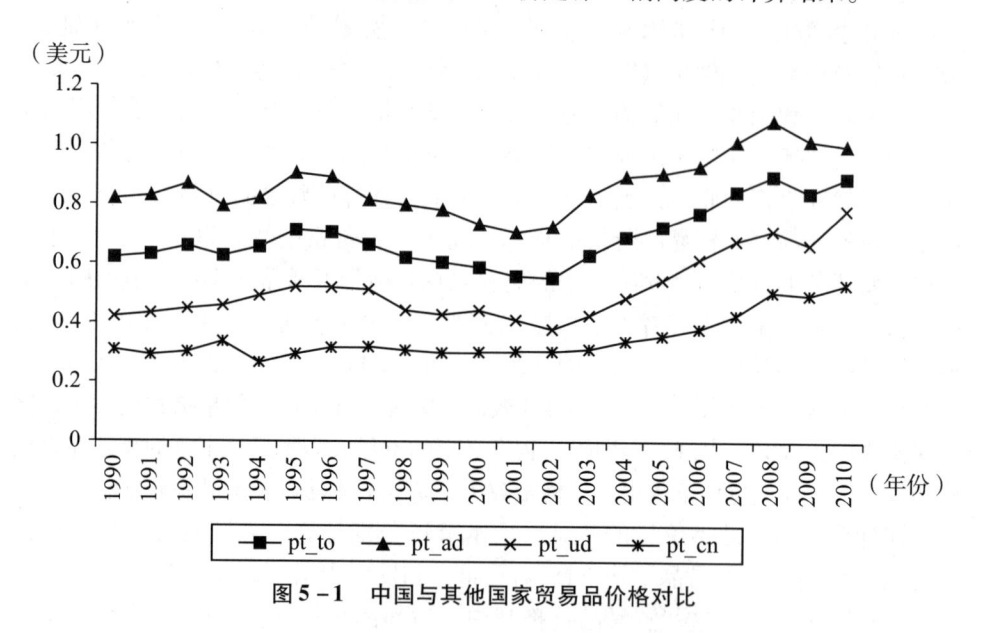

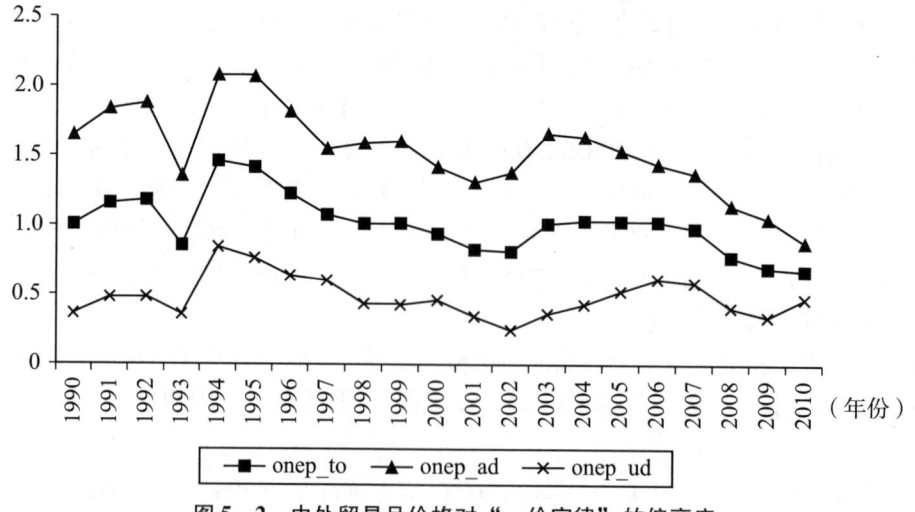

图 5-2 中外贸易品价格对"一价定律"的偏离度

从趋势上看，中外贸易品价格偏离"一价定律"的程度有所下降，其中对发达国家的贸易品价格偏离"一价定律"的程度下降明显，但对发展中国家贸易品价格偏离"一价定律"的程度尽管有明显波动，但从前后的绝对水平来看，总体变化不大。数据显示，中外贸易品价格偏离"一价定律"的程度从1990年的1.10倍下降至2010年的0.68倍，其中对发达国家贸易品价格偏离"一价定律"的程度从1990年的约1.80倍降至2010年的0.88倍，而对发展中国家贸易品价格偏离"一价定律"的程度则一直在0.5倍的水平上徘徊，从而，中外整体的贸易品价格偏离"一价定律"程度的下降主要源于中国与发达国家之间贸易品价格的逐渐趋同。此外，就具体国家而言，中外贸易品价格偏离"一价定律"的最高偏差出现在1991年的瑞典，当年瑞典贸易品价格比中国高出3.89倍，最低的偏差则出现在1998年的印度尼西亚，当年印度尼西亚贸易品价格比中国低36.80%，而且，样本期间只有印度和处于东南亚金融危机期间的印度尼西亚的贸易品价格比中国贸易品价格低。

二、贸易品价格偏离"一价定律"与巴—萨效应传导：直观考察

首先用图示的方法直观考察中外贸易品价格偏离"一价定律"与人民币汇率变化中巴—萨效应传导受阻之间的关系。图5-3、图5-4和图5-5分别展示了

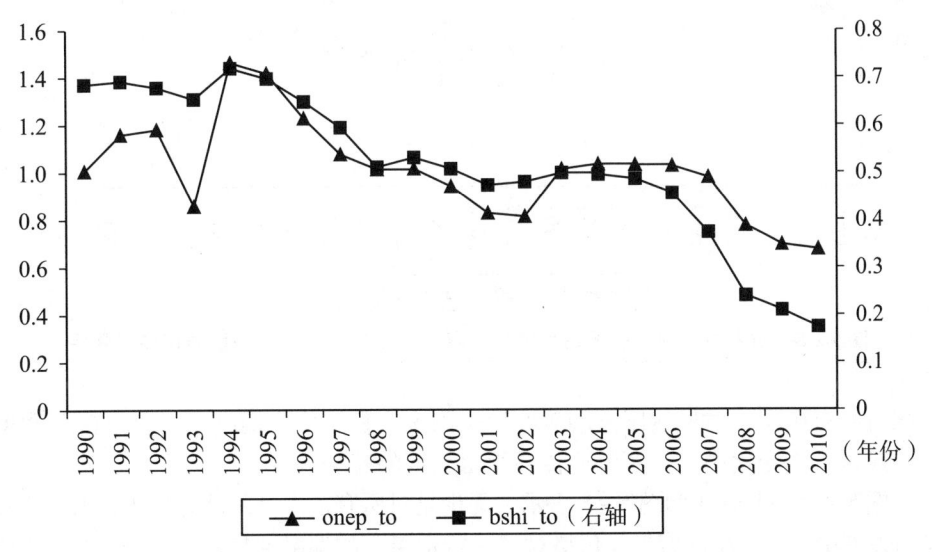

图5-3 对全体国家的贸易品价格偏离"一价定律"与巴—萨效应传导受阻

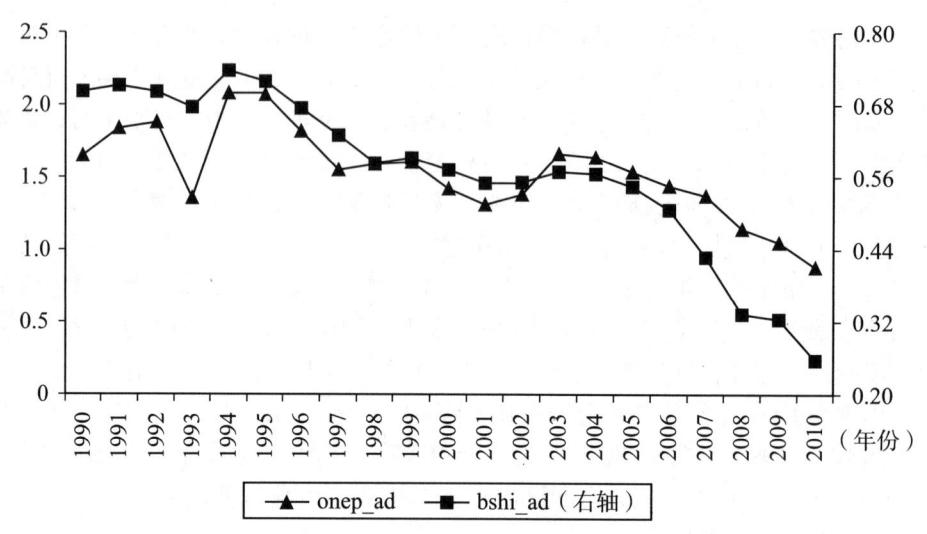

图 5-4 对发达国家的贸易品价格偏离"一价定律"与巴—萨效应传导受阻

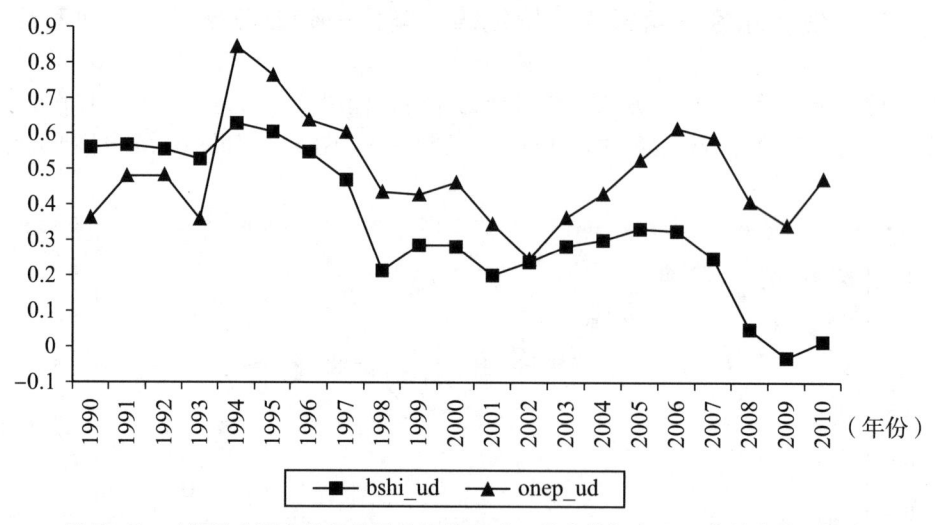

图 5-5 对发展中国家的贸易品价格偏离"一价定律"与巴—萨效应传导受阻

中国对所有国家、对发达国家和对发展中国家贸易品价格偏离"一价定律"程度与人民币汇率变化中巴—萨效应传导受阻程度的趋势。

图 5-3、图 5-4 和图 5-5 显示,无论是对所有国家,还是对发达国家,或者是对发展中国家,中外贸易品价格对"一价定律"的偏离度与人民币汇率变化中巴—萨效应传导受阻程度均呈现大致相同的演变轨迹,其中在图 5-3 和图 5-4 中尤

为明显,似乎可以直观地表明巴—萨效应传导受阻与贸易品价格偏离"一价定律"之间存在紧密的正向关联。接下来采用散点图的形式进一步观察贸易品价格偏离"一价定律"与人民币汇率变化中巴—萨效应传导受阻之间的关系,如图 5-6 所示。散点图及其线性拟合线的斜率也证实了两者之间存在明显的正向关联。

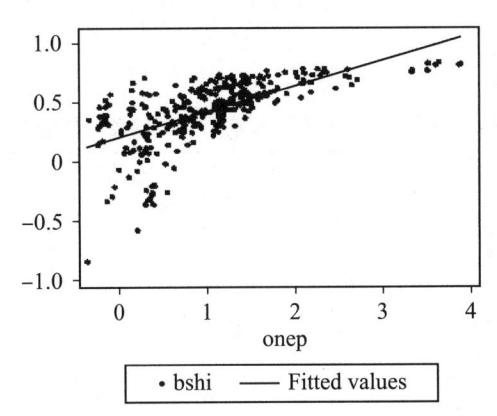

图 5-6 贸易品价格偏离"一价定律"与巴—萨效应传导受阻散点图

三、贸易品价格偏离"一价定律"影响巴—萨效应传导的统计计量分析

(一) 相关性分析

相关性检验结果(见表 5-1)表明,bshi_to 和 onep_to 之间的相关系数为 0.795,bshi_ad 与 onep_ad 之间的相关系数为 0.883,bshi_ud 与 onep_ud 之间的相关系数则为 0.521,且至少在 5% 的水平上显著。因而,相关性检验的证据也表明中外贸易品价格偏离"一价定律"与人民币汇率变化中巴—萨效应传导受阻关联紧密,具体而言就是中国贸易品价格低于外国贸易品价格与人民币汇率变化中巴—萨效应传导受阻之间具有高度正向相关性。

表 5-1　　巴—萨效应传导受阻与贸易品价格偏离"一价定律"的相关性检验

检验项目	bshi_to 与 onep_to	bshi_ad 与 onep_ad	bshi_ud 与 onep_ud
相关系数	0.795***	0.883***	0.521**
P 值	0.000	0.000	0.015

注:*** 和 ** 分别表示在 1% 和 5% 水平上显著。

(二) 时间序列回归分析

为了初步探究中外贸易品价格偏离"一价定律"对人民币汇率变化中巴—萨效应传导的影响方向和强度,接下来首先从时间序列的角度,实施巴—萨效应传导受阻程度对贸易品价格偏离"一价定律"程度的回归。表 5-2 报告了回归的结果。

表 5-2 贸易品价格偏离"一价定律"影响巴—萨效应传导的时间序列回归结果

检验项目	bshi_to 对 onep_to 回归	bshi_ad 对 onep_ad 回归	bshi_ud 对 onep_ud 回归
回归系数	0.625*** (5.71)	0.391*** (8.19)	0.705** (2.66)
常数项	-0.117 (-1.04)	-0.032 (-0.43)	0.001 (0.01)
adj R²	0.61	0.77	0.23

注:回归系数后面括号内为 t 值,*** 和 ** 分别表示在1%和5%水平上显著。

从时间序列回归结果来看,贸易品价格偏离"一价定律"对巴—萨效应传导受阻具有正向影响,且至少在5%的统计水平上显著,也即贸易品价格对"一价定律"的偏离度提高会提升人民币汇率变化中巴—萨效应传导受阻程度。总体而言,在其他因素不变的条件下,外国贸易品价格相对于中国贸易品价格每高出1倍,人民币汇率变化中巴—萨效应传导受阻程度将提高62.5%。与基于对全体国家样本的简单回归(bshi_to 对 onep_to 回归)相比,虽然基于对发达国家样本和基于对发展中国家样本的简单回归(分别为 bshi_ad 对 onep_ad 回归和 bshi_ud 对 onep_ud 回归)的系数有所不同,但结论是类似的。从回归系数值大小来看,中国与发达国家之间贸易品价格偏离"一价定律"对巴—萨效应传导的影响要小于中国与发展中国家之间贸易品价格偏离"一价定律"对巴—萨效应传导的影响。此外,值得关注的是,整体而言,调整后的回归可决系数达到0.61,说明人民币汇率变化中巴—萨效应传导受阻的大部分可以被中外贸易品价格偏离"一价定律"所解释。

(三) 面板回归分析

为充分利用国家、时间与指标的三维信息,接下来采用面板数据分析方法考察中外贸易品价格偏离"一价定律"对人民币汇率变化中巴—萨效应传导的影响,从而更好地反映截面和时间的双重特征,这将有助于增强估计结果的有效性和稳定性。

由于巴—萨假说是从单纯供给面来研究实际汇率决定因素的,而实际上需求面因素也会对实际汇率产生重要影响,因而有部分学者从这一角度质疑巴—萨假说的科学性。从理论上来说,由于政府支出往往更多地用于购买非贸易品,因而会使非贸易品价格相对上升,从而造成实际汇率升值,结果表现为巴—萨效应传导受阻程度下降。实际上,在实证分析中,众多学者在回归分析中加入政府支出变量以控制需求面因素的影响(Edwards,1989;Montiel,1999;张斌,2003)。

此外,实际汇率是经过国内外相对价格调整以后的名义汇率,因而名义汇率变动的灵活性可能会影响实际汇率对国内外"相对相对生产率"变化的响应弹性,从而对巴—萨效应传导产生影响。有学者认为中国货币管理部门在外汇市场上大规模的单向干预导致人民币名义汇率低估(Bergsten,2010),从而可能导致巴—萨效应传导受到阻碍。事实上,大量学者研究发现固定汇率制度会导致实际汇率偏离均衡汇率的程度提高,而浮动汇率制度往往有助于实际汇率向其均值回归,从而降低实际汇率的扭曲(Holtemöller & Mallick,2013;Kubota,2011;Yougbare,2011)。有学者则直接指出汇率制度差异会导致不同的巴—萨效应表现,强调考虑汇率制度环境差异有助于研究质量的提高(Dumrongrittikul,2011)[①]。

另外,鉴于经济开放度的提高使贸易品的采购可以在全球范围内实现,导致贸易品价格有下降的压力,而只能在本土生产和消费的非贸易品将面临开放度的提高引起的需求上升,使非贸易品价格有上升动力,最后会表现为非贸易品相对价格提高和实际汇率升值,使实际汇率朝着有助于巴—萨效应传导受阻减轻的方向变化。

参照既有文献的做法,此处在面板分析中控制了中国的政府支出、人民币名义汇率弹性以及经济开放度。其中政府支出因素采用政府消费占 GDP 比例表示(gov),政府消费和 GDP 数据来源于中国国家统计局网站。人民币名义汇率弹性(ex)采用哑变量(dummy variable)的方式表示,由于 1990~2005 年期间人民币名义汇率(主要是兑美元)处于事实上较为严格的调控和管制之下,因而将这一期间人民币名义汇率弹性赋值为"0",而 2005 年 7 月 1 日人民币汇率制度改

---

① 也有学者认为不管采用固定汇率制度还是浮动汇率制度,实际汇率升值现象是转型国家在追赶过程中的典型特征(Halpern & Wyplosz,2001)。

革以后，人民币名义汇率更多地由市场决定，因而将 2006~2010 年间人民币名义汇率弹性赋值为"1"。中国经济开放度（open）用进出口总额与 GDP 之比表征，进出口总额数据来自中国国家统计局网站。

首先基于全样本将巴—萨效应传导受阻程度（bshi）对贸易品价格偏离"一价定律"因素（onep）进行面板回归，表 5 - 3 报告了回归结果。其中表 5 - 3 第 2~4 列报告了基于面板混合最小二乘回归方法（POLS）的回归结果。回归结果显示，中外贸易品价格偏离"一价定律"会显著阻滞人民币汇率变化中巴—萨效应的正常传导。平均而言，在其他因素不变的条件下，外国贸易品价格相对于中国贸易品价格每提高 1 倍，人民币汇率变化中巴—萨效应传导受阻程度将提高 21.9%。再进一步控制政府支出、人民币名义汇率弹性和经济开放度以后，贸易品价格偏离"一价定律"对巴—萨效应传导的负面作用依然显著，而且系数也没有发生很大改变。此外，回归结果表明，政府支出、名义汇率变化弹性和经济开放度的系数符号均符合预期，且具有统计上的显著性。即政府支出会通过需求结构效应使实际汇率升值，从而在事实上降低巴—萨效应传导受阻程度，人民币名义汇率弹性增强和经济开放度上升均有助于提高巴—萨效应传导效率，这与有关文献的结论类似（Giannellis & Koukouritakis, 2018）。另外，回归可决系数还显示，加入政府支出、人民币汇率制度弹性和经济开放度后，模型的解释能力有了不同程度的提高。

表 5 - 3　　全样本下贸易品价格偏离"一价定律"对巴—萨效应传导的影响
（被解释变量：bshi）

变量	POLS (1)	POLS (2)	POLS (3)	FGLS (1)	FGLS (2)	FGLS (3)
onep	0.219*** (15.39)	0.197*** (15.54)	0.198*** (15.78)	0.218*** (35.66)	0.211*** (32.96)	0.197*** (16.69)
gov		-5.519*** (-5.44)	-5.440*** (-5.42)		-1.648** (-2.32)	-1.461*** (-2.84)
ex		-0.254*** (-9.94)	-0.208*** (-6.97)		-0.048*** (-2.68)	-0.072*** (-5.26)
open			-0.288*** (-2.85)			-0.089 (-1.54)
常数项	0.207*** (11.56)	1.075*** (7.18)	1.176*** (7.72)	0.228*** (11.56)	0.464*** (4.61)	0.526*** (6.57)
Adj R^2	0.41	0.55	0.56	—	—	—

注：系数下括号内的数字为 z 值，*** 和 ** 分别表示在 1% 和 5% 水平上显著。

考虑到面板混合 OLS 回归的结果可能会受到数据结构的负面影响，而且沃尔德检验（Wald test）和伍德里奇检验（Wooldridge test）证实了样本数据存在组间异方差和组内自相关，因而接下来进一步采用可以考虑组内自相关、组间异方差和组间同期相关因素的全面 GLS（FGLS）方法进行回归。表 5－3 中第 5～7 列报告了基于 FGLS 方法的估计结果。可以看出，基于 FGLS 方法的回归结果再次证明了中外贸易品价格偏离"一价定律"对人民币汇率变化中巴—萨效应传导的显著负面影响，而且采用 POLS 和 FGLS 两种估计方法得到的变量 onep 的回归系数很接近，表明估计结果较为稳健和可信。此外，政府支出（gov）、汇率制度弹性（ex）和经济开放度（open）等控制变量的回归系数均有着符合预期的符号，尽管经济开放度在个别回归模型中不显著。

进一步地，由于中国的人均国内生产总值仍然处于相对较低的水平，中国的比较优势主要体现为劳动力丰富以及工资水平低，生产和出口的产品主要为低附加值的劳动密集型产品，这些产品在劳动力相对短缺而工资高企的美国等发达国家基本已经不生产或很少生产，发达国家主要生产高附加值产品，因而中国与美国等发达国家之间的经济和贸易结构是互补的，不存在竞争关系（关志雄，2003；何帆，2005；林毅夫，2007）。但相对于发展中国家而言，由于人均收入水平和技术层次等较为相近，因而中国与大部分发展中国家之间的经济和贸易结构往往是竞争性的，1997 年亚洲金融危机以后人民币盯住美元导致亚洲发展中国家不愿意让其货币兑美元升值的事实也可以部分证明中国与发展中国家之间的经贸关系具有竞争性（Bergsten，2003）。而中外经济贸易关联模式的不同可能影响到贸易品价格偏离"一价定律"作用于巴—萨效应传导的方式和强度，因而有必要对不同的国内外经济关联模式下贸易品价格偏离"一价定律"对巴—萨效应传导的影响分别展开研究。

基于上述考虑，接下来将整个样本拆成相对于发达国家样本和相对于发展中国家样本，然后采用与上述基于全样本回归同样的估计策略来分析国内外不同的经济发展水平差距下贸易品价格偏离"一价定律"影响巴—萨效应传导的不同表现。表 5－4 和表 5－5 分别报告了基于对发达国家样本和基于对发展中国家样本的面板估计结果。

从表 5－4 和表 5－5 中的回归结果来看，无论是相对于发达国家还是相对于发展中国家，中外贸易品价格偏离"一价定律"均显著制约着人民币汇率变化中巴—萨效应的传导。但关键解释变量 onep 的回归系数显示，相对于发达国家而言，中国与发展中国家之间贸易品价格差距对巴—萨效应传导的阻碍效应要明显大一些，后者的强度大约是前者的 2～3 倍，这或许同中国与不同发展水平国家之间的生产结构和贸易结构存在显著差异有关。此外，加入政府支出等控制变量以后，此处关注的贸易品价格偏离"一价定律"对巴—萨效应传导的影响依然显著，而且其回归系数前后大致相同。而且，控制变量回归系数的符号均符合预期，尽管部分控制变量的回归系数并不具有统计显著性。此外，通过回归分析发现，加入经济开放度变量（open）对提高回归模型的解释能力几乎没有贡献，为避免数据间可能的相互干扰对回归结果造成不利影响，本章接下来进行的所有回归分析将剔除经济开放度变量。

表5-4 对发达国家样本下贸易品价格偏离"一价定律"对巴—萨效应传导的影响
（被解释变量：bshi）

变量	POLS (1)	POLS (2)	POLS (3)	FGLS (1)	FGLS (2)	FGLS (3)
onep	0.165 *** (12.87)	0.123 *** (12.11)	0.124 *** (12.36)	0.115 *** (13.75)	0.118 *** (14.27)	0.119 *** (13.77)
gov		-4.398 *** (-6.78)	-4.351 *** (-6.80)		-0.865 (-0.84)	-0.844 (-0.80)
ex		-0.201 *** (-11.80)	-0.178 *** (-8.99)		-0.052 * (-1.95)	-0.050 * (-1.82)
open			-0.149 ** (-2.32)			-0.002 (-0.01)
常数项	0.299 *** (14.01)	1.038 *** (10.53)	1.088 *** (10.92)	0.368 *** (9.14)	0.507 *** (3.43)	0.504 *** (3.11)
Adj R²	0.50	0.73	0.73	—	—	—

注：表中系数下括号内的数字为z值，***、**和*分别表示在1%、5%和10%水平上显著。

表5-5 对发展中国家样本下贸易品价格偏离"一价定律"对巴—萨效应传导的影响
（被解释变量：bshi）

变量	POLS (1)	POLS (2)	POLS (3)	FGLS (1)	FGLS (2)	FGLS (3)
onep	0.280 *** (6.19)	0.258 *** (6.53)	0.262 *** (6.72)	0.410 *** (23.27)	0.375 *** (22.34)	0.395 *** (22.56)
gov		-7.023 *** (-3.83)	-6.894 *** (-3.81)		-2.494 (-1.47)	-2.503 (-1.56)

续表

变量	POLS（1）	POLS（2）	POLS（3）	FGLS（1）	FGLS（2）	FGLS（3）
ex		－0.346*** （－7.62）	－0.280*** （－5.27）		－0.128*** （－2.94）	－0.112*** （－2.68）
open			－0.420** （－2.31）			－0.242 （－1.39）
常数项	0.168*** （5.71）	1.261*** （4.67）	1.406*** （5.13）	0.225*** （2.97）	0.538** （2.22）	0.630** （2.52）
Adj R^2	0.18	0.39	0.41	—	—	—

注：表中系数下括号内的数字为 z 值，*** 和 ** 分别表示在 1% 和 5% 水平上显著。

考虑到关键解释变量可能的内生性对回归结果稳健性造成的威胁，接下来采用两阶段最小二乘法（2SLS）进一步分析贸易品价格偏离"一价定律"对人民币汇率变化中巴—萨效应传导的影响。参照有关文献的做法，采用贸易品价格对"一价定律"的偏离度 onep 的滞后一期作为 onep 的工具变量。由于变量 onep 前后期相关程度较高，而当期的 bshi 应该不会对滞后一期的 onep 产生影响，因而将 onep 的滞后一期作为 onep 的工具变量可以较好控制解释变量可能的内生性，从而增强回归结果的可靠性。表 5-6 报告了基于两阶段最小二乘法（2SLS）的面板回归结果。

表 5-6　贸易品价格偏离"一价定律"对巴—萨效应传导的影响（2SLS）
（被解释变量：bshi）

变量	全样本		对发达国家		对发展中国家	
onep	0.217*** （13.59）	0.200*** （12.78）	0.166*** （11.83）	0.129*** （10.82）	0.233*** （4.88）	0.217*** （5.08）
gov		－4.866*** （－5.73）		－3.920*** （－7.33）		－6.473*** （－3.98）
ex		－0.238*** （－9.41）		－0.188*** （－10.08）		－0.329*** （－7.50）
常数项	0.198*** （8.24）	0.969*** （7.76）	0.290*** （11.68）	0.954*** （11.30）	0.177*** （5.09）	1.190*** （4.95）

注：系数下括号内的数字为 z 值，*** 表示在 1% 水平上显著。

表 5-6 中的回归结果显示，基于两阶段最小二乘法的估计结果再一次证明了上文的结论，即中外贸易品价格偏离"一价定律"会抬高人民币汇率变化中巴—萨效应传导受阻的程度，而且关键解释变量 onep 的系数与基于 POLS 和 FGLS 方法的回归模型也大体相同，表明在考虑了贸易品价格偏离"一价定律"的可能内生性问题后，结果仍较为一致，说明回归结果较为稳健。因而，本书第四章表述的第一个待检验假说得到了经验证据的支持。

值得进一步说明的是，面板回归系数显示，人民币汇率变化中巴—萨效应传导受阻对贸易品价格偏离"一价定律"的响应弹性大约为 0.20，而中外贸易品价格对"一价定律"偏离度（onep）的平均值为 1.01。这样，贸易品价格偏离"一价定律"造成的人民币汇率变化中巴—萨效应传导受阻程度约为 0.20，这意味着样本期内巴—萨效应传导受阻程度（平均值为 0.51）中有近 40% 可由贸易品价格偏离"一价定律"所解释，即贸易品价格偏离"一价定律"是巴—萨效应传导受阻的主要原因之一。这一研究结论与有关文献的研究结果相似（徐建炜和杨盼盼，2011；胡再勇，2013；王雪珂和姚洋，2013；Imai，2018），表明在研究人民币实际汇率问题时应该对中国进出口商品构成和贸易品交易格局的时变特征进行更仔细的考察，而这往往是被传统研究所忽视的。

第二节　城乡二元结构对巴—萨效应传导影响的实证分析

本书第四章已经阐述了中国城乡二元结构对人民币汇率变化中巴—萨效应传导的影响机理，并提出了第二个待检验假说，本节将对第二个待检验假说进行实证检验。参照王泽填和姚洋（2009）、孙章杰和傅强（2014）等的做法，此处用各国农村人口占总人口的比例表示各国城乡二元结构水平。各国农村人口占总人口比例数据采自世界银行世界发展指数（WDI）数据库。

一、中国城乡二元结构动态及国际比较

图 5-7 报告了中外城乡二元结构程度的变化动态，rural_china 表示中国农村人口占总人口比例，rural_to、rural_ad 和 rural_ud 则分别表示中国以外其他国家、发达国家和发展中国家农村人口占总人口的平均比例。图 5-7 显示，中国农村人口占总人口的比例呈现明显的趋势性下降，表明随着中国改革开放、工业

化和城镇化的深入推进,中国农村人口大量向城市集聚,中国城乡二元结构程度下降显著。具体而言,1990~2010 年,中国农村人口比例由 1990 年的 74% 稳步下降至 2010 年的 51%,年均下降 1.15 个百分点。不仅如此,仔细观察可以发现,中国农村人口占总人口比例也不是完全线性变化的,其演变轨迹存在一个较为明显的结构性转折点,该转折点大致出现在 2002 年前后。考虑到 2001 年底中国加入世界贸易组织,而"入世"显著提升了中国经济的开放度,为中国外向型经济部门的扩张提供了机会,加速了城镇特别是中国沿海地区的工业化进程,同时也推动农村人口向城镇的快速转移,提高了中国城镇化水平,促进了中国城乡二元结构深刻转型(Chang & Tyers,2008;Rees & Tyers,2008)。此外,尽管经历了快速的下降,但中国农村人口占总人口比例的绝对水平仍然很高,直到 2010 年中国仍然有 51% 的农村人口,表明中国仍然是一个城乡二元结构非常明显的发展中国家。

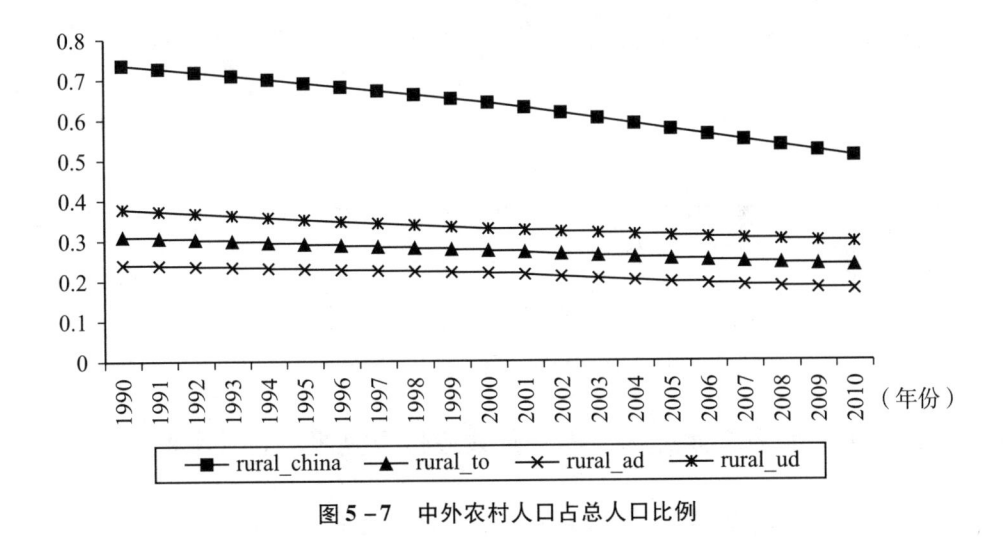

图 5-7 中外农村人口占总人口比例

从国际层面来看,发达国家农村人口占比平均值最低,其他发展中国家次之,中国的农村人口比例最高,表明中国的城乡二元结构相对于其他国家还非常突出。数据显示,1990 年和 2010 年发达国家的平均农业人口比例分别为 24% 和 18%,同期发展中国家的平均农业人口比例则分别为 38% 和 29%,而同期中国农村人口比例则分别高达 74% 和 51%。从指标变动的绝对值来看,1990~2010 年,发达国家、发展中国家和中国的农村人口比例分别降低了 6%、9% 和 23%,可见中国农村人口占比下降的速度是最快的,农村人口比例的快速下降也使中国经历了人类历史上最壮观的城镇化过程。

为了更直观展示中国相对外国的农村人口占比变化情况,接下来用中国农村人口占比减去外国农村人口占比得到中外农村人口占比差值(due),以体现中外城乡二元结构变迁的相对动态。图 5-8 展示了中外农村人口占比差值的走势,due_to、due_ad 和 due_ud 分别表示中国与全体国家、中国与发达国家和中国与发展中国家之间农村人口占比的平均差值。从图 5-8 中可以看出,不管是相对于发达国家还是相对于发展中国家,中外农村人口比例差值均呈现快速下降趋势,表明中国的人口城镇化水平以很快的提升速度向其他国家的平均水平收敛。

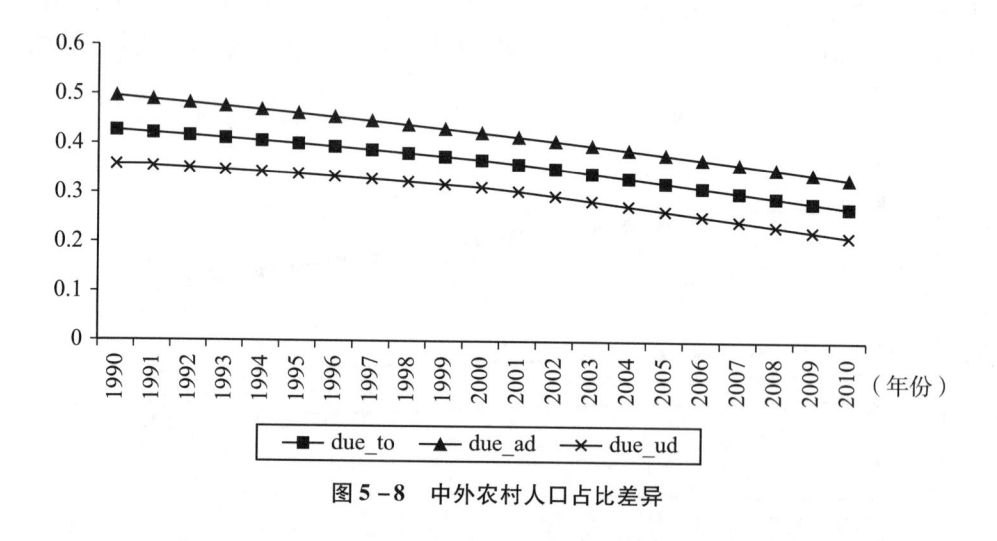

图 5-8 中外农村人口占比差异

二、中国城乡二元结构与巴—萨效应传导受阻:直观考察

首先通过观察中外城乡二元结构水平的相对变动与人民币汇率变化中巴—萨效应传导受阻程度之间的趋势图和散点图来大体判断两者之间的关系。图 5-9、图 5-10 和图 5-11 分别展示了 bshi_to 与 due_to、bshi_ad 与 due_ad 和 bshi_ud 与 due_ud 三个观察视角下城乡二元结构相对水平与巴—萨效应传导受阻程度的走势图。

从图 5-9、图 5-10 和图 5-11 可以看出,中外城乡二元结构相对水平和人民币汇率变化中巴—萨效应传导受阻变动轨迹大体上呈现相同的变化方向,即中国相对外国农村人口占比的下降总是伴随着人民币汇率变化中巴—萨效应传导受阻程度的降低。此外，散点图及其线性拟合线（图 5-12）也显示两者之间存在较为明确的正向关联。当然，这只是基于两个变量间走势图和散点图的初步判断，更严格的证明还需要基于统计计量技术的研究。

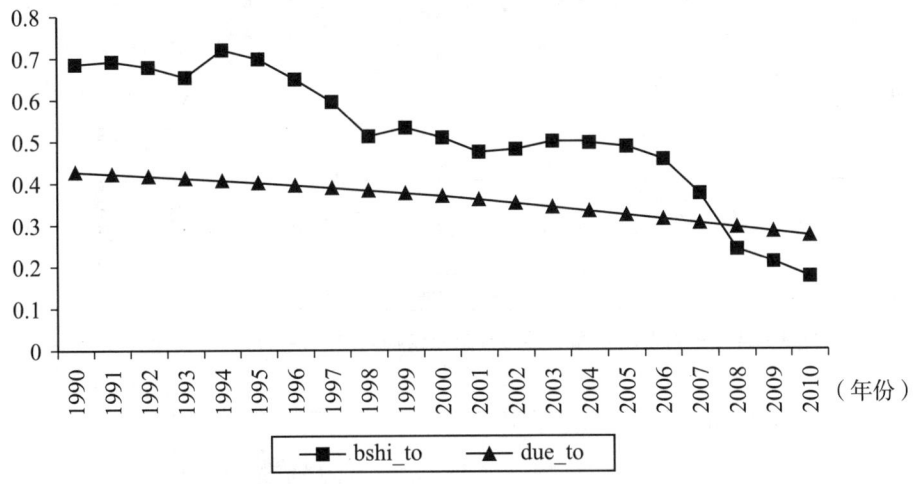

图 5-9　相对全体国家的城乡二元结构与巴—萨效应传导受阻程度

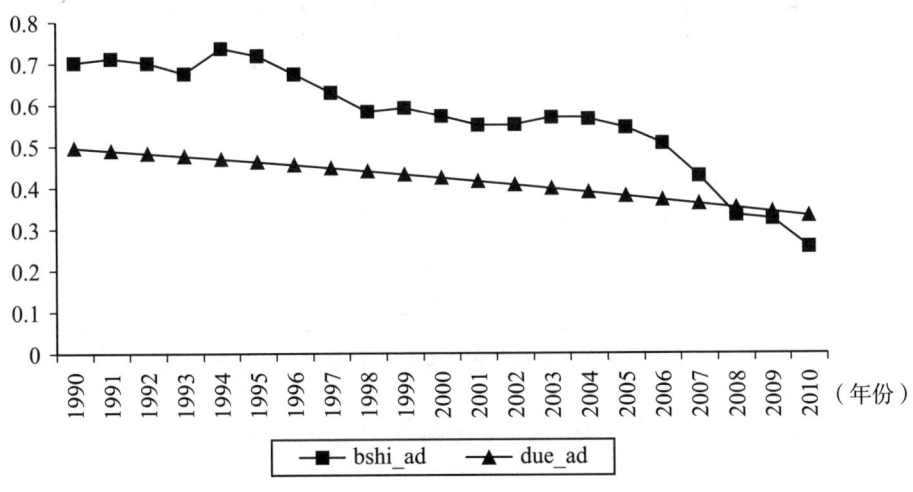

图 5-10　相对发达国家的城乡二元结构与巴—萨效应传导受阻程度

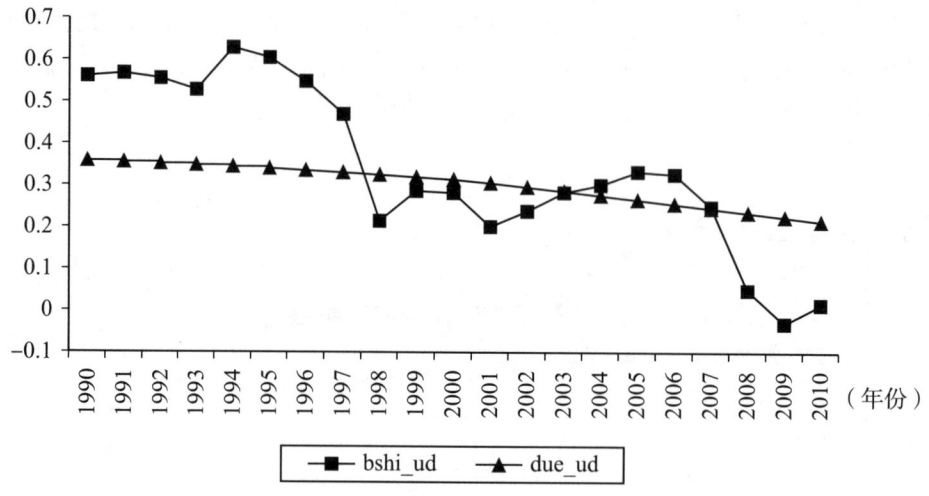

图 5-11 相对发展中国家的城乡二元结构与巴—萨效应传导受阻程度

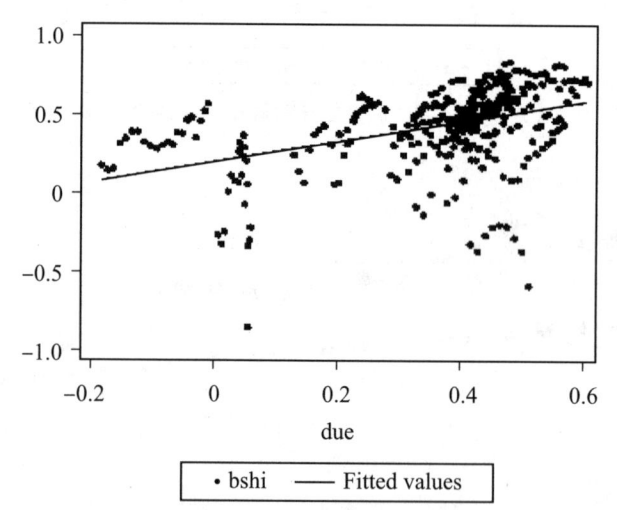

图 5-12 城乡二元结构与巴—萨效应传导受阻程度散点图

三、城乡二元结构对巴—萨效应传导的影响：统计计量分析

（一）相关性分析

首先基于相关性检验来考察中国城乡二元结构与人民币汇率变化中巴—萨效应传导受阻之间的关系。相关性检验的结果（表 5-7）表明，中国城乡二元结

构水平与巴—萨效应传导受阻程度之间高度正相关,在对全体国家、对发达国家和对发展中国家三个观察层面上两者的相关系数分别为 0.945、0.938 和 0.858,且均在 1% 的统计水平上显著,这从相关性检验的角度证实了城乡二元结构与巴—萨效应传导受阻之间的正向关联。

表 5-7　城乡二元结构水平与巴—萨效应传导受阻程度间的相关性检验

检验项目	bshi_to 与 due_to	bshi_ad 与 due_ad	bshi_ud 与 due_ud
相关系数	0.945***	0.938***	0.858***
P 值	0.000	0.000	0.000

注：*** 表示在 1% 水平上显著。

(二) 时间序列回归分析

由于变量之间的相关性检验通常只能判断变量之间的关联方向和程度,不能提供两个变量之间相互影响的具体信息,接下来将人民币汇率变化中巴—萨效应传导受阻程度对中外城乡二元结构相对水平进行时间序列回归,以提供关于两者关系的更严格证据。时间序列回归分别在对全体国家样本、对发达国家样本和对发展中国家样本三个层面进行,表 5-8 报告了基于三个样本的时间序列回归结果。回归结果显示,基于三个不同样本回归中城乡二元结构变量 (due) 的系数均显著为正,表明中国相对更高的城乡二元结构水平对人民币汇率变化中巴—萨效应传导具有阻滞作用,也即农村人口占比越高,巴—萨效应传导将受到更大程度的阻碍。

表 5-8　城乡二元结构影响巴—萨效应传导的时间序列回归结果

检验项目	bshi_to 对 due_to 回归	bshi_ad 对 due_ad 回归	bshi_ud 对 due_ud 回归
回归系数	3.142*** (12.65)	2.496*** (11.79)	3.705** (7.29)
常数项	-0.616*** (-6.83)	-0.479*** (-5.36)	-0.770 (-4.99)
adj R^2	0.89	0.87	0.72

注：括号内的数字为 t 值,*** 和 ** 分别表示在 1% 和 5% 水平上显著。

(三) 面板数据回归分析

为了充分利用时间和国家截面两个维度更丰富的信息以提高回归的精确性和有效性,本节接下来基于跨国面板数据进一步考察中外城乡二元结构水平差异对人民币汇率变化中巴—萨效应传导的影响。基于面板数据的回归也分别在对全体国家、对发达国家和对发展中国家三个层面展开。面板回归分析与本章第一节的面板回归相同,首先是面板混合 OLS 回归(POLS),然后使用 FGLS 方法进行分析,它可以同时考虑组间异方差、组间同期相关和组内自相关,使分析更为全面和有效,此处同样以政府支出和人民币名义汇率弹性作为控制变量。表 5-9、表 5-10 和表 5-11 分别报告了基于全样本、对发达国家样本和对发展中国家样本的面板回归结果。

表 5-9 全样本下城乡二元结构对巴—萨效应传导的影响
(被解释变量:bshi)

变量	POLS (1)	POLS (2)	FGLS (1)	FGLS (2)
due	0.625 *** (8.43)	0.503 *** (7.32)	0.799 *** (9.77)	0.638 *** (22.53)
gov		-6.765 *** (-5.49)		0.174 (0.15)
ex		-0.271 *** (-8.61)		-0.056 * (-1.88)
常数项	0.203 *** (6.88)	1.274 *** (6.98)	0.220 *** (3.23)	0.207 (1.24)
Adj R^2	0.17	0.32	—	—

注:系数下括号内的数字为 z 值,*** 和 * 分别表示在 1% 和 10% 水平上显著。

表 5-10 对发达国家样本下城乡二元结构对巴—萨效应传导的影响
(被解释变量:bshi)

变量	POLS (1)	POLS (2)	FGLS (1)	FGLS (2)
due	1.204 *** (10.02)	0.701 *** (5.99)	1.249 *** (5.81)	1.188 *** (13.11)

续表

变量	POLS (1)	POLS (2)	FGLS (1)	FGLS (2)
gov		-4.904*** (-6.07)		0.036 (0.03)
ex		-0.202*** (-8.68)		-0.045 (-1.56)
常数项	0.048 (0.93)	1.005*** (7.39)	0.040 (0.33)	0.080 (0.49)
Adj R^2	0.37	0.57	—	—

注：系数下括号内的数字为 z 值，*** 表示在1%水平上显著。

表 5-11　　对发展中国家样本下城乡二元结构对巴—萨效应传导的影响
（被解释变量：bshi）

变量	POLS (1)	POLS (2)	FGLS (1)	FGLS (2)
due	0.330*** (3.37)	0.237*** (2.70)	0.323** (2.24)	0.314*** (4.51)
gov		-8.578*** (-4.30)		-0.778 (-0.39)
ex		-0.344*** (-6.83)		-0.035 (-0.67)
常数项	0.205*** (5.66)	1.535*** (5.25)	0.261*** (3.08)	0.355 (1.24)
Adj R^2	0.06	0.26	—	—

注：系数下括号内的数字为 z 值，*** 和 ** 分别表示在1%和5%水平上显著。

此外，考虑到解释变量可能的内生性会导致回归结果产生较大偏误，接下来进一步采用两阶段最小二乘法（2SLS）进行分析，工具变量选取滞后一期的中外城乡二元结构水平差异。由于当期巴—萨效应传导受阻程度并不会影响滞后一期的中外城乡二元结构水平差异，而前后期的中外城乡二元结构水平差异之间具有较高相关性，因而选取滞后一期的解释变量作为工具变量是合适的，在一定程度上可缓解内生性困境。表5-12报告了基于2SLS面板回归技术的回归结果。

表 5-12　　　城乡二元结构对巴—萨效应传导的影响（2SLS）

（被解释变量：bshi）

变量	全样本		对发达国家		对发展中国家	
due	0.608*** (7.12)	0.499*** (5.98)	1.177*** (9.62)	0.700*** (6.92)	0.308*** (3.16)	0.226** (2.46)
gov		-6.403*** (-5.78)		-4.732*** (-5.76)		-8.028*** (-4.61)
ex		-0.262*** (-7.95)		-0.198*** (-8.39)		-0.332*** (-6.68)
常数项	0.201*** (5.96)	1.219*** (7.68)	0.055 (1.02)	0.978*** (7.55)	0.200*** (5.75)	1.452*** (5.89)

注：系数下括号内的数字为 z 值，*** 和 ** 分别表示在1%和5%水平上显著。

上述基于 POLS 方法、FGLS 方法和 2SLS 方法的面板回归结果均显示，关键解释变量 due 的系数在所有回归模型中均显著为正，表明中国城乡二元结构由于隐含了劳动力无限供给确实在很大程度上抑制了巴—萨效应的正常发挥，阻碍了人民币汇率变化中巴—萨效应的有效传导。此外，相比于 POLS 方法和 FGLS 方法的回归，考虑解释变量可能内生性的 2SLS 回归结果并没有表现出很大的差异，因而，可以认为解释变量不存在明显的内生性问题，回归结果是可信的。

具体而言，假设其他条件不变，中国农村人口占比相对外国农村人口占比每提高10%，人民币汇率变化中巴—萨效应传导受阻程度将提高5%~8%，影响强度依据不同模型有所差异。这一结果与第四章的理论分析相一致，也可与部分文献的研究结论相印证（Tyers et al.，2008；王泽填和姚洋，2009；王雪珂和姚洋，2013；Menzies et al.，2016）[1]。此外，分样本的回归结果还显示，中外城乡二元结构的相对水平对巴—萨效应传导的影响在对发达国家样本中表现得更为突出。就控制变量而言，尽管在统计显著性上存在差异，但政府支出和人民币名义汇率弹性的估计系数在绝大多数回归模型中均具有符合预期的符号。

此处关于城乡二元结构影响巴—萨效应传导的实证结果与卢锋和韩晓亚（2006）所强调的现象即低收入国家的巴—萨效应相对而言更不显著在本质上是

---

[1] 其中王泽填和姚洋（2009）的估计结果显示，如果一个经济体农村人口比例达到80%以上，其巴—萨效应就会完全消失。

相通的。因为从世界范围来看，一国以农村人口占比表示的城乡二元结构程度较高在经验上往往意味着该国收入水平较低，而城乡二元结构水平高导致巴—萨效应传导受阻也决定着收入水平较低国家的实际汇率变动并不能充分体现巴—萨效应的力量。就中国而言，较低水平的人民币实际汇率是与中国的城乡二元结构相匹配的，甚至可以说低水平的人民币实际汇率是中国突出的城乡二元结构条件下的均衡结果[①]。当然，可以预期的是，随着中国农村人口向城市的快速转移及其引起的城镇化水平提高和城乡二元结构深刻转型，巴—萨效应在人民币汇率变化中将被更多地表现出来。

（四）基于面板数据的进一步考察：劳动力自由流动的调节作用

正如本书第四章所论证的，给定城乡二元结构水平，人口（劳动）在地区或部门之间流动性的增强一方面可能会对城市工业部门和服务业部门的劳动供给产生影响，加剧城市劳动竞争，压低工资水平，从而不利于工资对生产率作出响应，最终影响巴—萨效应传导效率，本书称之为劳动力流动产生的"劳动供给效应"。另一方面，人口（劳动）流动性的提高将对部门间的劳动交流产生积极影响，提高劳动与岗位之间的匹配度，降低部门工资溢价，有助于部门相对生产率向部门相对工资水平和部门相对价格的传导，从而最终有利于巴—萨效应在实际汇率变化中表现出来，本书称之为劳动力流动产生的"劳动交流效应"。

既有相关实证文献要么尚未充分意识到这一问题的重要性，要么略有考虑但缺乏深入系统的研究，要么由于变量选用不当影响了实证结果的可靠性。接下来本书将劳动力流动自由度加入回归模型以实证考察劳动力流动性在城乡二元结构影响巴—萨效应传导中所发挥的中介调节作用。此处采用两种指标度量人口（劳动力）自由流动性，一是劳动力市场管制视角下的劳动力自由流动性，二是客运交通数据所体现出的事实上的人口（劳动力）自由流动性。

1. 基于劳动力市场管制指数的再估计

首先，借鉴王雪珂和姚洋（2013）的做法，采用劳动力市场管制水平表征劳动力自由流动性来研究劳动力流动在城乡二元结构影响巴—萨效应传导中的调节作用。劳动力市场管制水平数据采自世界经济自由年度报告（2017）（Economic Freedom of the World Annual Report 2017）。采用该数据中的"劳动力市场管制"

[①] 如有学者指出，中国城乡二元结构下的隐性失业使中国不具备非贸易品价格对贸易品价格持续上涨的基本面支持，因而，考虑到中国城乡二元结构的因素，人民币汇率的低估程度不会有通常认为的那么高，人民币汇率也不应该大幅升值（Coudert & Couharde, 2005；哈继铭, 2005）。

（Labor Market Regulations）指数，该指数介于 0～10 之间，"劳动力市场管制"指数值越高，代表政府对劳动力市场管制程度越低，从而劳动力自由流动性越强。各国原始数据只有 1990 年、1995 年和 2000～2010 年的数据，参照王雪珂和姚洋（2013）的做法，通过假定 1990～1995 年和 1995～2000 年劳动力流动性是以平均速度变化从而获得各国 1990～2010 年的劳动力市场管制指数的连续时间序列[①]。进入回归模型的劳动力自由流动性（pm）是国内外劳动力市场管制指数的相对值，具体而言就是中国劳动力市场管制指数与外国劳动力市场管制指数之比，如果该比值上升，说明中国劳动力自由流动性增强。

接下来通过在回归模型中加入中外城乡二元结构水平差异（due）与劳动力市场管制程度差异（pm）的交互项（due×pm）来考察劳动力自由流动性在城乡二元结构影响巴—萨效应传导中所发挥的调节作用。回归的控制变量选择以及回归的技术策略与上文相一致，此外，正如上文所指出的，关键解释变量 due 的内生性问题并不明显，因而此处将不再考虑内生性问题。表 5-13、表 5-14 和表 5-15 分别报告了基于全样本、对发达国家样本和对发展中国家样本的面板回归结果。

表 5-13　全样本下劳动力流动性的调节作用—基于劳动力市场管制数据
（被解释变量：bshi）

变量	POLS（1）	POLS（2）	FGLS（1）	FGLS（2）
due	0.913*** (6.38)	0.804*** (6.16)	0.847*** (9.38)	0.853*** (20.97)
due×pm	-0.358** (-2.35)	-0.372*** (-2.70)	-0.095*** (-2.99)	-0.281*** (-8.17)
常数项	0.207*** (7.06)	1.308*** (7.22)	0.246*** (3.17)	0.180 (1.07)
控制变量	否	是	否	是
Adj R^2	0.18	0.34	—	—

注：系数下括号内的数字为 z 值，*** 和 ** 分别表示在 1% 和 5% 水平上显著。

[①] 1990～1995 年和 1995～2000 年的劳动力流动性指标计算方法为：$pm_{i+j} = pm_i + j(pm_{i+5} - pm_i)/5$。其中 i 表示第 i 个时段，j 表示第 i 个时段的第 j 年，j=1, 2, 3, 4。

表 5-14　对发达国家样本下劳动力流动性的调节作用—基于劳动力市场管制数据
　　　　　（被解释变量：bshi）

变量	POLS（1）	POLS（2）	FGLS（1）	FGLS（2）
due	0.998*** (7.34)	0.615*** (4.89)	1.120*** (5.13)	1.072*** (12.25)
due×pm	0.263*** (3.01)	0.133* (1.77)	0.200*** (2.88)	0.187*** (3.86)
常数项	0.047 (0.94)	0.958*** (6.97)	0.016 (0.13)	0.035 (0.24)
控制变量	否	是	否	是
Adj R^2	0.40	0.58	—	—

注：系数下括号内的数字为 z 值，*** 和 * 分别表示在1%和10%水平上显著。

表 5-15　对发展中国家样本下劳动力流动性的调节作用—基于劳动力市场管制数据
　　　　　（被解释变量：bshi）

变量	POLS（1）	POLS（2）	FGLS（1）	FGLS（2）
due	1.462*** (4.23)	0.732** (2.15)	0.672** (2.56)	0.733*** (3.16)
due×pm	-1.322*** (-3.40)	-0.568 (-1.50)	-0.492* (-1.96)	-0.558** (-2.34)
常数项	0.224*** (6.32)	1.480*** (5.05)	0.286*** (3.68)	0.330 (1.21)
控制变量	否	是	否	是
Adj R^2	0.11	0.27	—	—

注：系数下括号内的数字为 z 值，***、** 和 * 分别表示在1%、5%和10%水平上显著。

从面板回归的结果来看，加入了中外城乡二元结构相对水平和劳动力市场管制差异的交互项（due×pm）以后，尽管变量 due 的回归系数有所差别，但城乡二元结构对巴—萨效应传导的影响在所有模型中依然显著，而且模型的总体拟合优度也有了一定程度的上升。就关键变量而言，除了在对发达国家的样本中，中外城乡二元结构水平差异与劳动力市场控制程度差距的交互项（due×pm）在几乎所有回归模型中均有着统计显著的负系数，这与本书第四章的理论分析一致。即中国突出的城乡二元结构会阻碍人民币汇率变化中巴—萨效应的传导，而中国劳动力市场管制的放松即中国劳动力流动自由度的提高将减轻中国城乡二元结构对巴—萨效应传导的阻滞作用。

需要指出的是，与全样本回归和对发展中国家样本回归的结果不同，基于对发达国家样本的回归结果表明，中国劳动力市场管制的放松将加剧城乡二元结构对巴—萨效应的阻碍作用，这或许与各国政府对不同类别（层次）劳动力流动的管制方式和管制强度存在差异有关。

2. 基于铁路客运数据的再估计

政府劳动力市场管制指数更多的是表明劳动力流动在制度上所面临的障碍和困难程度，而事实上的劳动力自由流动性不仅取决于政府的劳动力市场管制水平，还会受到交通通信基础设施发展水平的影响。很显然，在同样的政府劳动力市场管制水平下，交通通信基础设施的完善将通过多种渠道（地理距离、信息完备和心理效应等，详见本书第四章的有关论述）提高事实上的劳动力跨区域和跨部门流动自由度，从而有助于劳动力资源的优化配置，促进部门间工资趋同，有利于将部门相对生产率变化传递至部门相对工资水平，最终有助于促进巴—萨效应的传导。

为此，此处采用事实上的中国人口（劳动力）流动自由度进一步考察劳动力流动性在城乡二元结构影响巴—萨效应传导中的调节作用。事实上的中国人口（劳动力）流动自由度用中国铁路运输年乘客输送量（乘客×千米）与中国总人口的比例表征（rail）。这一指标的确切含义是平均每人每年通过铁路旅行的千米数，可视为事实上的人口（劳动力）流动自由度的合理表达指标。因为每人每年通过铁路旅行的千米数越多，劳动力在地区之间、部门之间交流的可能性越大，从而部门间劳动力流动的自由度越高。考虑铁路旅行可以涵盖短途和长途旅行，特别是铁路已成为中国长距离客运交通的主力军，而公路客运往往更多是在中短途旅行方面发挥重要作用，因而采用铁路客运指标不仅可以反映区域性的短距离劳动力流动性，也可以反映全国范围内的长距离劳动力流动自由度。因此，在表达中国整体性的人口（劳动力）流动自由度方面，平均每人每年通过铁路旅行的千米数是一个比公路客运更合适的指标。中国铁路运输年乘客输送量（乘客×千米）和中国总人口数据均来自世界银行世界发展指数（WDI）数据库。

类似的，接下来将事实上的中国人口（劳动力）流动自由度与中外城乡二元结构水平差异的交互项（due×rail）纳入模型，以进一步考察劳动力流动自由度在城乡二元结构影响巴—萨效应传导中的调节作用。表 5 – 16、表 5 – 17 和表 5 – 18

分别报告了基于全样本、对发达国家样本和对发展中国家样本的面板回归结果。

表 5-16　　　全样本下劳动力流动性的调节作用——基于铁路客运数据
（被解释变量：bshi）

变量	POLS（1）	POLS（2）	FGLS（1）	FGLS（2）
due	1.488*** (13.27)	1.419*** (8.83)	1.200*** (17.58)	1.128*** (15.85)
due×rail	-1.694*** (-9.50)	-1.600*** (-6.23)	-1.054*** (-14.13)	-1.162*** (-11.95)
常数项	0.251*** (9.38)	1.144*** (6.57)	0.263*** (5.94)	0.373** (2.59)
控制变量	否	是	否	是
Adj R²	0.35	0.39	—	—

注：系数下括号内的数字为 z 值，*** 和 ** 分别表示在 1% 和 5% 水平上显著。

表 5-17　　　对发达国家样本下劳动力流动性的调节作用——基于铁路客运数据
（被解释变量：bshi）

变量	POLS（1）	POLS（2）	FGLS（1）	FGLS（2）
due	1.242*** (12.90)	1.211*** (9.93)	1.246*** (8.92)	1.201*** (9.05)
due×rail	-1.269*** (-9.71)	-1.369*** (-7.49)	-0.733*** (-4.41)	-0.862*** (-5.19)
常数项	0.345*** (6.75)	1.044*** (8.87)	0.238*** (3.95)	0.476*** (2.84)
控制变量	否	是	否	是
Adj R²	0.60	0.68	—	—

注：系数下括号内的数字为 z 值，*** 表示在 1% 水平上显著。

表 5-18　对发展中国家样本下劳动力流动性的调节作用——基于铁路客运数据
（被解释变量：bshi）

变量	POLS (1)	POLS (2)	FGLS (1)	FGLS (2)
due	1.671*** (8.97)	1.501*** (6.34)	0.968*** (5.31)	1.049*** (6.08)
due × rail	-2.423*** (-8.05)	-2.159*** (-5.68)	-1.216*** (-4.77)	-1.350*** (-5.41)
常数项	0.227*** (7.35)	1.369*** (5.08)	0.256*** (4.48)	0.402 (1.55)
控制变量	否	是	否	是
Adj R²	0.32	0.38	—	—

注：系数下括号内的数字为 z 值，*** 表示在 1% 水平上显著。

基于铁路客运数据的回归结果显示，在所有的回归模型中，城乡二元结构差异变量 due 的回归系数尽管与表 5-9、表 5-10 和表 5-11 报告的回归结果有所差别，但均有着一致且符合预期的符号。而这里主要关注的交互项变量（due × rail）的回归系数则在所有回归中均具有统计显著的负系数，即劳动力自由流动和匹配优化会显著降低城乡二元结构对人民币汇率变化中巴—萨效应传导的阻滞强度，这一点不因样本的不同而有区别，这再一次证明了劳动力自由流动对于巴—萨效应传导具有积极作用。

因而，总体来说，不管是采用劳动力市场管制水平数据还是采用铁路客运数据，研究均发现劳动力自由流动有助于人民币汇率变化中巴—萨效应传导效率的提高，这个结论证明了在中国语境下，劳动力流动在城乡二元结构影响巴—萨效应传导中所发挥的作用主要体现了"劳动交流效应"。这一实证结果与王泽填和姚洋（2009）的研究结论相一致，尽管他们的研究样本和指标选择与本书不同[①]，而与王雪珂和姚洋（2013）的结论相反，王雪珂和姚洋（2013）的实证结论是劳动力自由流动对巴—萨效应有抵消作用，认为劳动力自由流动通过促进农村人口向城市工业部门转移抑制了巴—萨效应的传导。

[①] 需要指出的是王泽填和姚洋（2009）基于人均收入指标考察巴—萨效应，用工农业单位劳动增加值之比表示劳动力流动自由度。然而，按照巴—萨假说，应该基于部门单位劳动增加值之比考察巴—萨效应，而不是用部门单位劳动增加值之比表示劳动力流动自由度，因而这种做法的科学性值得商榷。此外，韩嘉莹和沈悦（2012）也沿用了王泽填和姚洋（2009）关于劳动力流动自由度的测算方法。

实际上，上述关于劳动力流动自由度调节作用的研究结论反过来也可以证明，中国以户籍管理制度为代表的人口管理制度由于限制了人口（劳动）自由流动从而会加剧城乡二元结构对巴—萨效应传导的负面影响。而源于互联网兴起、信息技术大规模使用以及交通基础设施改善的劳动力流动自由度的提高有助于部分消解城乡二元结构的负向影响从而提升人民币汇率变化中巴—萨效应传导效率。

第三节　金融抑制对巴—萨效应传导影响的实证分析

基于本书第四章的理论阐述和提出的第三个待检验假说，本节实证考察中国金融抑制对人民币汇率变化中巴—萨效应传导的影响。

一、中国金融抑制程度观察

正如第四章所阐述的，转型时期中国金融抑制有很多表现，在经验研究中也出现了众多刻画中国金融抑制的指标，如国有金融机构垄断程度、银行资金利用效率和金融发展程度等（刘瑞明，2011；吕冰洋和毛捷，2013；罗煜等，2016；李晓龙和冉光和，2018）。但利率管制是中国金融抑制的集中表现之一（黄桂田和何石军，2011），因而本节将着重从利率管制层面考察中国金融抑制对人民币汇率变化中巴—萨效应传导的影响。

此处采用两个与利率管制有关的指标来反映中国的金融抑制水平，一是利率管制指数，二是一年期贷款名义利率与GDP平减指数变化率之差表示的"实际利率水平"，用每一个指标的中外差值表示中国的相对金融抑制程度。

利率管制指数采自世界经济自由年度报告（2017）（economic freedom of the world annual report 2017）的"利率管制"（interest rate controls）或"负实际利率"（negative real interest rates）指数，该指数包含在"信贷市场管制"（credit market regulations）数据中。世界经济自由年度报告（2017）中"利率管制"指数或"负实际利率"指数处于0~10，指数越高，代表政府对利率的管制程度越低，从而金融抑制程度越轻。各国原始数据只有1990年、1995年和2000~2010年的数据，参照上文关于劳动力市场管制数据的处理办法，此处得到包括中国在内的17个国家1990~2010年利率管制指数的连续时间序列数据。用中国的利率管制指数减去外国利率管制指数得到中外相对利率管制水平（irc），用以表征中国金融抑制的相对程度,该差值若小于零,表示中国存在更明显的金融抑制,差值越小,表示中国金融抑制程度越高,反之则表示中国利率水平更多是由市场供求所决定。

计算第二个代理指标"实际利率水平"所使用的各国一年期贷款利率（lending rate）和各国 GDP 平减指数大多采自国际货币基金组织（IMF）的国际金融统计数据库（IFS），IFS 数据库中有些国家缺失的部分数据由世界银行世界发展指数（WDI）数据库补齐。由于部分国家在两个数据源都没有完整的数据,因而此处最终只获得了部分国家 1990～2010 年的全时段完整实际利率数据,同时获得了部分国家部分年份的实际利率数据。实际利率数据缺失的具体情况是：丹麦 1990～2010 年的数据缺失,法国 2006～2010 年的数据缺失,瑞典 1990～1991 年和 2007～2010 年的数据缺失,荷兰 1990～1998 年的数据缺失,韩国 1990～1995 年的数据缺失,墨西哥 1990～1992 年的数据缺失,阿根廷 1990～1993 年的数据缺失,巴西 1990～1996 年的数据缺失。用中国的实际利率减去外国实际利率得到中外实际利率之差（rir）,用以表征实际利率水平意义上的中国相对金融抑制程度,该差值若小于零,则意味着中国可能存在金融抑制,差值越小,表示中国金融抑制越严重,反之则反是。

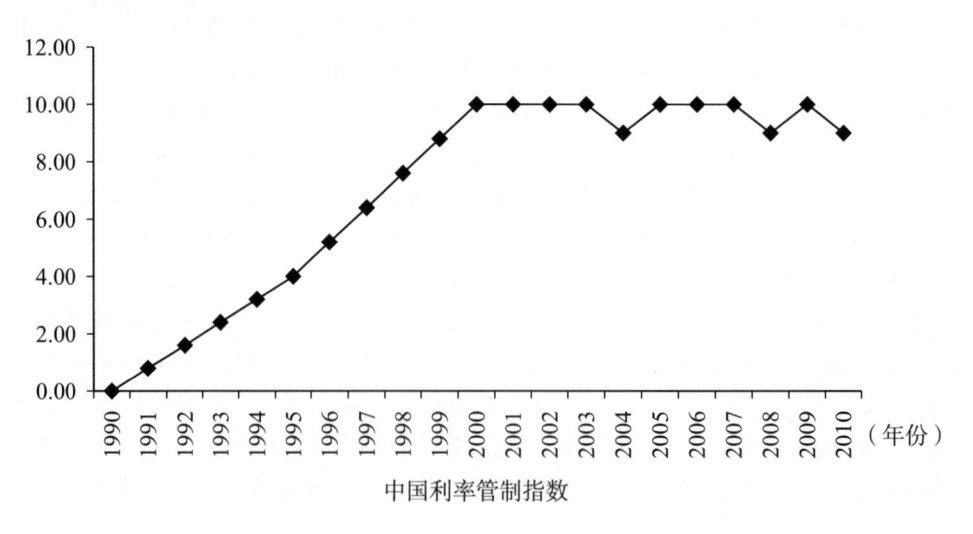

图 5-13 展示了中国利率管制指数及中外相对利率管制程度走势，irc_to、irc_ad 和 irc_ud 分别表示中国相对于全体国家、中国相对于发达国家和中国相对于发展中国家利率管制程度的平均差异。图 5-14 报告了中国实际利率及中外实际利率差异走势，rir_to、rir_ad 和 rir_ud 则分别表示中国相对于全体国家、中国相对于发达国家和中国相对于发展中国家实际利率水平的平均差异。

中国利率管制指数

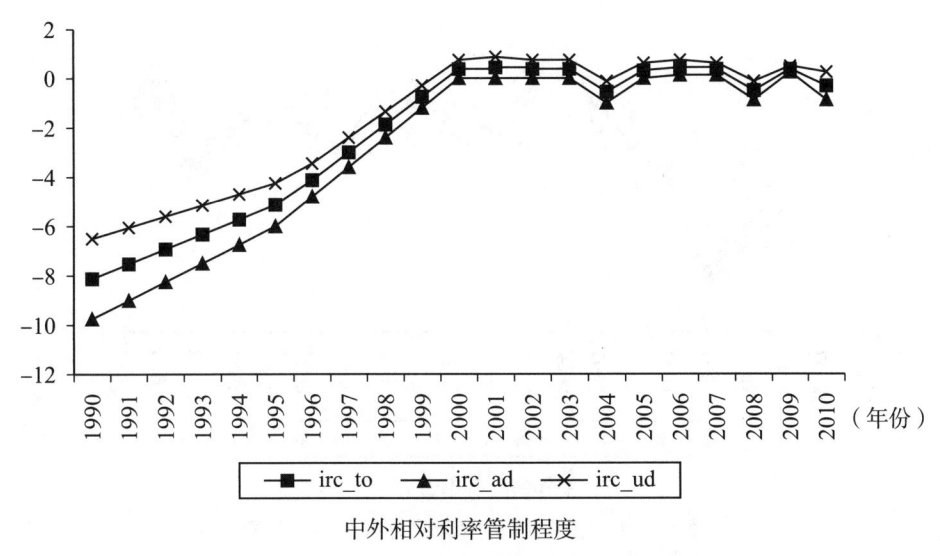

图 5-13　中国利率管制指数及中外相对利率管制程度

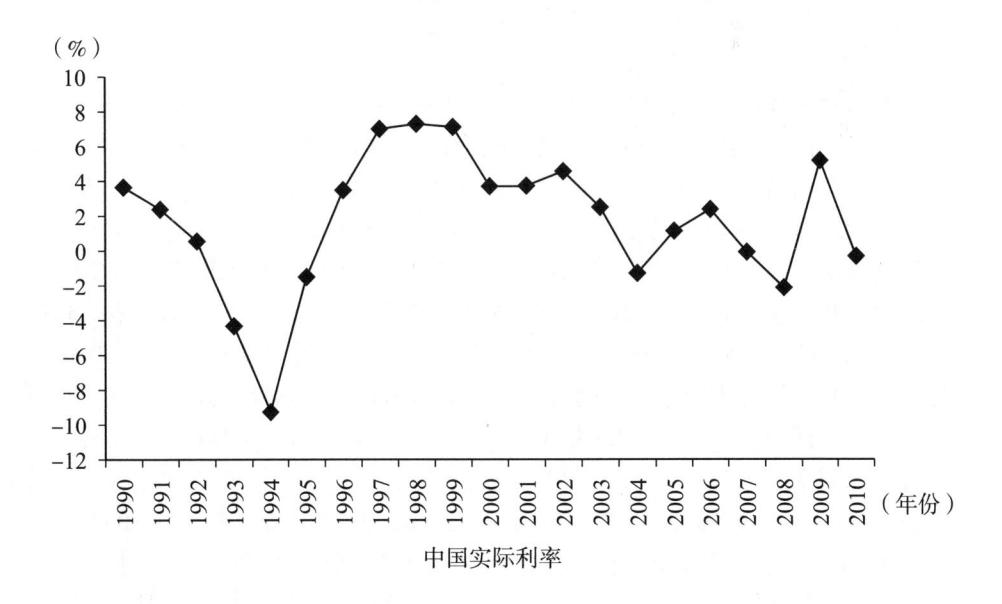

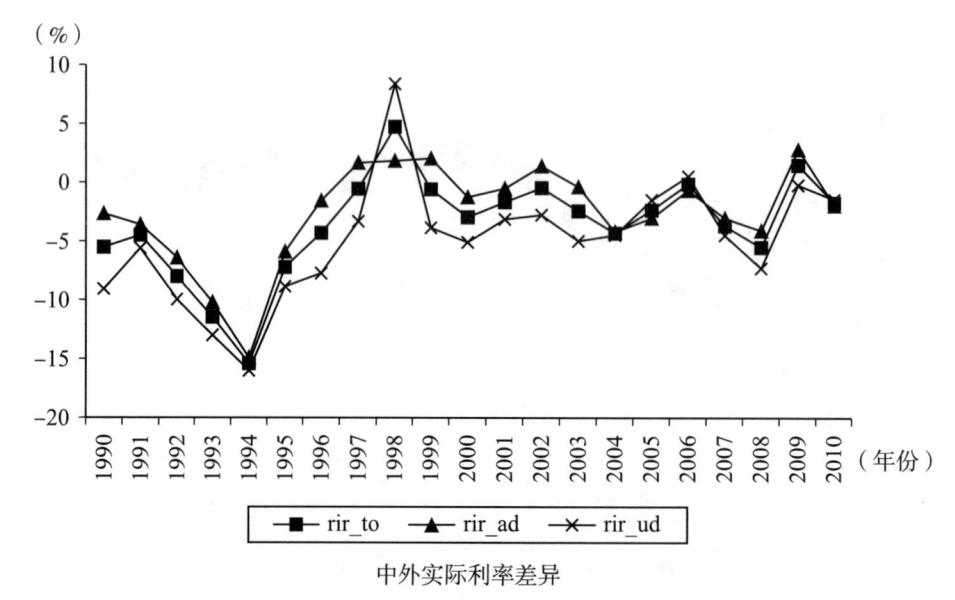

图 5-14 中国实际利率及中外实际利率差异

注：由于部分国家数据缺失的缘故，为了展示 1990~2010 年中外实际利率差异的全时段完整图像，中外实际利率差异只涵盖了美国、日本、英国和意大利四个发达国家和南非、印度、印度尼西亚和智利四个发展中国家。

就利率管制程度而言，20 世纪 90 年代早期，中国的利率管制指数很低，处于世界经济自由年度报告（2017）该项赋分的最低分"0"分，表明 90 年代早期中国政府对信贷利率的行政管制很严，金融抑制程度很高。但从数据显示来看，90 年代开始，中国政府不断放开信贷市场的利率管控，中国信贷利率的市场化程度越来越高，到 2000 年已达到世界经济自由年度报告（2017）该项赋分的最高值"10"分。此外，国内外利率管制差异的走势大体上与中国利率管制指数的走势相一致，不管是相对于发达国家还是相对于发展中国家，在 2000 年前中外利率管制差值均小于零，表明这一期间中国的利率管制程度高于外国，或利率市场化程度低于外国，但在 2000 年以后与其他国家之间已不存在明显差距。

就实际利率水平而言，图 5-14 显示，1990~1994 年中国实际利率下降明显，由 1990 年的 3.65% 降至 1994 年的 -9.26%，此后不断上升，到 1998 年达到峰值 7.29%，之后呈现趋势性下降，在 2009 年有所波动。从理论上来说，实际利率层面的金融抑制程度应该由实际利率与均衡利率之差来表示，因而中国实际利率水平本身并不足以表现中国的金融抑制程度（尽管实际利率为零可以作为一个不严格的判定标准）。如果假设外国特别是发达国家平均实际利率为均衡实际利率，则图 5-14 中所示的中外实际利率差异尤其是中国与发达国家之间的平均实际利率差异就可用以表征中国的金融抑制程度。无论是相对于发达国家平均值还是相对于发展中国家平均值，中外实际利率之差在样本期内的绝大多数年份均在零值线以下，表明中国利率层面的金融抑制是一个长期存在的客观事实。其中金融抑制程度最高的时期当属 1990~1996 年，这一时期中国实际利率低于发达国家平均实际利率 6.47 个百分点，其中 1993 年和 1994 年更是分别出现了低于发达国家平均实际利率 10.22 个百分点和 14.92 个百分点的情况。此外，与发展中国家相比的情况也非常相似。

二、金融抑制与巴—萨效应传导受阻关系的直观考察

这里采用散点图结合趋势拟合线的形式考察中国金融抑制与人民币汇率变化中巴—萨效应传导受阻程度之间的关系。图 5-15 展示了基于利率管制指数和基于实际利率水平的金融抑制与巴—萨效应传导受阻程度之间的散点图和趋势拟合线。

图 5-15 显示，中外利率管制程度差异（irc）和中外实际利率水平差异（rir）均与人民币汇率变化中巴—萨效应传导受阻程度（bshi）呈现较为明确的负向关联，即政府较高强度的利率管控及政府利率控制导致的较低水平的实际利率往往与较高的巴—萨效应传导受阻程度有关，表明中国金融抑制可能是导致人民币汇率变化中巴—萨效应传导受阻的重要原因。

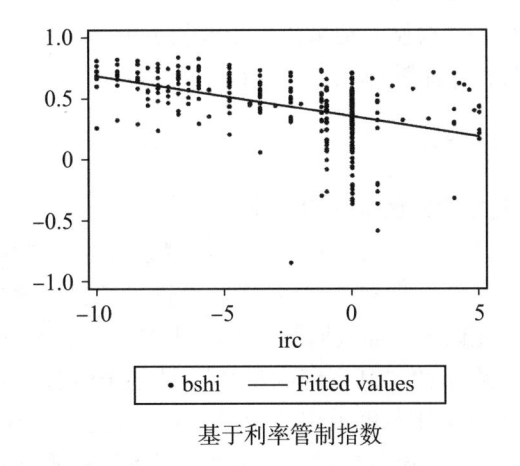

基于利率管制指数

基于实际利率水平

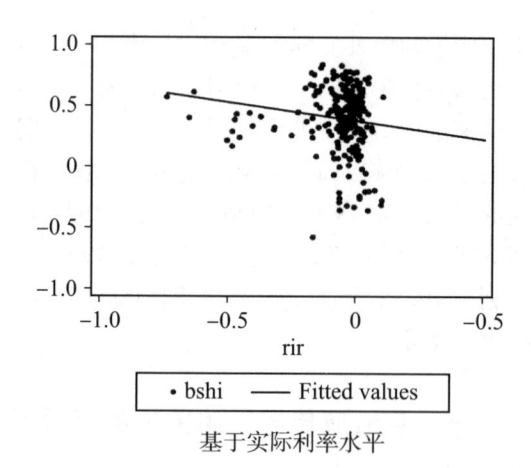

图 5-15　中外相对金融抑制与巴—萨效应传导受阻散点图

三、金融抑制影响巴—萨效应传导的统计计量分析

（一）相关性检验

对中国金融抑制与人民币汇率变化中巴—萨效应传导受阻程度进行相关性检验结果显示，中外相对利率管制水平与人民币汇率变化中巴—萨效应传导受阻程度之间的相关系数为 -0.46，且在 1% 水平上显著；中外实际利率差值与人民币汇率变化中巴—萨效应传导受阻程度之间的相关系数为 -0.14，且在 5% 水平上显著。因而，变量相关性检验的结果进一步证明了中国金融抑制对人民币汇率变化中巴—萨效应传导产生阻滞作用的可能性。

（二）面板回归分析

1. 基于利率管制指数的面板回归分析

此处的面板估计策略与上文类似，先采用混合最小二乘法（POLS）进行估计，然后采用可行广义最小二乘法（FGLS）再进行估计，通过不同估计策略和实证方法的选择和对比以提高面板回归结果的可靠性。此外，考虑到世界经济自由年度报告（2017）发布的"利率管制指数"是基于赋分法形成的数据因而具有较高程度的外生性，此处不再采用两阶段最小二乘法（2SLS）进行面板回归分析。表 5-19、表 5-20 和表 5-21 分别报告了不同样本下基于 POLS 和 FGLS 方法的面板估计结果。

第五章　人民币汇率变化中巴拉萨—萨缪尔森效应传导受阻成因的经验证据

表 5-19　全样本下金融抑制对巴—萨效应传导的影响—基于利率管制指数
（被解释变量：bshi）

变量	POLS（1）	POLS（2）	FGLS（1）	FGLS（2）
irc	-0.039*** (-8.63)	-0.027*** (-7.39)	-0.019*** (-5.22)	-0.023*** (-6.53)
gov		-2.454** (-2.58)		0.239 (0.34)
ex		-0.181*** (-10.34)		-0.058*** (-3.36)
常数项	0.339*** (6.55)	0.759*** (5.60)	0.404*** (12.38)	0.389*** (3.72)
Adj R²	0.21	0.28	—	—

注：系数下括号内的数字为 z 值，*** 和 ** 分别表示在1%和5%水平上显著。

表 5-20　对发达国家样本下金融抑制对巴—萨效应传导的影响—基于利率管制指数
（被解释变量：bshi）

变量	POLS（1）	POLS（2）	FGLS（1）	FGLS（2）
irc	-0.030*** (-12.83)	-0.020*** (-10.62)	-0.018*** (-4.32)	-0.023*** (-6.39)
gov		-1.718** (-2.14)		0.315 (0.41)
ex		-0.156*** (-13.42)		-0.067*** (-3.45)
常数项	0.464*** (19.10)	0.774*** (7.34)	0.447*** (10.52)	0.438*** (3.76)
Adj R²	0.49	0.61	—	—

注：系数下括号内的数字为 z 值，*** 和 ** 分别表示在1%和5%水平上显著。

表 5-21　对发展中国家样本下金融抑制对巴—萨效应传导的影响—基于利率管制指数
（被解释变量：bshi）

变量	POLS（1）	POLS（2）	FGLS（1）	FGLS（2）
irc	-0.050*** （-5.88）	-0.036*** （-4.68）	-0.020*** （-2.99）	-0.022*** （-3.73）
gov		-3.130 （-1.57）		0.063 （0.05）
ex		-0.205*** （-6.31）		-0.085** （-2.63）
常数项	0.223*** （2.60）	0.740** （2.46）	0.297*** （7.30）	0.312 （1.62）
Adj R^2	0.10	0.20	—	—

注：系数下括号内的数字为 z 值，*** 和 ** 分别表示在1%和5%水平上显著。

从面板回归的结果来看，关键解释变量国内外相对利率管制程度 irc 在所有回归中均有着统计显著的负系数，表明在假设外国信贷利率管控程度不变的条件下，中国信贷市场利率管制的放松将显著降低人民币汇率变化中巴—萨效应传导受阻的程度。反过来就是，以信贷利率管制程度表达的中国金融抑制程度的提高不利于人民币汇率变化中巴—萨效应的传导。此外，分样本的回归结果中国内外相对利率管制程度 irc 的回归系数并没有明显的差异，而且政府支出和人民币汇率弹性也大都具有统计显著且符号符合预期的回归系数。正如上文所揭示的，样本期内中外利率管制程度差值在绝大多数年份均为负值（irc < 0），即中国利率管制程度高于外国，因而，结合面板回归的结果，有理由相信，中国政府对信贷利率的管制在人民币汇率变化中巴—萨效应传导受阻上扮演了重要角色。具体而言，中国相对外国利率管制程度每提高 1 分，人民币汇率变化中巴—萨效应传导受阻程度将提高 2%~5%，响应弹性依不同模型和不同样本有所差异。这一结果证实了本书第四章关于中国金融抑制会阻碍人民币汇率变化中巴—萨效应传导的部分理论猜想。

2. 基于实际利率水平的面板回归分析

接下来采用中国与各国之间实际利率差异进一步研究中国金融抑制对人民币汇率变化中巴—萨效应传导的影响，这部分也可视为对上述基于利率管制指数数据的面板回归的稳健性检验。由于部分国家实际利率水平缺失，因此此处回归采用的面板数据为非平衡面板（unbalanced panel）。表5-22、表5-23和表5-24分别报告了基于全样本、对发达国家样本和对发展中国家样本的中国金融抑制影响人民币汇率变化中巴—萨效应传导的面板估计结果。

表5-22　全样本下金融抑制对巴—萨效应传导的影响—基于实际利率水平

（被解释变量：bshi）

变量	POLS（1）	POLS（2）	FGLS（1）	FGLS（2）
rir	-0.303** (-2.32)	-0.215* (-1.82)	-0.349*** (-4.02)	-0.251*** (-2.60)
gov		-6.111** (-4.11)		-1.333 (-1.54)
ex		-0.309*** (-8.00)		-0.094*** (-4.16)
常数项	0.377*** (21.55)	1.330*** (6.09)	0.454*** (12.36)	0.650*** (5.20)
Adj R^2	0.02	0.20	—	—

注：系数下括号内的数字为z值，***、**和*分别表示在1%、5%和10%水平上显著。

表5-23　对发达国家样本下金融抑制对巴—萨效应传导的影响—基于实际利率水平

（被解释变量：bshi）

变量	POLS（1）	POLS（2）	FGLS（1）	FGLS（2）
rir	-1.239*** (-4.90)	-0.723*** (-3.39)	-0.213* (-1.70)	-0.303** (-2.05)
gov		-4.227** (-4.02)		-2.020** (-2.23)
ex		-0.254*** (-9.29)		-0.127*** (-5.11)
常数项	0.522*** (38.01)	1.193*** (7.64)	0.547*** (17.75)	0.869*** (6.63)
Adj R^2	0.15	0.50	—	—

注：系数下括号内的数字为z值，***、**和*分别表示在1%、5%和10%水平上显著。

表 5-24 对发展中国家样本下金融抑制对巴—萨效应传导的影响——基于实际利率水平
(被解释变量：bshi)

变量	POLS (1)	POLS (2)	FGLS (1)	FGLS (2)
rir	-0.583*** (-4.35)	-0.535*** (-4.35)	-0.529*** (-4.72)	-0.449*** (-4.03)
gov		-6.661*** (-3.38)		-2.008 (-1.39)
ex		-0.277*** (-5.56)		-0.086** (-2.34)
常数项	0.208*** (8.86)	1.238*** (4.28)	0.266*** (5.93)	0.581*** (2.80)
Adj R^2	0.11	0.26	—	—

注：系数下括号内的数字为 z 值，*** 和 ** 分别表示在 1% 和 5% 水平上显著。

从回归结果来看，关键解释变量中外实际利率差异（rir）的回归系数在所有样本的所有模型中均显著为负，表明中国政府利率管制造成的实际利率低下将导致人民币汇率变化中巴—萨效应传导受到实质性阻碍，再一次证明了本书第四章提出的中国金融抑制将削弱巴—萨效应传导的理论命题。此外，基于对发达国家样本与对发展中国家样本回归方程中 rir 的估计系数存在明显的差别，这一点与上文基于信贷利率管制指数的回归结果有所不同。与此同时，政府支出和人民币名义汇率弹性等控制变量的回归系数仍然具有符合预期的符号且大都具有统计显著性。从数值上来看，平均而言，假设其他条件不变的情形下，中国实际利率相对于外国实际利率每降低 10%，人民币汇率变化中巴—萨效应传导受阻程度将提高 2%~12%，具体影响强度依不同样本和不同模型而存在差异。考虑到样本期内中外实际利率之差在绝大多数年份均为负（rir < 0）且在部分年份差距非常显著的事实，有理由相信中国实际利率水平低下是人民币汇率变化中巴—萨效应传导受阻的重要成因。

此外，由于汇率与利率作为两个重要的基础性价格变量之间存在紧密关联，因而巴—萨效应传导受阻导致的人民币实际汇率低估可能会影响中国实际利率的表现，这可能造成关键解释变量 rir 具有一定的内生性。为缓解中外实际利差可能的内生性对回归结果带来的负面影响，接下来采用两阶段最小二乘法（2SLS）进一步分析金融抑制对巴—萨效应传导的影响。参照上文的做法，此处采用变量

rir 的滞后一期作为变量 rir 的工具变量进行回归,表 5-25 报告了基于 2SLS 方法的回归结果。

表 5-25　金融抑制对巴—萨效应传导的影响—基于实际利率水平（2SLS）
（被解释变量：bshi）

变量	全样本		对发达国家		对发展中国家	
rir	-0.159 (-0.89)	-0.028 (-0.17)	-2.029*** (-4.59)	-1.275*** (-3.10)	-0.495*** (-2.92)	-0.423*** (-2.60)
gov		-5.758*** (-4.15)		-2.765** (-2.05)		-5.787*** (-3.11)
ex		-0.300*** (-7.88)		-0.224*** (-6.71)		-0.257*** (-5.57)
常数项	0.373*** (18.30)	1.281*** (6.38)	0.496*** (27.13)	0.959*** (4.70)	0.201*** (7.31)	1.108*** (4.18)

注：系数下括号内的数字为 z 值，*** 和 ** 分别表示在 1% 和 5% 水平上显著。

基于 2SLS 方法的估计结果显示，中外实际利差 rir 的回归系数在所有样本和所有回归模型中均为负值，其中在对发达国家样本和对发展中国家样本中具有统计显著性。总体而言，在考虑了解释变量可能的内生性以后，面板回归的结果依然表明中国较为明显的金融抑制对人民币汇率变化中巴—萨效应的传导会产生阻滞作用。

(三) 国有企业在金融抑制影响巴—萨效应传导中的调节作用

本书第四章关于国有企业在金融抑制影响巴—萨效应传导过程中发挥调节作用的论述表明，国有企业由于激励约束机制缺陷以及高资本劳动比的产业站位等原因将加剧人民币汇率变化中巴—萨效应传导受阻程度，接下来将国有企业因素纳入金融抑制影响巴—萨效应传导效率的研究框架对这一理论猜想进行实证检验。

实证检验策略是将中国金融抑制与国有企业在国民经济中的比例之间的交互项加入模型进行回归分析。其中中国金融抑制程度用中外实际利率差异（rir）表征，国有企业在国民经济中的比例用全国国有控股工业企业固定资产占全国工业企业固定资产比例（stat）表示。全国国有控股工业企业固定资产和全国工业企业固定资产的数据来自 wind 数据库,样本时间段为 2003~2010 年,其中 2004 年的国有控股工业企业固定资产数据缺失,此处假设 2004 年国有控股工业企业固定资产增速与 2005 年相同,从而计算得到 2004 年国有控股工业企业固定资产额。鉴于样本时间段较短导致样本容量受限,此处将不再区分相对于发达国家的样本和相对于发展中国家的样本分别考察,也不再将政府支出和人民币名义汇率弹性等控制变量加入模型。此外,由于时间长度只有 8 年,因而此处回归用的面板是短面板,所以应该使用固定效应回归方法(FE)或随机效应回归方法(RE)进行回归分析。为提供参照,面板混合 OLS 回归法(POLS)的结果也一并报告。表 5-26 报告了加入了金融抑制与国有企业固定资产比例交乘项(rir×stat)和国有企业固定资产比例(stat)的面板回归结果。

表 5-26　　　　金融抑制对巴—萨效应传导的影响—国有企业的
调节作用(被解释变量:bshi)

变量	混合回归(POLS)	固定效应回归(FE)	随机效应回归(RE)
rir	-5.283*** (-3.86)	-3.117** (-2.95)	-3.383*** (-4.35)
rir×stat	8.788*** (4.51)	5.497*** (3.69)	5.807*** (4.77)
stat	2.216*** (7.76)	1.846*** (6.61)	1.872*** (6.70)
常数项	-0.967*** (-5.80)	-0.747*** (-4.61)	-0.751*** (-4.95)
Adj R^2	0.18	0.45	0.45

注:系数下括号内的数字为 z 值,*** 和 ** 分别表示在 1% 和 5% 水平上显著。

从回归结果来看,尽管此处采用的样本时间段更短,但无论是采用混合回归,还是固定效应回归,或者是随机效应回归,中外实际利率差异 rir 的系数仍然显著为负,表明中国金融抑制会阻碍人民币汇率变化中巴—萨效应传导的研究结论较为稳健。此处特别关注的中外实际利率差异与国有企业固定资产占比的交互项(rir×stat)在不同的估计方法下均具有统计显著的正系数,表明给定中国金融抑制程度,国有企业固定资产占比上升将加剧中国金融抑制对巴—萨效应传导的阻滞作用。因而,此处的经验估计结果证实了本书第四章关于国有企业在金融抑制影响巴—萨效应传导上具有调节作用的理论假说。

进一步地,对固定效应回归和随机效应回归所做的豪斯曼检验(Hausman test)结果显示,P值为0.019,可以在5%水平下拒绝"个体异质性随机变量与解释变量、个体固定特征不相关"的原假设,因而应该采信固定效应回归的估计结果。根据固定效应回归结果可以计算出,在其他因素不变的条件下,如果国有控股工业企业固定资产占比高于56.7%就可以完全抵消中国实际利率提高对巴—萨效应传导的促进作用。而数据显示,2003～2010年,国有控股工业企业固定资产占全国工业企业固定资产比例的平均值高达55.4%,因而,可以认为,这一段时期内,中国金融深化对巴—萨效应传导的促进作用被完全抵消了。这就表明在从金融抑制视角研究人民币汇率变化中巴—萨效应传导效率问题时,不仅要关注金融抑制对巴—萨效应传导的直接影响,也要进一步根据中国存在高比例国有经济的基本国情,对金融抑制通过国有经济因素对巴—萨效应传导所产生的间接影响给予足够的重视。

第四节 地方政府竞争对巴—萨效应传导影响的实证分析

基于本书第四章关于地方政府竞争影响巴—萨效应传导的理论阐述,本节将从实证的角度考察中国地方政府竞争对人民币汇率变化中巴—萨效应传导的影响方向和影响强度,从而对本书第四章第四个待检验假说进行经验验证。

一、中国地方政府竞争程度的度量及动态

从经验上研究地方政府竞争的经济影响是一个广受学者关注的话题,然而,在这一话题上,对地方政府竞争强度进行度量是一个不可回避但也较为困难的问题。学者们探索了多种表征地方政府竞争强度的代理变量,如地方政府间的税收竞争(傅勇和张晏,2007;赵祥,2009;杨坚,2011;刘阳等,2014),地方政府吸引外商直接投资竞争(张军等,2007;郑磊,2008;闫文娟,2012),地方政府财政支出竞争(傅强和马青,2015),地方政府间环境政策竞争(杨海生等,2008),地方政府间土地价格竞争(陈淑云等,2017),地方政府法制环境即知识产权保护竞争(郑展鹏和岳帅,2018)等等。

此处参考张军等(2007)、郑磊(2008)和闫文娟(2012)等的做法,从中

国吸收外商直接投资的方向来寻求表征地方政府竞争强度的指标。中国财政分权制度导致地方政府为了 GDP 增长围绕流动性要素展开激烈竞争（杨海生等，2008），其中，由于招商引资是促进 GDP 增长最为立竿见影的手段，因而吸引外地资本要素尤其是外商直接投资一直是地方政府发展经济的重要抓手，地方政府间的"标尺竞争"也就自然转化为吸引外商直接投资的竞争（张晏和夏纪军，2005；张军等，2007；杨长江和程锋，2008）。事实上，地方政府竞争的策略和手段在争夺外资特别是外商直接投资方面表现得更为淋漓尽致，基于外商直接投资竞争来度量地方政府竞争强度具有综合性优势，因为对外商直接投资的争夺可以涵盖地方政府间的财政税收竞争、环境标准竞争、劳工权益竞争、土地价格竞争、固定资产投资竞争和基础设施竞争等多维度的竞争方式，是一个更全面的代理指标，可以体现地方政府在横向激烈竞争中的综合努力程度。一个显然的道理是，各地方政府吸引外商直接投资的力度越大，政策越优惠，综合配套越完备，外商就越愿意到中国来投资设厂，从而在整体上助推中国外商直接投资的增长。所以，基于外商直接投资竞争的视角来设计衡量地方政府间"标尺竞争"强度的指标是合适的。

具体而言，采用中国利用外商直接投资的增长速度表征地方政府竞争强度。考虑到价格波动因素，为获得前后可比的外商直接投资实际数额，此处在数据处理中对中国各年实际利用外资美元数额用当年美国 GDP 平减指数进行平减，从而获得中国各年利用外商直接投资的实际数额，魏后凯（2002）和张军等（2007）也采用相似的处理方法。用中国利用外商直接投资实际数额的年度增长率（fdigr）表征地方政府竞争程度，利用外商直接投资数额增长率越高，表示地方政府竞争强度越大。中国各年实际利用外商直接投资的名义数额（美元）来自联合国贸发会议数据库（UNCTADstata），美国各年 GDP 平减指数采自世界银行世界发展指数（WDI）数据库。为平滑短期波动，此处进一步采用相邻 5 年外商直接投资增长率的平均值计算某一年的 FDI 增长率，以便观察中国吸引外商直接投资的趋势性动态。图 5 - 16 展示了中国实际外商直接投资年增长率的基本走势。

从图 5 - 16 来看，没有经过平滑处理的外商直接投资增长率趋势和 5 年平均的外商直接投资增长率趋势均显示，20 世纪 90 年代中期之前中国利用外商直接投资增长迅猛，受到 1997 年东南亚金融危机的影响，中国吸引的外商直接投资增速放缓，亚洲金融危机以后中国利用外商直接投资额呈趋势性增长态势。总体而言，中国吸引外商直接投资增长的阶段性特征表明地方政府之间的招商引资竞赛在 90 年代中期以前表现得更为突出，在样本的后期则表现得相对平稳。

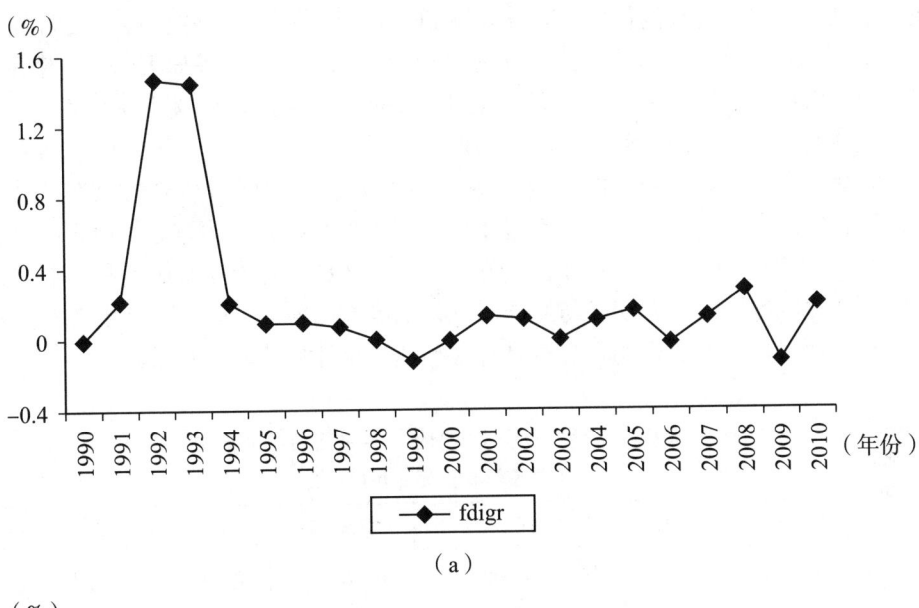

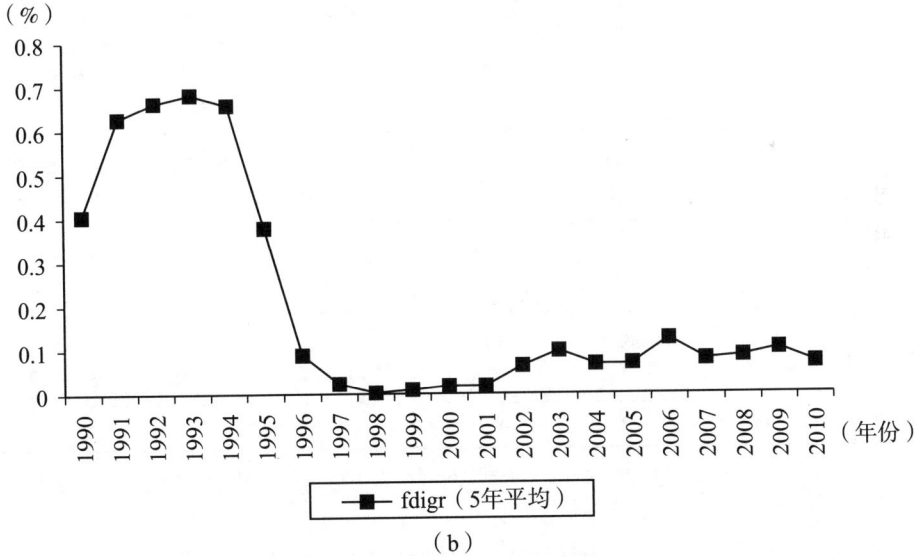

第五章 人民币汇率变化中巴拉萨—萨缪尔森效应传导受阻成因的经验证据 ·143·

(a)

(b)

图 5-16 中国利用外商直接投资增长速度

二、地方政府竞争影响巴—萨效应传导的面板回归分析

本部分尝试在面板数据分析框架内实证考察中国地方政府竞争对人民币汇率

变化中巴—萨效应传导的影响。首先基于POLS方法将巴—萨效应传导受阻程度（bshi）单独对地方政府竞争强度（fdigr）进行回归，回归结果如表5-27中第2列所示；然后在回归模型中加入政府支出（gov）和人民币名义汇率弹性（ex）两个控制变量进一步进行回归，回归结果如表5-27中第3列所示。回归结果显示，表征地方政府竞争强度的变量fdigr在两个方程中的回归系数均为正且具有统计显著性，表明"标尺竞争"激励下以吸引外商直接投资为核心的地方政府竞争（甚至"竞次"）会对人民币汇率变化中巴—萨效应的传导造成不利影响，提高巴—萨效应传导受阻程度。与此同时，政府支出（gov）和人民币名义汇率弹性（ex）两个控制变量也均具有符号符合预期且统计显著的回归系数。

表5-27　　　　　全样本下地方政府竞争对巴—萨效应传导的影响
（被解释变量：bshi）

变量	POLS (1)	POLS (2)	POLS (3)	FGLS (1)	FGLS (2)	FGLS (3)
fdigr	0.136 *** (4.14)	0.086 *** (2.86)	0.070 ** (2.30)	0.105 *** (4.46)	0.063 *** (3.27)	0.052 *** (2.67)
gov		-6.716 *** (-5.08)	-7.575 *** (-5.64)		-5.683 *** (-6.67)	-6.437 *** (-7.43)
ex		-0.304 *** (-9.14)	-0.208 *** (-4.41)		-0.272 *** (-12.69)	-0.206 *** (-6.77)
dum_hx			-0.123 *** (-2.83)			-0.088 *** (-3.12)
常数项	0.401 *** (26.42)	1.439 *** (7.44)	1.583 *** (8.00)	0.441 *** (40.49)	1.320 *** (10.58)	1.443 *** (11.29)
adj R^2	0.05	0.23	0.25	—	—	—

注：系数下括号内的数字为z值，*** 和 ** 分别表示在1%和5%水平上显著。

进一步地，中央政府"以人为本"的执政理念会对地方政府的考核内容和考核方式产生影响，会从根本上重塑地方政府的激励约束结构，从而改变地方政府官员的行为方式以及地方政府间的互动方式。特别地，中央政府对"以人为本"执政的新要求会促使地方政府在环境保护、劳动者权益保障和提高辖区居民满意度等方面作出更大的努力，相对淡化对辖区GDP增长的刚性追求，这将使地方政府间传统以"竞次"为特征的竞争方式有所松动甚至产生逆转。因而，可以预见，中央政府新的施政要求会弱化地方政府间的竞争（竞次）的强度，从而提高人民币汇率变化中巴—萨效应传导效率。

在1990~2010年的样本期内，时任中共中央总书记胡锦涛同志在2003年提出了以"以人为本"、促进全面、协调、可持续发展为核心内容的"科学发展观"，2004年9月19日，中国共产党第十六届中央委员会第四次全体会议上正式提出了"构建社会主义和谐社会"的概念。"科学发展观"和"和谐社会"的提出及其实践势必对地方政府官员的施政过程产生重大影响，地方政府之间长期的恶性竞争有可能得以缓解。

为捕捉这一重要政治背景调整的影响，此处设置体现"科学发展观"与"和谐社会"的哑变量（dum_hx），让其与fdigr、gov和ex一起进入方程并同样采用POLS技术进行回归，该哑变量在2004年以前赋值为"0"，2004年（含）以后赋值为"1"，回归结果如表5-27中第4列所示。估计结果显示，变量fdigr、gov和ex均具有与预期方向一致的回归系数，而此处关注的哑变量（dum_hx）的回归系数显著为负，表明党中央"科学发展观"以及"和谐社会"新发展理念的提出和落实可以有效降低巴—萨效应传导受阻的程度。与此同时，在控制了该哑变量后，反映地方政府竞争程度的变量fdigr的回归系数值有所降低，而且模型的拟合优度有了小幅改善。这些结果均表明党中央"以人为本"的新执政思想能够矫正地方政府恶性竞争所带来的各种扭曲，为巴—萨效应顺利传导提供基础条件，从而减轻人民币汇率变化中巴—萨效应传导受阻程度，同时也说明党中央提出的新的执政理念和发展方向得到了较好的贯彻执行。

类似的，出于稳健性的考虑，此处进一步采用可行广义最小二乘回归技术（FGLS）重复上述回归，回归结果如表5-27中第5~7列所示。从回归结果来看，变量fdigr在所有模型中均具有统计显著的正回归系数，且回归系数值与POLS方法下的结果比较接近，表明地方政府竞争将会抑制巴—萨效应传导的结论较为稳健。不仅如此，分样本的回归结果（见表5-28和表5-29）再次证明了上述观点，只不过相对于发达国家样本而言，对发展中国家样本中变量fdigr的回归系数在各种模型设置中都要大一些。

表5-28　　对发达国家样本下地方政府竞争对巴—萨效应传导的影响
（被解释变量：bshi）

变量	POLS（1）	POLS（2）	POLS（3）	FGLS（1）	FGLS（2）	FGLS（3）
fdigr	0.099*** (3.74)	0.056*** (2.83)	0.045** (2.29)	0.096*** (3.85)	0.056*** (3.13)	0.047*** (2.62)

续表

变量	POLS（1）	POLS（2）	POLS（3）	FGLS（1）	FGLS（2）	FGLS（3）
gov		－5.371*** (－6.20)	－5.946*** (－6.83)		－5.704*** (－7.20)	－6.280*** (－7.89)
ex		－0.264*** (－12.10)	－0.200*** (－6.53)		－0.254*** (－12.75)	－0.197*** (－7.03)
dum_hx			－0.083*** (－2.92)			－0.077*** (－2.97)
常数项	0.532*** (43.66)	1.368*** (10.79)	1.465*** (11.41)	0.531*** (46.22)	1.413*** (12.18)	1.510*** (12.87)
Adj R²	0.07	0.50	0.53	—	—	—

注：系数下括号内的数字为 z 值，*** 和 ** 分别表示在1%和5%水平上显著。

表5-29　　　　对发展中国家样本下地方政府竞争对巴—萨效应传导的影响
（被解释变量：bshi）

变量	POLS（1）	POLS（2）	POLS（3）	FGLS（1）	FGLS（2）	FGLS（3）
fdigr	0.173*** (3.43)	0.116** (2.54)	0.094** (2.06)	0.118*** (3.21)	0.073** (2.38)	0.062** (1.96)
gov		－8.061*** (－4.00)	－9.204*** (－4.52)		－6.987*** (－5.12)	－7.859*** (－5.62)
ex		－0.343*** (－6.78)	－0.216*** (－3.02)		－0.296*** (－8.64)	－0.218*** (－4.44)
dum_hx			－0.164** (－2.48)			－0.108** (－2.37)
常数项	0.269*** (11.53)	1.510*** (5.12)	1.701*** (5.67)	0.327*** (19.18)	1.396*** (7.00)	1.539*** (7.46)
Adj R²	0.06	0.26	0.28	—	—	—

注：系数下括号内的数字为 z 值，*** 和 ** 分别表示在1%和5%水平上显著。

此外，人民币汇率变化中巴—萨效应传导受阻意味着人民币实际汇率低估从而有利于产品出口，这对于热衷于增加出口额的地方政府来说，无疑是放大了地方政府间竞争的收益,从而激励着地方政府展开更激烈的竞争甚至是没有底线的"竞次"。从这个意义上来说,巴—萨效应传导受阻对地方政府竞争可能会有影响,也即解释变量 fdigr 可能具有一定的内生性。为缓解这一问题,接下来采用两阶段最小二乘法(2SLS)进一步进行回归。回归中采用变量 fdigr 的滞后一期作为 fdigr 的工具变量,考虑到巴—萨效应传导受阻不会对滞后一期的 fdigr 产生影响且前后期的 fdigr 间具有较高的相关性,因而这种处理方法大体上是合适的。表 5-30 报告了基于两阶段最小二乘法(2SLS)的回归结果。回归结果显示,变量 fdigr 在所有实证方程中的回归系数均为正且都具有统计显著性,再次证明地方政府竞争对巴—萨效应传导是不利的。此外,三个控制变量的回归系数也都具有符合预期的符号且统计显著。

表 5-30　　　　地方政府竞争对巴—萨效应传导的影响(2SLS)
(被解释变量:bshi)

变量	全样本			对发达国家			对发展中国家		
fdigr	0.296*** (4.70)	0.167*** (3.25)	0.137*** (2.66)	0.221*** (3.55)	0.107** (2.49)	0.087** (2.03)	0.372*** (3.54)	0.227*** (2.68)	0.187** (3.25)
gov		-5.499*** (-4.20)	-6.383*** (-4.89)		-4.547** (-4.82)	-5.141*** (-5.22)		-6.451*** (-3.30)	-7.625*** (-3.96)
ex		-0.269*** (-7.55)	-0.205*** (-4.25)		-0.241*** (-9.76)	-0.198*** (-7.93)		-0.298*** (-5.67)	-0.213*** (-3.06)
dum_hx			-0.092** (-2.05)			-0.062*** (-3.00)			-0.122* (-1.86)
常数项	0.355*** (18.37)	1.234*** (6.42)	1.383*** (7.16)	0.497*** (30.99)	1.230*** (8.86)	1.330*** (9.04)	0.213*** (7.13)	1.238*** (4.31)	1.435*** (5.04)

注:系数下括号内的数字为 z 值,***、**和*分别表示在1%、5%和10%水平上显著。

上述多层面的回归结果均表明,地方政府基于财政收益和官员职务晋升考虑并以招商引资为关键抓手的激烈竞争会阻滞人民币汇率变化中巴—萨效应的正常传导,从而从经验上证明了本书第四章提出的第四个待检验假说。

第五节 人民币汇率变化中巴—萨效应传导受阻成因的综合实证考察及讨论

一、巴—萨效应传导受阻成因的综合实证考察

本章第一至第四节的分析只是从贸易品价格偏离"一价定律"、城乡二元结构、金融抑制和地方政府竞争的某一方面研究人民币汇率变化中巴—萨效应传导受阻成因的经验证据，因而无法观察上述四个因素对人民币汇率变化中巴—萨效应传导的综合影响。本节将把上述影响巴—萨效应传导的四个因素放在统一的分析框架中，对人民币汇率变化中巴—萨效应传导受阻成因进行综合实证考察，以便从整体上理解人民币汇率特殊演变形态形成的内在逻辑。

下面将贸易品价格偏离"一价定律"、城乡二元结构、金融抑制和地方政府竞争以及两个控制变量（政府支出 gov 和名义汇率弹性 ex）同时纳入方程进行回归，在一个覆盖因素更广的模型环境中观察每一因素影响巴—萨效应传导的具体方向和强度，并对人民币汇率变化中巴—萨效应传导受阻成因进行综合的经验考察。表 5-31 报告了综合考察的面板回归结果。

表 5-31　　　　　巴—萨效应传导受阻成因的综合实证考察

（被解释变量：bshi）

变量	全样本 POLS	全样本 FGLS	对发达国家 POLS	对发达国家 FGLS	对发展中国家 POLS	对发展中国家 FGLS
onep	0.199*** (2.95)	0.203*** (13.62)	1.116*** (4.59)	0.116*** (10.01)	0.452*** (7.14)	0.294*** (8.46)
due	0.637** (2.04)	0.072 (0.76)	0.190 (0.84)	0.308*** (2.88)	1.028 (1.56)	-0.237*** (-3.16)
rir	-0.626** (-2.17)	-0.130* (-1.85)	-0.264 (-1.13)	-0.248* (-1.67)	-0.598* (-1.91)	-0.253*** (-3.66)
fdigr	0.025 (1.45)	0.018 (1.43)	0.036*** (5.19)	0.034** (2.09)	0.076*** (2.76)	0.096*** (2.91)

续表

变量	全样本		对发达国家		对发展中国家	
	POLS	FGLS	POLS	FGLS	POLS	FGLS
gov	-3.133*** (-4.18)	-1.609** (-2.42)	-3.477*** (-5.23)	-3.684*** (-5.87)	-3.426*** (-3.31)	-4.196*** (-3.38)
ex	-0.142*** (-4.60)	-0.093*** (-5.18)	-0.169*** (-6.65)	-0.151*** (-7.59)	-0.153** (-2.55)	-0.259*** (-8.57)
常数项	0.415* (1.84)	0.452*** (4.48)	0.813*** (4.56)	0.801*** (7.44)	0.212 (0.56)	0.853*** (4.56)
Adj R^2	0.65	—	0.77	—	0.79	—

注：系数下括号内的数字为 z 值，***、** 和 * 分别表示在 1%、5% 和 10% 水平上显著。

回归结果显示，尽管部分解释变量在某些回归中统计上不显著，但几乎所有的变量在所有回归中均具有与前文一致且符合预期的符号。这些回归结果表明，即便是在一个覆盖因素更广的模型环境中，每一个解释变量仍然相对独立地发挥符合预期的作用，变量之间的干扰相对较小且并不足以从整体上改变各解释变量作用于被解释变量的方向，各解释变量对被解释变量的解释效力具有相当的结构稳定性。具体而言就是，贸易品价格偏离"一价定律"（国内贸易品价格偏低）、城乡二元结构和地方政府竞争均不利于人民币汇率变化中巴—萨效应的传导，而金融深化水平的提高（金融抑制程度降低）、政府支出强度增加和人民币名义汇率弹性的增强均有助于降低巴—萨效应传导受阻的程度。回归拟合优度的数据显示，模型对巴—萨效应传导受阻成因具有较好的解释力。因而，有理由相信，样本期内人民币汇率变化中巴—萨效应传导受阻的加权平均程度由 1990 年的 69% 下降至 2010 年的 17%，模型中各解释变量的变化在其中发挥了主要作用。

二、基于巴—萨效应传导受阻成因综合实证考察结果的讨论

基于上述巴—萨效应传导受阻成因的综合实证考察结果，如果把贸易品价格偏离"一价定律"、城乡二元结构、金融抑制和地方政府竞争等因素对人民币汇率变化中巴—萨效应传导的作用向样本外（即 2010 年以后）延展，可以为预测人民币实际汇率走势、把握人民币汇率政策方向提供基本的科学依据。在本书的

分析框架内,可以推理或观察的视角包括以下几个方面。

(一)中国人均收入的相对提高将降低贸易品价格偏离"一价定律"的程度

根据本章第一节的讨论,贸易品价格与人均收入水平高度相关,即发达国家贸易品价格系统性地高于发展中国家贸易品价格。因而,可以设想的是,随着中国经济的快速发展及人均收入的相对上升(如图5-17所示),中国贸易品的质量和复杂度也会不断提高,贸易品价格将逐渐向中高收入国家的贸易品价格收敛,这样,中外贸易品价格偏离"一价定律"的程度就会逐步降低乃至消除。按照前文的研究结论,这将使人民币实际汇率偏离巴—萨效应决定的人民币实际汇率的程度趋于下降,从而成为人民币实际汇率升值的一股重要推动力量。

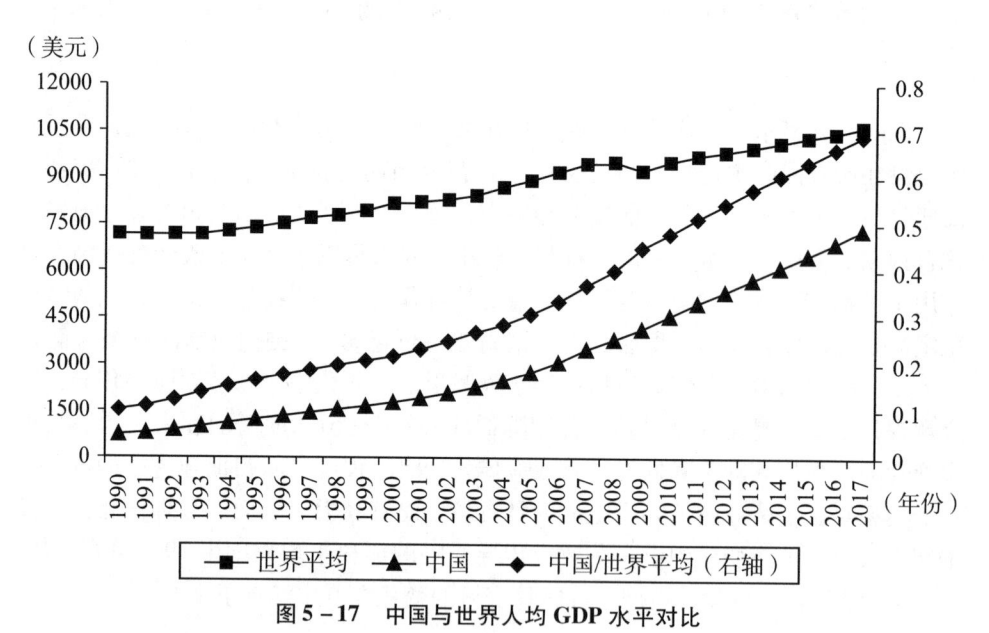

图5-17 中国与世界人均GDP水平对比

资料来源:世界银行世界发展指数(WDI)数据库。

(二)城镇化的快速推进将促进中国城乡二元结构深刻转型

随着中国城镇化的快速推进,中国农村人口将加速向城市迁移,农村人口比例将不断下降(如图5-18所示),农村剩余劳动力将趋于减少。数据显示,中国外出农民工人数的年度平均增长率从2007~2012年的3.6%下降到2012~2017

年的 1.0%（蔡昉，2018b），外出农民工人数的存量将趋于稳定（如图 5-19 所示）。《中国流动人口发展报告 2018》显示，2010~2015 年中国流动人口增长速度明显下降，全国流动人口规模从 2015 年起由此前的持续上升转为缓慢下降。此外，2010 年后，中国 16~59 岁劳动年龄人口数量转变为负增长已成为无可否认的事实（蔡昉，2018b；刘子兰等，2019），之前长期存在的城乡二元结构下的劳动力近乎无限供给的特征正在逐步消失，劳动力短缺现象普遍存在。图 5-19 也显示出 2010 年后农民工实际工资快速上升的事实，表明中国劳动力市场供求关系已经发生显著改变，也说明中国传统的城乡二元结构正在迅速转型。在前文的逻辑框架下，这也意味着长期导致人民币汇率变化中巴—萨效应传导受阻的一个重要因素将不复存在，劳动力供求关系的改变甚至逆转将使劳动力工资越来越趋近其边际产出，这将逐步降低人民币汇率变化中巴—萨效应传导受阻的程度，从而推动人民币实际汇率升值。

此外，近些年来中国电子通信系统的快速发展、即时交流工具的广泛使用以及铁路（尤其是高速铁路）、航空和高速公路等交通设施不断完善大大降低了空间对信息和人员交流的阻碍，正在日益模糊发达省份与欠发达省份、城市与农村之间的边界，劳动力自由流动性进一步得到提高。不仅如此，2018 年中国国家

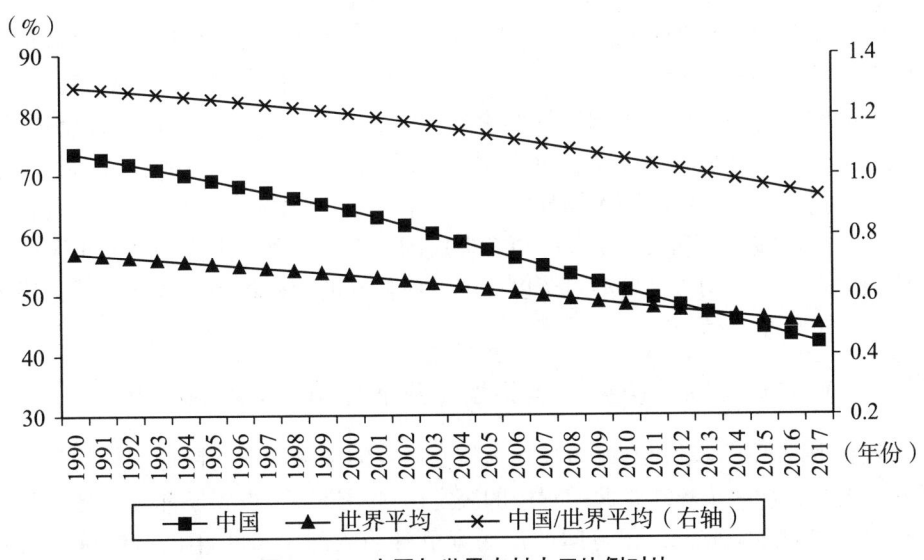

图 5-18 中国与世界农村人口比例对比

资料来源：世界银行世界发展指数（WDI）数据库。

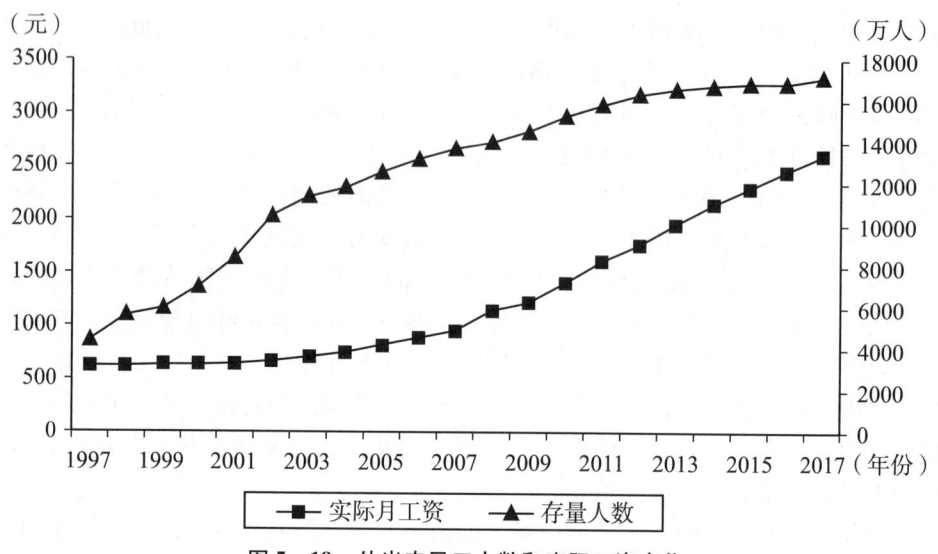

图 5-19 外出农民工人数和实际工资变化

资料来源：蔡昉. 农业劳动力转移潜力耗尽了吗？[J]. 中国农村经济，2018（9）：10，图 4.

统计局公布的数据显示，2017 年，1980 年及以后出生的新生代"农民工"占"农民工"总数的比例首次过半，达到 50.5%，表明新生代"农民工"已经成为"农民工"的主体。而与老一代"农民工"相比，新生代"农民工"对包括造成城乡二元结构的户籍制度等制度性约束的抵触更为强烈，对乡土依恋程度更低，对城市工作内容和城市生活方式更加认可和适应，这无疑也会促进劳动力跨地区、跨部门工资套利活跃度的提高。而根据本章第二节的研究结论，包括现代交通通信基础设施完善和农民工代际更替促成的劳动力流动自由度的提高也可望放大中国城乡二元结构深刻转型对于巴—萨效应传导的积极作用，从而促使人民币实际汇率进一步升值。

（三）市场导向的金融改革将显著降低中国金融抑制程度

随着中国积极推动以利率市场化为核心内容的金融改革，银行存贷款利率已经基本放开，金融市场在资源配置中的决定性作用进一步得到发挥，加之近些年银行业管制的逐步放开，银行间的市场竞争日趋激烈，2011 年以后中国的实际利率水平明显上升，中国与发达国家之间的实际利率差值逐渐突破零值并趋于不断扩大（如图 5-20 所示），表明至少从实际利率的意义上来说，近些年来中国

第五章　人民币汇率变化中巴拉萨—萨缪尔森效应传导受阻成因的经验证据　　·153·

的金融抑制程度显著下降①。对照前文的理论分析和实证研究结论，中国金融抑制程度的减轻将有助于降低包括劳动在内的各种要素价格的扭曲，助推现实中的人民币实际汇率逐步向巴—萨效应决定的人民币实际汇率收敛。而近些年国有资本管理和国有企业改革的深化将使国有企业的激励约束机制和行为方式发生改变，民营经济发展环境的优化及民营经济的崛起也有望适当降低国有企业在国民经济中的比例②，从而与中国金融深化水平的提高一起，共同构成人民币实际汇率升值的又一个重要动力。

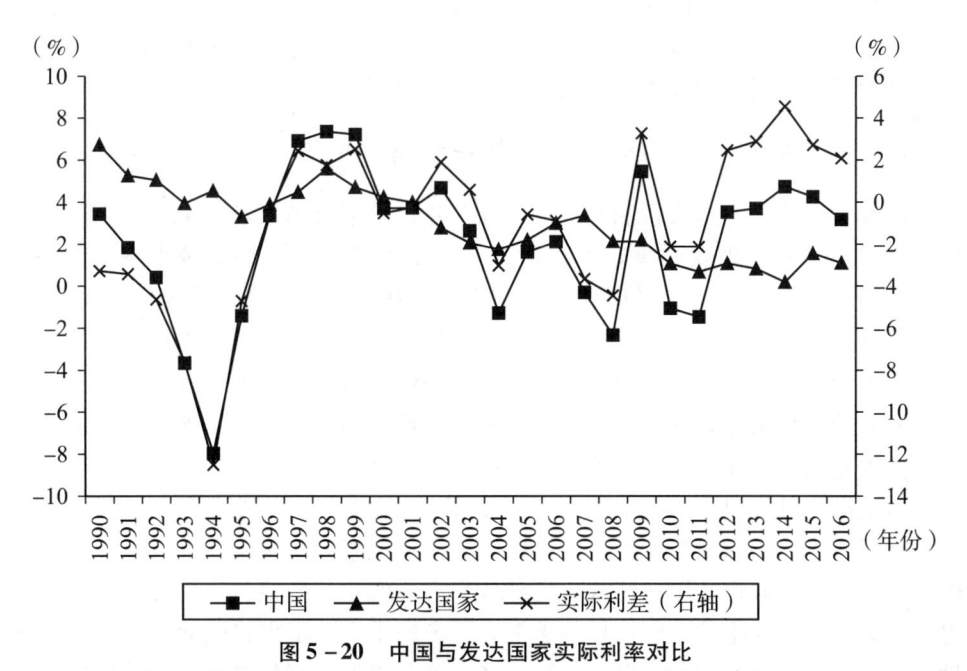

图 5－20　中国与发达国家实际利率对比

注：图中的发达国家指的是美国、英国、日本和加拿大四国，用这四国实际利率的均值表示发达国家实际利率的一般水平。
资料来源：世界银行世界发展指数（WDI）数据库；OECD 数据库。

---

① 由于衡量方法的不同，关于近期中国金融抑制程度的判断也是不一样的。比如北京大学国家发展研究院测算的金融抑制指数显示，2015 年中国的金融抑制指数为 0.6，在全球 130 个国家和经济体中，中国排在第 14 位，表明中国的金融抑制程度仍然较高，这一指标覆盖了政府对利率、汇率、资金配置以及跨境资本流动的管理，甚至包括政府对大型金融机构的控股等。
② 如 2015 年底全社会固定资产投资中国有企业的占比已经下降至 21.2%（数据来自《中国统计年鉴》）。

(四)中央执政理念的革新将缓解地方政府间的"逐底竞争"

随着以"以人为本"为核心的科学发展观的深入实践以及党的十九大报告将"坚持以人民为中心"确立为新时代坚持和发展中国特色社会主义的基本方略之一,中央陆续出台了一系列旨在矫正传统绩效考核制度带来的激励扭曲的新政策[①],地方政府间的互动方式将可望变得更加文明和更加"科学",以往的以"竞次"为基本特征的地方政府间竞争模式将逐渐式微并最终退出[②]。如此,劳动者的权益将得到更好的保障,其他各种资源要素的价格也将逐渐回归正常,而按照前文的相关研究结论,这也将提高人民币汇率变化中巴—萨效应的传导效率,从而成为人民币实际汇率升值的重要推力之一。

(五)人民币汇率形成机制改革将提高名义汇率弹性

随着人民币汇率形成机制改革的不断深化,外汇市场供求越来越成为决定人民币名义汇率的基础性和决定性力量,人民币名义汇率弹性也越来越大。2019年6月国际货币基金组织(IMF)在结束对中国的2019年第四条款磋商访问后举行的新闻发布会上表示,人民币汇率已经更加灵活,定价更多由市场决定。因而,根据前文实证分析得出的人民币名义汇率弹性增强将有助于提高巴—萨效应传导效率的研究结论,人民币汇率形成机制改革推动的名义汇率弹性的提高也有望成为促使人民币实际汇率升值的另一股不可忽视的力量。

从上面的分析可以判断,总体而言,2010年以来,中国经济运行基础和经济体制机制已发生重大结构性改变,影响人民币汇率变化中巴—萨效应传导的各因素均发生了朝向提高巴—萨效应传导效率方向的明显变化,人民币汇率变化中巴—萨效应传导受阻的程度可望显著下降。人民币实际汇率将因此获得一股系统性的升值动力,现实中的人民币实际汇率将不断逼近甚至超过巴—萨效应决定的人民币实际汇率,这一进程将表现为人民币实际汇率的快速升值。事实上,来自

---

① 如2013年党的十八届三中全会《关于全面深化改革若干重大问题的决定》中明确要求:"完善发展成果考核评价体系,纠正单纯以经济增长速度评定政绩的偏向,加大资源消耗、环境损害、生态效益、产能过剩、科技创新、安全生产、新增债务等指标的权重";中组部2013年印发的《关于改进地方党政领导班子和领导干部政绩考核工作的通知》强调完善政绩考核评价指标:"把有质量、有效益、可持续的经济发展和民生改善、社会和谐进步、文化建设、生态文明建设、党的建设等作为考核评价的重要内容";2019年12月中央经济工作会议强调要把贯彻创新、协调、绿色、开放、共享的新发展理念作为检验各级领导干部的一个重要尺度。

② 例如,近些年来,正是中央政府GDP考核指标弱化使得环境保护成为社会的共识,环保考核也改变了地方政府的经济发展理念,降低了其投资冲动,促使中国地方政府间的攀比竞争相对弱化。

第五章 人民币汇率变化中巴拉萨—萨缪尔森效应传导受阻成因的经验证据

国际清算银行（BIS）的汇率数据（如图5-21）显示[①]，人民币实际有效汇率指数（rer_bis）从2010年的100快速上升至2015年的130，5年内升值了30%，这种近乎爆发式的升值在1997年亚洲金融危机以后是没有出现过的。根据上文的研究结论，这一现象的出现不是偶然的，由于中国经济基本面在2010年以后发生了诸多有利于巴—萨效应传导的积极改变，人民币实际汇率升值因而获得了系统性支撑力量[②]。尽管人民币实际汇率在2016年以后有短期小幅回调迹象，但无法改变这一轮始自2010年近乎爆发式的升值进程和升值惯性。尤其值得指出的是，这一轮人民币实际汇率快速升值是在2005~2010年显著升值（5年升值了18%）后紧接着发生的，人民币实际汇率在不是很长的时期内连续发生大幅度的升值（10年内连续升值约53%），人民币因此成为全球升值幅度较高的货币之一，这应该引起学界和货币当局的重视甚至警惕。

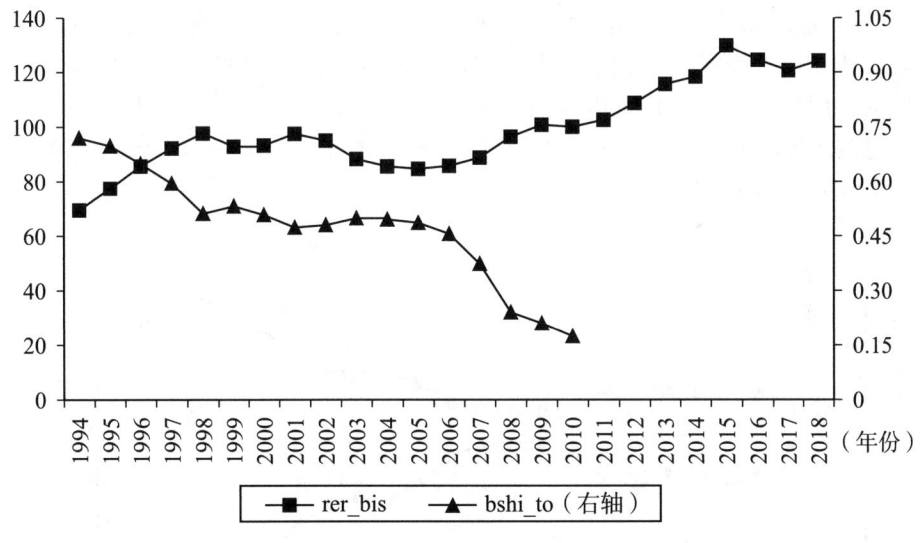

图5-21 人民币实际汇率与巴—萨效应传导受阻程度

此外，从图5-21也可以看出，人民币实际汇率与巴—萨效应传导受阻程度的走势基本上是反向而行，即随着人民币实际汇率走高，巴—萨效应传导受阻程

[①] 国际清算银行发布的各国实际有效汇率指数为月度数据，此处通过计算每一年内12个月的月度平均值将有关国家的月度实际有效汇率指数转化为年度指数（2010年=100）。

[②] 在这个意义上，孙国峰（2011）认为"刘易斯拐点"的临近使巴—萨效应开始发挥作用导致了2010年以来人民币实际汇率开始升值的判断是颇有预见性的。

度将对称性地走低，这主要与巴—萨效应决定的人民币实际汇率较为平稳有关（参见本书第三章图 3 - 25）。受此规律启发，可以基于 1994～2010 年人民币实际汇率与巴—萨效应传导受阻程度的数据大体得到两者之间的统计关系，然后利用 2010 年以后的人民币实际汇率数据间接得到 2010 年以后的巴—萨效应传导受阻程度的估计值。

经简单 OLS 回归发现，1994～2010 年，人民币汇率变化中巴—萨效应传导受阻程度（bshi_to）与人民币实际有效汇率（rer_bis）之间的统计数量关系为：

$$bshi\_to = 1.724 - 0.014 rer\_bis \qquad (5-1)$$
$$(5.77^{***}) \quad (-4.20^{***})$$

公式（5 - 1）中括号内的数字为 OLS 回归系数的 t 值，*** 表示在 1% 的统计水平上显著，该回归方程的拟合优度为 0.54，说明从数量上用 rer_bis 来拟合 bshi_to 具有一定的合理性和可靠性。该回归方程提供的关键信息是，巴—萨效应传导受阻程度与人民币实际汇率反向相关，即随着人民币实际汇率的升值，巴—萨效应传导受阻程度趋于下降。基于 1994～2018 年人民币实际有效汇率 rer_bis 的数据，用公式（5 - 1）可以得到 1994～2018 年人民币汇率变化中巴—萨效应传导受阻程度变量 bshi_to 的近似值（bshif）。图 5 - 22 展示了 1994～2018 年 bshif 与 rer_bis 的走势。

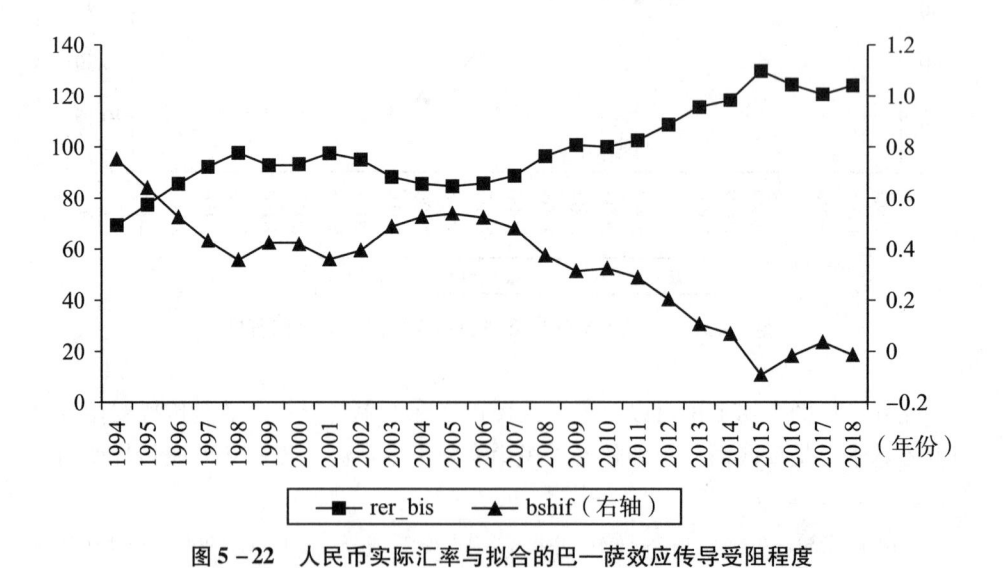

图 5 - 22　人民币实际汇率与拟合的巴—萨效应传导受阻程度

如图 5 - 22 所示，2010 年以后人民币汇率变化中巴—萨效应传导受阻程度拟合值明显下降，到 2015 年甚至出现了 bshif < 0 的情形，即出现了巴—萨效应过度传导或者说人民币实际汇率高估，此后 bshif 值围绕零值上下小幅变动，表明 2016 年后人民币实际汇率大体上已基本实现均衡。因此，结合上文关于巴—萨效应传导受阻成因综合实证考察的结果和近期人民币实际汇率的演进表现，有理由相信，正是中国人均收入提高引起的中外贸易品价格偏离"一价定律"程度降低、城乡二元结构快速转型、金融深化不断推进、地方政府竞争强度下降以及人民币汇率形成机制改革等有利于巴—萨效应传导诸因素的深刻变化使人民币实际汇率在近些年获得了系统性的升值动力，促使现实中的人民币实际汇率逐渐逼近甚至超越由巴—萨效应决定的人民币实际汇率均衡值，当前人民币实际汇率估值大体上已处于均衡水平甚至有小幅高估的可能。这一判断与 2019 年国际货币基金组织（IMF）发布的中国年度第四条款磋商报告的结论相符，该报告指出，2018 年人民币汇率的表现大体上符合经济基本面（本章模拟的 2018 年人民币汇率变化中巴—萨效应传导受阻程度为 - 0.014，即 - 1.4%）。这一判断对于中国"将继续坚持以市场供求为基础、参考一篮子货币进行调节、有管理的浮动汇率制度，保持人民币汇率在合理均衡水平上的基本稳定"的政策目标的实现具有重要参考价值。

此外，从国际横向比较意义上来观察当前人民币实际汇率的表现是一个很有价值的思考方向，这有助于从另一个侧面评价近些年人民币实际汇率的估值水平。考虑到可比性问题，此处选取若干具有代表性的发展中国家的实际汇率与人民币实际汇率进行比较。发展中国家主要选取"金砖"国家，包括巴西、印度、俄罗斯和南非，考虑到印度尼西亚也是具有重要影响的发展中人口大国，在此也一并纳入进来。根据国际清算银行发布的各国实际有效汇率指数（2010 = 100），此处绘制了中国与这些具有世界影响力的发展中国家的实际汇率走势对比图（见图 5 - 23）。

如图 5 - 23 所示，2010 年以后中国与这些重要发展中国家的实际汇率相比呈现出一个非常明显的"剪刀差"格局。具体表现为 2010 年以后人民币实际有效汇率明显上升（升值），而其他发展中国家的实际有效汇率则有显著下降（贬值），人民币实际汇率走出了一条与其他发展中国家的实际汇率完全不同的路线。其中，2018 年在其他绝大多数发展中国家实际汇率下降的情况下，人民币实际有效汇率则呈现高位继续升值的态势。这些信息具有两个层面的含义：一方面，2010 年以后人民币实际汇率与主要发展中国家实际汇率之间的"剪刀差"走势充分表明中国是一个负责任的大国，没有参与竞争性汇率贬值，没有将汇率作为工具来应对贸易争端，自然也不存在所谓的"汇率操纵"问题。另一方面，考虑到合适的实际汇率水平在维持一国国际竞争力方面具有重要作用,那么,站在发展中国家之间商品竞争力比较的角度,近些年高企乃至高估的人民币实际汇率对于中国长期倚重的外向型贸易格局和出口导向的产业布局或将构成严峻挑战。这一挑战将随着全球经济格局的深刻变化和近些年来国际贸易摩擦和争端的不断加剧而变得更为突出和紧迫。在这个意义上,2010 年以后人民币实际汇率与其他发展中国家实际汇率相比呈现出的特殊走势应该引起社会各界尤其是中国货币当局的足够重视和审慎对待。

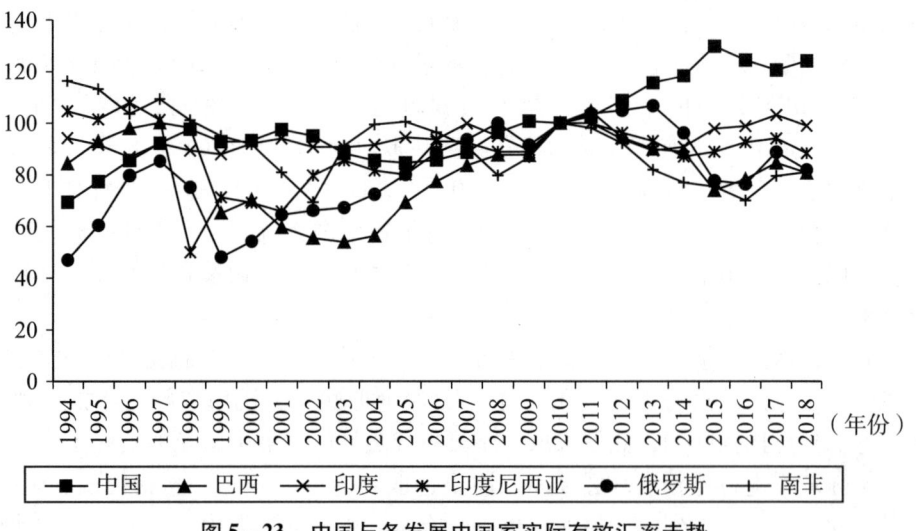

图 5-23 中国与各发展中国家实际有效汇率走势

第六章 人民币汇率变化中巴拉萨—萨缪尔森效应传导受阻的经济效应

作为开放经济条件下连接国内外的枢纽性价格变量，汇率的变动对一国经济内外均衡都具有重要影响。对于经济开放程度日渐提高的中国来说，人民币汇率变化对中国经济格局的塑造具有广泛和深远的影响，鉴于人民币汇率变化中巴—萨效应传导受到阻碍的客观事实，思考巴—萨效应传导受阻条件下的人民币汇率行为对中国经济的影响方式是一个重要和崭新的研究方向。

实际上，吸引众多研究者检验巴—萨假说的原因之一是学者们认为由巴—萨效应推动的实际汇率升值不会造成宏观经济问题（García - Solanes et al.，2008），这一说法的引申义是巴—萨效应不能顺利传导将造成宏观经济后果。此外，尽管总体上来说用模型解释汇率行为是极其困难的（Cheung et al.，2007），而且关于均衡汇率的定义以及如何测算均衡汇率等问题在理论和实践上均面临不少挑战也因而充满争议，但经典巴—萨假说决定的无摩擦状况下的实际汇率往往被视为均衡实际汇率水平（Cline & Williamson，2008；Cheung et al.，2009）。以巴—萨假说为代表的从更长期和发展的视角来估计货币价值失衡的汇率模型得到了较为广泛的认同（Subramanian，2010），事实上，巴—萨假说也成为实际均衡汇率估计的重要理论基础（IMF，2006）。据此，可将"均衡汇率"的定义收敛为由巴—萨效应决定的实际汇率。因而，本章讨论的人民币汇率变化中巴—萨效应传导受阻的经济效应也可以理解成巴—萨效应意义上的人民币实际汇率失衡对中国经济产生的影响。

可以想见，在成熟的市场经济体制下，包括部门生产率结构性变动在内的经济基本面变化会带来实际汇率的相应调整，指引资本和劳动力等生产要素在不同经济部门之间展开更加合理的配置，进而在维护宏观经济内外均衡、保障经济体增长潜力等方面发挥重要作用（张斌和何帆，2006）。然而，正如本书前面章节论证过的那样，从20世纪90年代开始的相当长时期内，由于制度摩擦和机制扭曲等方面的原因，人民币实际汇率无法充分体现中国部门生产率结构性变动这一重要经济基本面变化的要求，造成人民币汇率变化中巴—萨效应传导受到阻碍。因而，巴—萨效应传导受阻导致的人民币汇率失衡势必造成中国资源误置和效率损失，阻碍中国经济发展与结构调整的步伐，最终导致中国经济的多维失衡。

目前，中国经济已由高速增长阶段转向高质量发展阶段，正处于转变发展方式、优化经济结构、转换增长动力的攻关期（张建华和程文，2019）。党的十八大报告指出，要适应国内外经济形势新变化，加快形成新的经济发展方式，使经济发展更多依靠内需特别是消费需求拉动，更多依靠现代服务业和战略性新兴产业带动，更多依靠城乡区域发展协调互动，不断增强长期发展后劲，推进经济结构战略性调整，这是加快转变经济增长方式的主攻方向。党的十八大报告还强调，必须以改善需求结构、优化产业结构、促进区域协调发展、推进城镇化为重点，着力解决制约经济持续健康发展的重大结构性问题。党的十九大报告提出，我国社会主要矛盾已经转化为"人民日益增长的美好生活需要和不平衡不充分的发展之间的矛盾"，因而，如何实现经济社会平衡协调发展成为下一步工作的主要方向。基于这样的经济背景，本章将从经济增长方式扭曲、产业结构失衡、区域经济失衡和经常账户失衡四个内外经济失衡的层面考察人民币汇率变化中巴—萨效应传导受阻的经济效应。基于巴—萨效应传导受阻这一独特视角研究汇率失衡的经济效应可以为解决新时期人民日益增长的美好生活需要和不平衡不充分的发展之间的矛盾提供借鉴和参考。

第一节　巴—萨效应传导受阻与中国经济增长方式扭曲

一、引言与文献回顾

改革开放以来，随着经济持续高速增长，中国经济总量已经跃居世界第二位，经济增长成就令人瞩目。但长期以来，中国经济增长主要靠大量资本、能源、原材料以及劳动力投入推动，而技术进步或全要素生产率（TFP）增长对经济增长的贡献不足，资源配置效率以及经济运行质量低下（刘国光和李京文，2001；吴敬琏，2005）。尽管这种增长方式在经济发展的早期有其合理性和必然性，但粗放型增长的长期延续和固化也造成了部分产业产能过剩、资源短缺和环境压力加大，严重威胁着中国经济健康、协调发展，因此被某些外国学者描述为"不可持续的增长"（Krugman，1994；Young，2000）。

实际上，早在1987年党的十三大报告就提出了"注重效益、提高质量、协调发展、稳定增长的战略"，要求从"粗放经营"为主逐步转向以"集约经营"为主的轨道。其后中国的发展规划中也不断强调要促进经济增长方式从粗放型向集约型转变，但几十年过后，依靠科技进步、劳动者素质提高和管理创新的增长格局尚未形成（蔡昉，2013；彭宜钟等，2014），经济增长方式的转换依然是我国学术界和政策界关注的焦点问题之一。特别是在"人口红利"式微、资本报酬递减现象显现的由高速增长阶段转向高质量发展的历史新阶段，转变发展方式、优化经济结构和转换增长动力成为时代新主题（汪晓文和杜欣，2018）。因而，如何推动经济增长方式转变，实现更高质量、更高效益、更可持续的发展，依然是未来一个时期我国面临的重大问题，也是制约第二个百年目标实现的一大难题。党的十九大报告强调，"必须坚持质量第一、效益优先，以供给侧结构性改革为主线，推动经济发展质量变革、效率变革、动力变革，提高全要素生产率"。"十三五"规划及中央经济工作会议均强调坚持创新发展、着力提高发展质量和效益，深入实施创新驱动发展战略。鉴于此，重新反思中国经济发展模式、深入研究经济增长方式转变过程中的作用机制和动力源泉就显得尤为重要和迫切（汪晓文和杜欣，2018）。

经济增长方式，是指推动经济增长的各种生产要素投入及其组合的方式，其实质是依赖什么要素，借助什么手段，通过什么途径，怎样实现经济增长（吴敬琏，2005；林毅夫和苏剑，2007）。粗放型（外延式）增长是指主要依靠投入资金、使用劳动力、消耗原材料和能源来维持经济增长，而集约型（内涵式）增长是指主要依靠提高活劳动和物化劳动利用率达到要素效率和要素效率对经济增长贡献的双重提升，实现社会效益增加和生产质量提高的目标。因而，经济增长方式转变意味着从粗放型（外延式）增长转换为集约型（内涵式）增长，经济增长动力由主要依靠要素资源投入转向主要依靠技术进步和制度优化的全要素生产率增长。

关于中国粗放型经济增长方式转型困难的原因以及如何向集约型增长方式转变，学者们从不同角度展开了大量研究。

部分学者认为经济改革滞后和制度建设不完善造成中国经济增长方式转型困难（王小鲁，2000；刘国光和李京文，2001）。部分学者则更具体地指出资源、土地、金融和环境等要素市场扭曲导致低能源价格、低土地价格、低利率以及低环境污染成本，扭曲了资源配置方式，从而阻碍了全要素生产率的提高，抑制了经济增长方式由粗放型向集约型转变（林毅夫和苏剑，2007；伍开群和洪功翔，2015；张微微，2017；豆建民和季永宝，2018）。此外，曾国安和雷泽珩（2015）

认为延续至今的经济政策是产生和强化粗放型经济增长方式的主要原因。邓忠奇和陈甬军（2016）则认为中国粗放式的城镇化对中国经济增长方式转变产生阻滞。

与此同时，诸多学者致力于探寻经济增长方式转变的动力。部分学者认为市场取向的经济体制改革、对外开放、制度建设和管理创新可以通过营造公平的市场环境、提升资源配置效率，对于经济增长方式转变具有重要意义（王小鲁，2000；刘国光和李京文，2001；金碚，2006；陈彦斌和刘哲希，2016；汪晓文和杜欣，2018）。还有学者明确指出，要实现我国经济增长方式的转变，应当进行要素价格体系改革（林毅夫和苏剑，2007；伍开群和洪功翔，2015；张微微，2017；豆建民和季永宝，2018）。部分学者认为技术创新、技术引进、提高科技资本存量是推动经济增长方式转变的关键因素（金碚，2006；刘伟，2006；彭宜钟等，2014；陈明和魏作磊，2017；汪晓文和杜欣，2018）。而同样是基于技术进步的方向，唐未兵等（2014）的实证研究则发现，技术创新与经济增长集约化水平负相关，但外资技术溢出和模仿效应有利于经济增长集约化水平的提升。另外，部分学者认为提高城镇化率、促进城市化集约式发展可以通过基础设施条件的改善和效率的提高推动中国经济增长方式转变（王小鲁等，2009；彭宜钟等，2014；邓忠奇和陈甬军，2016）。此外，曾国安和雷泽珩（2015）认为对经济政策进行根本性和系统性的调整是实现经济增长方式转变的必要前提条件。

此外，诸多学者研究了人民币汇率变动对中国经济增长方式转型的影响。索玛琳等（2005）基于我国29个省份1993~2001年面板数据进行实证研究，指出人民币实际汇率升值不利于我国技术进步，但有利于效率提高，综合表现为对全要素生产率产生较弱的负面影响。姜波克（2007）和莫涛（2007）认为人民币汇率升值通过改变相对价格和企业的微观行为，可以调整我国宏观经济增长中内涵增长和外延增长之间的比例，在总体上有利于提高我国出口产品的附加值，促进我国内涵经济的增长。刘宇和姜波克（2008）则指出人民币汇率升值有助于提高国内居民实际收入水平，对产业结构的优化和经济增长方式的转变具有积极作用。曹垂龙（2009）发现，理论上人民币升值可以优化中国经济增长方式，但人民币升值成本以及产业结构和增长方式刚性使得现实绩效远小于理论效应。类似的，赵文军（2014）研究发现，人民币实际汇率升值对中国经济增长方式转变有负的直接效应和正的间接效应，但总体效应为正。尼古拉斯·拉迪和尼古拉斯·博斯特（2013）认为中国经济再平衡和经济增长方式转变的关键是让市场来决定利率、汇率和能源价格。此外，外国学者的相关研究也可为考察人民币汇率对中国经济增长方式转变的影响提供参考。其中有学者认为实际汇率贬值会通过制造业出口扩张渠道促进全要素生产率提升和经济增长（Mcloed & Mileva，2011）。另有学者的研究则表明货币低估会促进经济增长，而全要素生产率增长是其中最重要的渠道，汇率低估10%将促进经济增长0.14%（Mbaye，2012）。此外，也有学者认为实际汇率升值会对全要素生产率产生积极作用，进而带动经济增长（Onjala，2002；Fung，2008）。

从文献回顾可以看出，众多学者从多维角度研究了中国经济增长方式转变困难的原因和出路，其中基于人民币汇率的考察是一个重要方向，但在这一方向上，讨论汇率变动对经济增长方式影响的文献较多，而研究汇率失衡对经济增长方式影响的文献则较为少见。本节从巴—萨效应传导受阻的独特视角考察人民币实际汇率失衡对中国经济增长方式的影响，为思考中国经济增长方式转变问题提供新的证据。

二、巴—萨效应传导受阻影响中国经济增长方式的机理

如上文所述，人民币汇率变化中巴—萨效应传导受阻的另一种表达就是，在巴—萨效应意义上人民币实际汇率存在低估。因而，人民币汇率变化中巴—萨效应传导受阻对经济增长方式的影响就可以转化成巴—萨效应意义上的人民币实际汇率低估对中国经济增长方式的影响。

一方面，人民币实际汇率低估会使中国产品的国外价格变得更低廉，出口企业不需要或者更少需要通过艰苦的技术进步努力就可以在国际市场竞争中获得更有利的市场地位，导致企业缺乏技术升级的动力。这在客观上激励了厂商采用以劳动和资源密集使用为特征的传统低效生产与经营模式，保护了中国那些高成本低效益的生产出口品和进口替代品的落后企业，甚至使落后企业有能力扩大生产规模，从而固化中国粗放型经济增长方式，延缓中国技术升级进程，阻碍经济增长方式向集约型转变。特别地，由于中国传统劳动密集型行业资本劳动比率较低，投资调整的成本较低，当人民币汇率低估带来"低估红利"时，企业更有动力扩大劳动和资源密集型产品的投资和生产，更少动力通过升级技术来实现生产方式的转变。不仅如此，如果人民币汇率低估长期存在，势必增加中国企业对汇率低估环境下生存甚至扩张的路径依赖，加之技术创新的高度不确定性，企业往往有维持甚至扩张现有落后生产方式的综合激励，这无疑会延续甚或强化传统的低效率资源配置方式，不利于以技术进步和高技术产品比例上升为内涵的经济集约式增长。

另一方面，人民币汇率低估可以让国内厂家获得更多的利润，如果这些企业

充分利用改善的财务条件积极升级生产技术,更新生产装备,研发新型产品,那么,人民币汇率低估将有助于提高技术进步对经济增长的贡献,从而助推中国经济增长方式向高阶形式转型。此外,人民币汇率低估还可以吸引外商直接投资(FDI)的流入(杨长江和周静东,2014),而通常附带较为先进技术的外商直接投资的进入和投产可以直接表现为中国生产方式的优化。不仅如此,外商直接投资大量涌入所产生的竞争效应(杨长江和杨海燕,2003)及其技术外溢和管理外溢将有助于中国本地厂商加快技术进步和管理创新,走集约经营之路,从而有利于推动中国经济增长方式的转变。

因此,从理论上来说,巴—萨效应传导受阻导致的人民币汇率低估对中国经济增长方式转变具有两种方向完全相反的影响机制,人民币汇率低估究竟是有利于还是不利于中国经济增长方式转型取决于这两种影响机制的相对强度及其实现条件的差异。

三、巴—萨效应传导受阻与中国经济增长方式关系的初步观察

文献上通常采用全要素生产率高低表示经济增长方式的优劣,但这种方法的缺陷也较明显,比如在测算全要素生产率时生产函数形式、规模报酬和技术进步形态等设置的主观性会带来诸多偏差。此处采用一种简洁又能体现经济增长方式本质的表达法,即用制造业出口的要素密集度结构表示中国经济增长方式。由于制造业出口结构脱胎于中国制造业生产结构,而生产结构往往与要素使用结构及要素配置效率相对应,从而决定着经济增长方式。因而,采用制造业出口的要素密集度结构来表达中国经济增长方式不仅可以体现中国生产方式自身的优劣,还可以体现中国生产方式即经济增长方式的国际竞争力。

具体而言,本节采用中国高技术密集型制造业出口额与劳动和资源密集型制造业出口额之比(htlr)表示中国出口的要素密集度结构即中国经济增长方式,如果这一比例升高,表明中国出口结构趋于优化,可以近似地认为中国经济增长主要是由科学技术而非劳动与资源推动,如果这一比例较低,表明中国经济增长的动力主要是靠劳动和资源的密集使用。中国制造业出口密集度数据来源于联合国贸发会议数据库(UNCATDstat),其中高技术密集型制造业出口对应着该数据库中的"high-skill and technology-intensive manufactures"项目,劳动与资源密集型制造业出口对应着该数据库中的"labour-intensive and resource-intensive manufactures"项目。由于联合国贸发会议数据库只提供了从1995年开始的相关数据,因此,此处考察的样本期间为1995~2010年。图6-1展示了人民币汇率变化中

第六章 人民币汇率变化中巴拉萨—萨缪尔森效应传导受阻的经济效应

巴—萨效应传导受阻的总体程度（bshi_to）与中国制造业出口的要素密集度结构（htlr）的变化趋势。

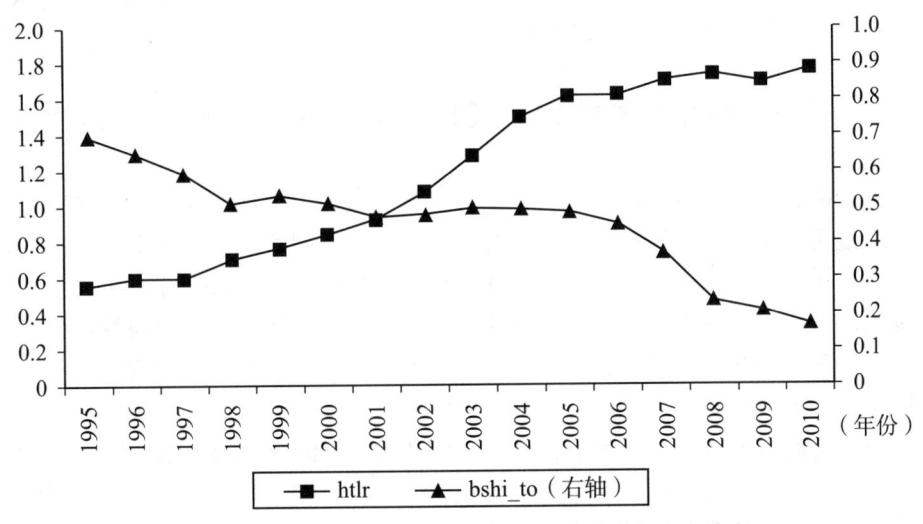

图 6-1 巴—萨效应传导受阻与中国经济增长方式转变

图 6-1 显示，伴随着人民币汇率变化中巴—萨效应传导受阻程度下降，中国出口结构趋于不断优化，换句话说，巴—萨效应意义上人民币实际汇率低估程度的下降往往与中国经济增长不断由技术驱动相关。进一步地，接下来采用人民币汇率变化中巴—萨效应传导受阻程度（bshi）与中国制造业出口的要素密集度结构（htlr）之间的散点图来直观考察两者之间的关系。图 6-2 报告了人民币汇

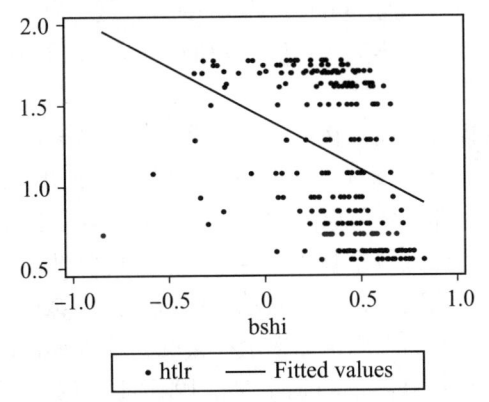

图 6-2 巴—萨效应传导受阻与中国经济增长方式散点图

率变化中巴—萨效应传导受阻变量与中国经济增长方式变量间的散点图。图中负斜率的线性拟合趋势线再次证明了人民币汇率变化中巴—萨效应传导受阻与中国经济增长方式之间存在着明确的负向关联，即人民币实际汇率由低估转向均衡的过程往往伴随着中国经济增长方式的优化。

四、巴—萨效应传导受阻对中国经济增长方式影响的回归分析

接下来将在面板数据环境中用回归的方法对人民币汇率变化中巴—萨效应传导受阻是否影响中国经济增长方式作实证分析。在控制变量的选择上，研究经济增长方式转变的文献往往会在回归方程中加入研发与教育投入强度变量，但在研究人民币汇率失衡对中国经济增长方式影响的回归中直接引入研发与教育强度可能会带来严重的解释变量多重共线性问题。因为按照上述关于巴—萨效应传导受阻影响经济增长方式转变的机理，人民币汇率低估程度的收敛将降低中国厂商传统上所享有的对外竞争价格优势，压缩厂商的盈利空间，威胁到众多企业特别是低效率生产企业的生存。因而在强大的生存压力下，企业将努力寻求突围的方式，而加大研发投入、塑造和提升技术竞争优势是企业突围的不二选择。此外，在宏观层面上，国家面对人民币汇率由低估走向均衡所形成的外部竞争形势的改变，势必强调加大研发和教育投入以提升国家基础性竞争能力。在这个意义上，人民币汇率变化中巴—萨效应传导受阻程度可能与中国的研发与教育投入水平高度相关，如果直接在用人民币汇率失衡解释中国经济增长方式转变的回归方程中加入研发与教育投入强度变量将不可避免地引起多重共线性问题。此处考虑一种变通的办法，即在回归方程中加入体现国家推动技术进步与教育现代化宏观努力的"科教兴国"战略的哑变量（dummy variable），这种方式可间接体现科技教育投入对中国经济增长方式的影响。用哑变量的方式可以适当缓解解释变量之间多重共线性带来的回归偏差。

我国一直以来重视科学技术在推动经济社会发展和经济增长方式转变中的重要作用。早在1978年，邓小平同志在全国科学大会上提出了科学技术是生产力、知识分子是工人阶级一部分、"四个现代化"关键是科学技术的现代化等著名论断，后来他又进一步指出，科学技术是第一生产力。此后，在1995年全国科技大会上，党中央、国务院决定在全国实施"科教兴国"战略，全面落实邓小平同志科学技术是第一生产力的思想，加速全社会的科技进步，把经济建设转移到依靠科技进步和提高劳动者素质的轨道上来。1997年党的十五大进一步提出，科技进步是经济发展的决定性因素，要把加速科技进步放在经济和社会发展的关键

地位，实现我国技术发展的跨越。1998 年，经中央批准，国家科技教育领导小组成立并举行第一次会议，指出要深入贯彻江泽民同志关于知识经济和建立创新体系的重要批示精神，国家要在财力上支持知识创新工程的试点，要加大对科技和教育的投入。1999 年全国技术创新大会强调进一步实施"科教兴国"战略，建设国家知识创新体系，加速科技成果向现实生产力转化，提高我国经济的整体素质和综合国力。2006 年胡锦涛在全国科学技术大会上部署实施《国家中长期科学和技术发展规划纲要（2006-2020 年）》，强调要坚持走中国特色自主创新道路，努力建设创新型国家。2012 年以后，习近平一直高度重视"科技创新"，在围绕科技与创新发表的一系列令人振奋的讲话中指出，科学技术越来越成为推动经济社会发展的主要力量，创新驱动是大势所趋；突破自身发展瓶颈、解决深层次矛盾和问题，关键要靠科技力量，根本出路就在于创新，科技创新是牵动我国发展全局的"牛鼻子"；在新的发展历史起点上，要把科技创新摆在更加重要的位置；重大科技创新成果是国之重器、国之利器，必须牢牢掌握在自己手上，必须依靠自力更生、自主创新，大力实施创新驱动发展战略，建设创新型国家。

考虑到"科教兴国"战略实施的持续性，此处参考标志性的 1998 年国家科技教育领导小组成立的时间点设置"科教兴国"战略哑变量的赋值方法。具体而言，将反映"科教兴国"战略的哑变量（kjxg）在 1999 年以前赋值为"0"，1999 年（含）以后赋值为"1"。

在面板回归策略上，此处继续采用前文的方法，即首先采用面板混合 OLS 回归（POLS）方法作基准回归，然后采用能考虑组内自相关、组间异方差和组间同期相关因素的全面 GLS（FGLS）方法作对比回归。表 6-1、表 6-2 和表 6-3 分别报告了基于全样本、对发达国家样本和对发展中国家样本的 POLS 回归和 FGLS 回归结果。

表 6-1　　全样本下巴—萨效应传导受阻对中国经济增长方式的影响
（被解释变量：htlr）

变量	POLS (1)	POLS (2)	FGLS (1)	FGLS (2)
bshi	-0.635*** (-3.10)	-0.203** (-2.21)	-0.114* (-1.83)	-0.276*** (-3.83)
kjxg		0.726*** (33.85)		0.194*** (5.80)

续表

变量	POLS (1)	POLS (2)	FGLS (1)	FGLS (2)
常数项	1.422*** (14.38)	0.719*** (13.07)	1.212*** (14.45)	1.155 (21.72)
Adj R^2	0.12	0.54	—	—

注：系数下括号内的数字为 z 值，***、** 和 * 分别表示在1%、5%和10%水平上显著。

表6-2　对发达国家样本下巴—萨效应传导受阻对中国经济增长方式的影响
（被解释变量：htlr）

变量	POLS (1)	POLS (2)	FGLS (1)	FGLS (2)
bshi	-1.966*** (-10.68)	-0.838*** (-3.91)	-0.559*** (-3.15)	-0.792*** (-4.28)
kjxg		0.625*** (16.98)		0.161*** (3.45)
常数项	2.183*** (18.96)	1.144*** (7.87)	1.451*** (12.20)	1.471*** (12.57)
Adj R^2	0.33	0.57	—	—

注：系数下括号内的数字为 z 值，*** 表示在1%水平上显著。

表6-3　对发展中国家样本下巴—萨效应传导受阻对中国经济增长方式的影响
（被解释变量：htlr）

变量	POLS (1)	POLS (2)	FGLS (1)	FGLS (2)
bshi	-0.649*** (-2.65)	-0.206 (-1.56)	-0.087 (-1.28)	-0.202*** (-2.58)
kjxg		0.719*** (17.88)		0.197*** (4.20)
常数项	1.337*** (14.98)	0.697*** (10.68)	1.193*** (11.10)	1.099*** (16.45)
Adj R^2	0.15	0.54	—	—

注：系数下括号内的数字为 z 值，*** 表示在1%水平上显著。

从基于 POLS 和 FGLS 方法的回归结果来看，巴—萨效应传导受阻变量 bshi 在所有的回归方程中均具有统计显著的负系数，表明人民币汇率变化中巴—萨效应传导受阻会造成中国经济增长方式的扭曲，即强化依靠劳动和资源投入的经济增长方式，而不利于靠技术进步推动经济增长方式转变。平均而言，在其他因素不变的条件下，人民币汇率变化中巴—萨效应传导受阻程度每提高 10%，中国制造业出口商品要素密集度优化程度将降低 1%~6%。此外分样本的回归结果还表明，相对于发展中国家样本而言，对发达国家样本中变量 bshi 的回归系数绝对值普遍较高，表明在互补型的对外经贸环境中，人民币汇率失衡会导致更严重的经济增长方式扭曲。

此外，体现国家"科教兴国"战略影响的哑变量 kjxg 在各个方程中均具有显著为正的回归系数，表明国家"科教兴国"战略的实施通过加大研发投入和教育支出对中国经济增长方式转型具有重要作用，且这种作用不会因为对外经济环境是互补型还是竞争型而有明显差别。

由于中国经济增长方式转变会重塑中国部门间结构性生产率格局，而按照巴—萨假说原理，部门间结构性生产率格局变动会影响巴—萨效应决定的人民币实际汇率水平，从而影响人民币汇率变化中巴—萨效应传导受阻程度。为控制中国经济增长方式转变对巴—萨效应传导受阻可能的影响，缓解解释变量 bshi 的可能内生性问题，接下来采用两阶段最小二乘法（2SLS）进一步实证考察巴—萨效应传导受阻对中国经济增长方式转变的影响，采用变量 bshi 的滞后一阶作为 bshi 的工具变量。表 6-4 报告了基于两阶段最小二乘法（2SLS）的回归结果。

表 6-4　　巴—萨效应传导受阻对中国经济增长方式的影响（2SLS）
（被解释变量：htlr）

变量	全样本		对发达国家		对发展中国家	
bshi	-0.757 *** (-6.05)	-0.169 (-1.55)	-2.132 *** (-10.75)	-0.721 *** (-2.85)	-0.864 *** (-4.95)	-0.190 (-1.13)
kjxg		0.733 *** (20.62)		0.645 *** (10.75)		0.722 *** (12.73)
常数项	1.467 *** (27.28)	0.701 *** (12.26)	2.267 *** (21.42)	1.070 *** (6.66)	1.386 *** (24.44)	0.691 *** (9.89)
R^2	0.12	0.54	0.32	0.57	0.13	0.54

注：系数下括号内的数字为 z 值，*** 表示在 1% 水平上显著。

表 6-4 的回归结果显示，变量 bshi 的系数在所有回归方程中均为负值，这与上文一致，尽管控制"科教兴国"战略哑变量后，在全样本和对发展中国家样本中变量 bshi 的系数不显著（其中全样本回归中变量 bshi 的系数 -0.169 在 12% 的统计水平上显著）。因而总体而言，在控制可能的内生性问题以后，人民币汇率变化中巴—萨效应传导受阻会造成中国经济增长方式向下扭曲的实证结论依然稳健。

从经验证据来看，人民币汇率低估尽管可以改善中国出口企业的财务状况从而为技术进步提供条件，但中国出口企业整体上似乎更愿意享受"汇率低估"红利，缺乏足够激励追求技术进步和产品更新升级，导致密集使用劳动和资源的生产方式得以延续甚至不断强化，从而阻碍了中国经济增长方式由粗放型向集约型转变。此处的实证结果也并没有为人民币汇率低估通过吸引外商投资直接促进生产方式转变以及通过竞争效应和外溢效应增强技术革新激励的渠道提供充分的证据。

实际上，上述实证结论可以与日元升值影响日本经济增长方式转变的例子相印证。20 世纪 80 年代日元大幅升值不仅导致了日本传统劳动密集产品生产和出口的衰弱和萎缩，而且极大地刺激了日本企业努力推出创新产品，寻求基于新技术支撑的新兴业态，从而推动了日本整体技术水平的提高和经济增长方式的转变（胡德宝和苏基溶，2013）。

五、关于 2010 年后人民币汇率与中国出口结构关系的观察和讨论

为直观观察 2010 年后人民币汇率变化中巴—萨效应传导受阻与中国出口结构之间的关系，此处绘制了 2011~2017 年两者走势的对比图（见图 6-3）。其中巴—萨效应传导受阻程度（bshif）数据来自本书第五章的计量模拟，计算中国出口产品要素密集度结构（htlr）采用的高技术密集型出口额和劳动与资源密集型出口额数据来源于联合国贸易和发展会议数据库。对比图 6-1 和图 6-3 可以发现，1995~2012 年，巴—萨效应传导受阻程度与中国出口产品要素密集度结构之间存在如上文实证分析的结果所揭示的负向关系，即人民币汇率变化中巴—萨效应传导受阻更有利于劳动与资源密集型产品的生产和出口，更不利于高技术密集型产品的生产和出口。但在 2012~2017 年，两者之间的关系模式发生了逆转，随着巴—萨效应传导受阻程度的逐渐降低即人民币实际汇率的渐趋均衡，中国高技术密集型产品的生产和出口变得更加困难，导致中国出口产品要素密集度结构恶化。这一转折可能表明巴—萨效应传导受阻对中国贸易品生产和出口结构的影

响具有门槛特征，即随着人民币实际汇率越来越迫近其均衡值，高技术密集度商品的生产与出口面临着更大的压力。当然，巴—萨效应传导受阻与经济增长方式之间关联方式的逆转也可能与其他结构性因素的改变有关。

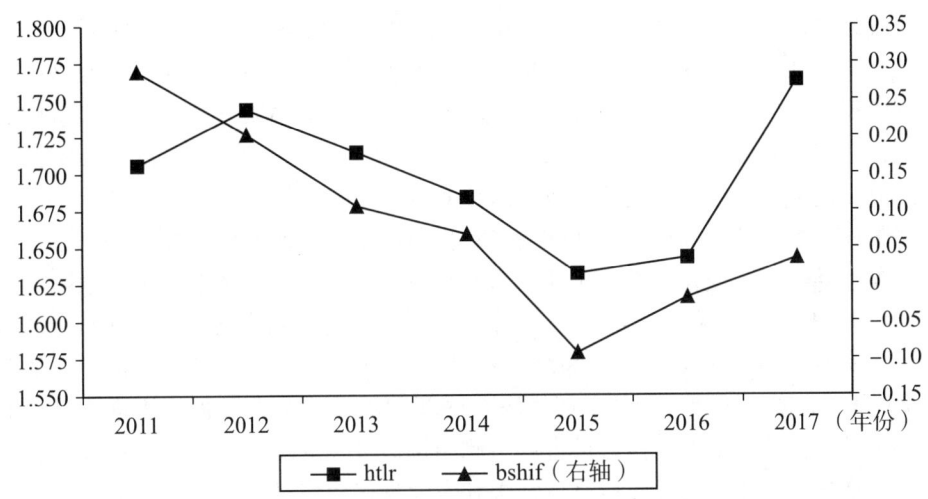

图 6-3　2011~2017 年巴—萨效应传导受阻与中国出口产品要素密集度结构

第二节　巴—萨效应传导受阻与中国产业结构失衡

一、引言与文献回顾

一国产业结构的变化，与其经济增长一样都是经济发展的重要组成部分（汪德华等，2007）。在产业结构方面，服务业发展广受学术界和政府决策部门关注。服务业又称第三产业，是指提供"服务"的各种活动，包括了所有提供非物质性产品的相关部门[①]。在微观上，由于服务特别是消费性服务是人们超越物质需求的更高层次的需求对象，因而服务业的发展不但可以直接提高人民福利水平和生活水准，还可以促进人力资本积累（徐建国，2011）。在宏观上，服务业作为重

---

① 长期以来，我国同时使用"第三产业"和"服务业"两个概念，其内涵大致相同。最近几年，中央正式文件和政府主管部门主要使用"服务业"的概念，"服务业"的说法也与国际通用概念一致，因此此处使用"服务业"这个概念。

要的经济部门,由于服务业发展的高就业弹性(江小涓和李辉,2004),服务业的发展也可以创造大量就业机会,解决棘手的失业问题。不仅如此,生产性服务业由于其自身的专业化优势和规模效益,会直接降低企业运营和交易的成本,能拉动其他行业特别是制造业的发展,因而服务业的快速发展,将推动经济增长,甚至成为国民经济增长的原动力(Riddle,1986)。服务业的发展在实质上反映了社会生产的分工深化过程,因而随着经济的发展,服务业在现代各国经济生活中所体现出来的作用越来越重要。加快服务业发展,提高服务业在国民经济中的比例,是多年来中国政府经济政策的重要导向之一,特别是在经济进入新常态、经济由高速增长阶段转向高质量发展阶段和外部经济环境趋紧的宏观背景下,国家将服务业改革开放和供给创新作为推动供给侧结构性改革的重要抓手。如党的十九大报告强调"支持传统产业优化升级,加快发展现代服务业,瞄准国际标准提高水平"。国家发展改革委于2017年印发《服务业创新发展大纲(2017~2025年)》,为加速打造中国服务新品牌、建设服务业强国提供了操作性指引,认为"加快服务业创新发展、增强服务经济发展新动能,关系人民福祉增进,是更好满足人民日益增长需求、深入推进供给侧结构性改革的重要内容;关系经济转型升级,是振兴实体经济、支撑制造强国和农业现代化建设、实现一二三次产业在更高层次上协调发展的关键所在;关系国家长远发展,是全面提升综合国力、国际竞争力和可持续发展能力的重要途径"。可见,瞄准国际标准加快服务业发展不仅是推进供给侧结构性改革的重要内容,也是保障中国经济持续增长的关键之一。

服务业的发展遵循一定的规律,按照配第—克拉克定理,随着经济的发展和人均国民收入水平的提高,服务业增加值和就业人员的相对比例将不断上升,因而,从较长时期看,人均收入水平是影响服务需求最重要的因素(江小涓和李辉,2004)。服务业增加值占 GDP 比例随经济发展而不断上升是一个普遍规律,得到了许多经验事实的反复验证(Buera & Kaboski,2009,2012),此外,有学者对此规律做了进一步补充,指出服务业增加值占 GDP 比例与人均收入水平之间的正相关性并不是简单的线性关系(Eichengreen & Gupta,2009)。

与此同时,另一些学者则尝试从理论上对上述经验发现做出解释。一般认为,服务需求的收入弹性大于有形商品是使得服务业增加值占 GDP 比例随收入水平提高而不断上升的重要原因(Kongsamut et al.,2001;Ngai & Pissarides,2007)。此外,还有学者认为,经济发展所伴随的专业化分工,将在统计意义上扩大服务业所涵盖的经济活动,从而促成服务业比例的增加(Fuchs,1968)。

这些经典研究主要是从经济发展阶段的角度看待服务业发展问题,因而它们无法回答：为什么相同或类似经济发展水平的国家会有明显不同的服务业发展水平。为了弥补这一缺陷，不少学者开始关注城市化率和人口密度等因素对一国服务业发展的影响（江小涓和李辉，2004）。而汪德华等（2007）则通过跨国横截面数据的回归分析，发现政府规模和法治环境对一国服务业发展具有重要作用。尽管如此，这些研究仍主要是在一国内部寻找影响服务业发展的原因。

服务业占比随着经济发展不断上升是一个普遍认可的规律，中国服务业的发展部分体现了这一规律，中国服务业增加值占GDP的比例从1990年的32.4%上升至2017年的51.6%（如图6-4所示）。虽然中国服务业增加值占GDP比例的演进趋势符合经济发展规律，但是与其他主要国家相比（如图6-5所示），中国服务业发展的总体水平严重偏低（徐建国，2011）。比如，2010年中国服务业增加值占国内生产总值的比例为43.1%，但43.1的服务业增加值占比仍远低于同期其他同等收入的国家（如2010年印度服务业增加值占比为55%），甚至低于低收入国家49%的平均水平（林念等，2013）。事实上，直到最近几年，中国服务业增加值占国内生产总值比例仍然低于世界平均水平，如2014年和2016年中国服务业增加值占国内生产总值比例分别为47.8%和51.6%，同期世界平均水平分别为63.9%和65.1%，中国比世界平均水平分别低16.1个百分点和13.5个

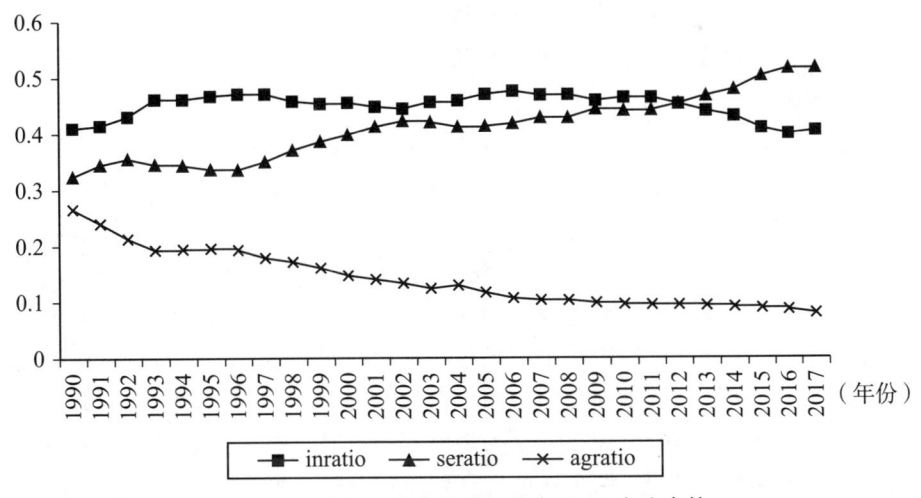

图6-4 中国三次产业增加值占GDP占比走势

注：图中 inratio、seratio 和 agratio 分别代表中国工业、服务业和农业增加值占GDP的比率。

资料来源：世界银行世界发展指数（WDI）数据库；中国国家统计局。

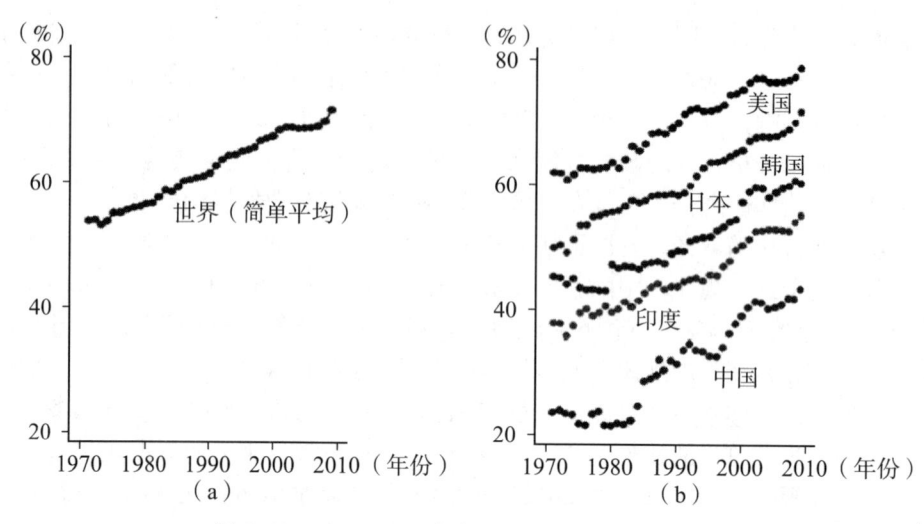

图 6-5 1970~2010 年各国服务业占比变化趋势

资料来源：林念，徐建国，黄益平. 汇率制度、实际汇率与服务业发展：基于跨国面板数据的分析 [J]. 世界经济，2013（2）：79，图 1.

百分点①，虽有收窄的趋势，但绝对差距仍然很大。中国改革开放以来 40 多年经济持续高速增长的"奇迹"并没有使中国服务业增加值比例上升到应有的水平，同时，中国服务业效率低下已成为一个很突出的问题（高培勇等，2019），从而形成了"中国经济高速增长与服务业滞后并存之谜"（谭洪波和郑江淮，2012）。

中国服务业发展的严重滞后这一有悖经济发展规律的现象，已经受到学者们越来越多的关注。江小涓和李辉（2004）认为这种现象的产生，有我国经济增长模式、经济体制、在全球产业分工中的定位、认识和政策、统计口径等多方面的原因。谭洪波和郑江淮（2012）基于部门全要素生产率视角的分析发现，生产率较高的生产性服务业并未与制造业大规模主辅分离是导致中国经济高速增长与服务业发展滞后并存的主要原因。中国经济增长前沿课题组（2014，2015）研究表明，政府主导下的人力资本错配使中国生产性部门人力资本配置水平较低，而人力资本在非市场化部门的沉积压低了人力资本的报酬，抑制了居民投资人力资本的积极性，从而不利于现代服务业的发展和结构演进。余永泽和潘妍（2019）从地方政府竞争的新角度研究了服务业发展落后的成因，发现在以 GDP 考核为主的机制下地方官员为获得晋升机会以"层层加码"和"硬约束"的方式制定经

---

① 数据来源于世界银行世界发展指数（WDI）数据库。

济增长目标将显著抑制服务业的发展和结构升级。

此外，有学者注意到在服务业发展严重滞后的同时，中国经济的开放程度已经达到很高水平，这就意味着中国国内的产业结构变动和服务业发展会受到开放宏观变量的显著影响，在这些开放宏观变量中，最重要的就是人民币实际汇率。如张斌和何帆（2006）基于中国经济特征事实在开放宏观经济的理论框架下讨论了外生实际汇率对一国产业结构的影响，指出人民币实际汇率低估所引起的对非贸易品价格的压低、对非贸易品部门利润的挤占是导致中国服务业发展滞后的一个重要原因。黄瑞玲和黄忠平（2011）认为汇率不仅在微观上直接影响每一个经济主体进出口和内外销的决策，而且在宏观上间接影响着经济中贸易品与非贸易品的结构。徐建国（2011）指出许多发展中国家都存在货币贬值导致服务业增长停滞的现象，中国服务业发展在1992~1996年和2002~2008年的两次停滞都伴随着人民币大幅贬值。林念等（2013）认为亚洲金融危机以来，中国一直实行以盯住美元为主的汇率政策，而名义价格黏性和中央银行对通货膨胀的控制制约了人民币实际汇率的调整尤其是抑制了人民币实际汇率的升值，而人民币实际汇率升值通道的堵塞造成了中国服务业发展的相对滞后。

既有从汇率视角考察中国服务业比例的文献主要研究人民币汇率水平的变化对中国服务业发展的影响，而此处关心的是巴—萨效应传导受阻意义上的人民币实际汇率失衡对中国服务业增加值占GDP比例的影响。在一定程度上，此处的研究结果有助于在服务业发展阶段论的基础上从人民币汇率失衡的角度增进人们对中国产业结构转型困难成因的理解，对于通过调节人民币汇率推动中国服务业发展及结构高级化，以及建设现代化经济体系具有一定的启示意义。

二、巴—萨效应传导受阻影响中国产业结构的基本原理

人民币汇率变化中巴—萨效应传导受阻对中国产业结构的影响机制非常直观：首先，中国贸易品部门高生产率使该部门资本的边际收益和劳动的边际产出提高更快，加之城乡二元结构等因素导致的低工资低成本（造成巴—萨效应传导受阻）使贸易品生产部门呈现收益递增的特征，满足"卡尔多增长定律"关于制造业部门持续扩张需要该部门具有收益递增特性的条件（Kaldor，1978），从而吸引资本和劳动等生产要素从非贸易品部门（主要是服务业）持续流向贸易品部门（主要是制造业），推动着中国贸易品部门的相对扩张，导致中国产业结构失衡。

其次，在对外竞争上，巴—萨效应传导受阻导致的人民币汇率低估使中国贸易品在国际市场上拥有更强的价格竞争力，从而获得更多的出口需求，而旺盛的

出口需求将刺激中国贸易品生产企业增加投资（Gala，2008；杨长江和周静东，2014），扩大贸易品生产规模，从而进一步推动资本等生产要素更多地被配置到更高生产率的贸易品部门（Rodrik，2008）。此外，有学者建立的理论模型揭示了短期的货币高估也可引起贸易品部门永久性收缩（Krugman，1986），这可以成为反面的证据。

再次，包括中国在内的发展中国家一般都具有金融抑制的特征，生产部门经常面临着较高程度的外部融资约束，而制造业部门往往具有较高的外部融资依赖性，由于实际汇率低估使制造业部门获得了实质性的变相补贴，而变相补贴的存在降低了制造业企业的信用风险，使其更容易获得外部融资支持，从而可以实现更快的发展（Steinberg，2011）。

最后，巴—萨效应传导受阻造成的人民币汇率低估可能刺激外商直接投资（FDI）特别是制造业外商直接投资的流入[①]，制造业外商直接投资的生产活动直接增加了制造业在国民经济中的比例。不仅如此，制造业外商直接投资的广泛进入引致的上下游配套企业的地理集聚形成了中国蔚为壮观的制造业产业集群，而制造业的集群化发展将极大促进制造业整体经营环境的改善，进一步推动制造业效率增进和快速发展，从而塑造着中国的产业格局。

总而言之，巴—萨效应传导受阻导致的人民币汇率低估总体上来说意味着一种倾向于中国贸易品部门发展的"价格扭曲"，实际上相当于对贸易品部门和非贸易品部门的发展采取了歧视性的差别政策，导致过多的社会资源被配置到贸易品部门，损害了非贸易品部门的发展（何帆，2003），造成中国产业结构失衡。

三、巴—萨效应传导受阻与中国产业结构关系的初步观察

本节采用中国服务业增加值占国内生产总值比例表示中国产业结构，中国服务业增加值和国内生产总值数据均来源于中国国家统计局和世界银行世界发展指数（WDI）数据库。图 6-6 展示了人民币汇率变化中巴—萨效应传导受阻总体水平（bshi_to）与中国服务业增加值占国内生产总值比例（ser_ratio）的走势。

在图 6-6 中可以发现类似于徐建国（2011）提到的中国服务业发展的两次停滞，第一次发生在 1992~1996 年，第二次发生在 2002~2006 年。而且服务业发展的两次停滞在时间上基本对应着巴—萨效应传导受阻程度变化不大的期间，

---

① 中国国家统计局数据显示，1990 年以来，中国制造业实际利用外商直接投资金额在所有行业中是最高的。

而服务业两次主要的增长时期（1996~2002年和2006~2010年）大体上对应着巴—萨效应传导受阻程度显著下降的两个期间。

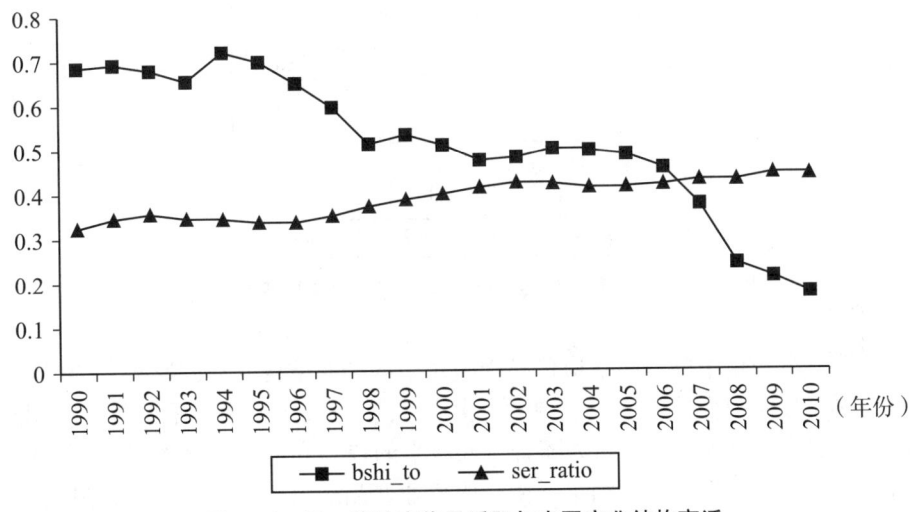

图6-6 巴—萨效应传导受阻与中国产业结构变迁

此外，从图6-6可以看出，人民币汇率变化中巴—萨效应传导受阻程度与中国服务业增加值占国内生产总值比例之间密切相关，两者的走势大致上表现出相反的方向，也即随着人民币汇率变化中巴—萨效应传导受阻程度下降，中国服务业增加值占比趋于上升。这两条曲线的基本走向关系是符合理论预期的，因为人民币汇率变化中巴—萨效应传导受阻程度提高意味着巴—萨效应意义上的人民币实际汇率低估程度上升，而汇率低估往往被认为有利于贸易品部门扩张，而作为非贸易品部门的服务业则会受到实际汇率低估的负面影响。为进一步直观展示人民币汇率变化中巴—萨效应传导受阻程度（bshi）与中国服务业增加值占国内生产总值比例（ser_ratio）之间的关系，此处绘制了两者之间的散点图及线性关系拟合线（见图6-7）。散点图的形态和线性拟合线斜率也表明两者之间具有明显的反向关联。

四、巴—萨效应传导受阻对中国产业结构影响的回归分析

为了从计量经济的角度进一步证实人民币汇率变化中巴—萨效应传导受阻与中国服务业增加值占国内生产总值比例之间的反向关联，接下来基于面板数据分

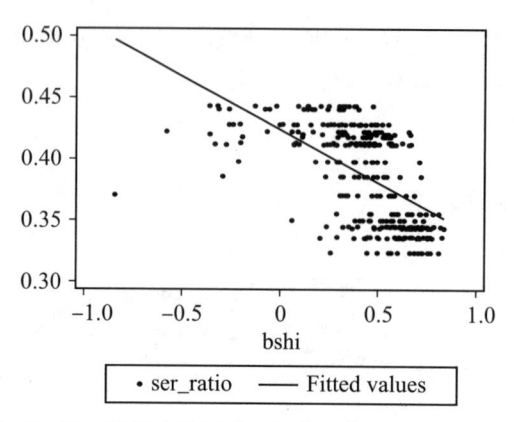

图 6-7　巴—萨效应传导受阻与中国产业结构变动散点图

析人民币汇率变化中巴—萨效应传导受阻对中国产业结构变动的影响。参考既有文献，在面板回归中控制中国人均国内生产总值（pcgdp）及其平方值（pcgdp^2）和中国法治水平（rulaw）。因为随着收入水平的提高和消费层级的提升，人们往往对服务业产品产生更多的需求，由于服务业产品的不可贸易性，服务只能由国内生产者提供，因而人均收入水平的增加将提升服务业产品的比例，预期人均国内生产总值（pcgdp）的回归系数符号为正。而收入水平提高对服务业发展的促进作用可能并不是线性的，一般而言，随着收入水平的进一步上升，其促进服务业发展的作用强度将趋于下降，因而预期人均国内生产总值平方值（pcgdp^2）的回归系数为负。

此外，相对于其他产业，服务业在无形性、低复制成本、差异化和多样性等方面存在的独特产业特性决定了服务业是"契约密集型产业"（Clague et al.，1999），因此，服务业的发展更为倚赖于外部契约执行环境的质量（汪德华等，2007）。而外部契约执行环境质量的重要体现就是一国的司法环境和法治水平，司法环境的完善和法治水平的提高将更有利于服务业的成长，有助于提高服务业在整体经济中的比例，因而预期法治水平（rulaw）的回归系数符号为正。

中国人均国内生产总值的数据采用以人民币标价的不变价人均实际国内生产总值，将 2010 年的中国人均实际国内生产总值正规化为 1，原始数据来源于世界银行世界发展指数（WDI）数据库。中国法治水平采用世界经济自由年度报告（2017）（Economic Freedom of the World Annual Report 2017）数据中的"法律制度和财产权利"（Legal System & Property Rights）指数，该指数介于 0~10 之间，指数越高，代表一国的司法公正性和财产保护程度越高。表 6-5、表 6-6 和表 6-7 分别报告了基于全样本、对发达国家样本和对发展中国家样本的 POLS 方法和 FGLS 方法的面板回归结果。

表6-5　　全样本下巴—萨效应传导受阻对中国产业结构的影响
（被解释变量：ser_ratio）

变量	POLS (1)	POLS (2)	POLS (3)	FGLS (1)	FGLS (2)	FGLS (3)
bshi	-0.086*** (-4.17)	-0.013*** (-2.75)	-0.011*** (-2.77)	-0.044*** (-6.81)	-0.017*** (-3.50)	-0.014*** (-3.18)
pcgdp		0.360*** (66.35)	0.366*** (77.72)		0.321*** (14.26)	0.324*** (15.95)
pcgdp^2		-0.205*** (-66.55)	-0.234*** (-76.74)		-0.171*** (-9.43)	-0.181*** (-10.91)
rulaw			0.030*** (53.85)			0.014*** (3.82)
常数项	0.424*** (35.96)	0.283*** (73.53)	0.110*** (17.54)	0.403*** (75.45)	0.293*** (44.55)	0.214*** (10.20)
Adj R^2	0.32	0.88	0.90	—	—	—

注：系数下括号内的数字为 z 值，*** 表示在 1% 水平上显著。

表6-6　　对发达国家样本下巴—萨效应传导受阻对中国产业结构的影响
（被解释变量：ser_ratio）

变量	OLS (1)	OLS (2)	OLS (3)	FGLS (1)	FGLS (2)	FGLS (3)
bshi	-0.207*** (-12.01)	-0.050*** (-3.63)	-0.046*** (-3.21)	-0.128*** (-8.89)	-0.050*** (-3.56)	-0.049** (-3.64)
pcgdp		0.342*** (24.52)	0.349*** (25.61)		0.318*** (10.43)	0.318*** (11.55)
pcgdp^2		-0.203*** (-26.38)	-0.231*** (-30.00)		-0.182*** (-7.37)	-0.189*** (-8.45)
rulaw			0.029*** (44.04)			0.014** (2.77)
常数项	0.501*** (47.81)	0.313*** (26.32)	0.146*** (9.96)	0.454*** (52.01)	0.318*** (24.38)	0.239*** (7.82)
Adj R^2	0.61	0.89	0.90	—	—	—

注：系数下括号内的数字为 z 值，*** 和 ** 分别表示在 1% 和 5% 水平上显著。

表6-7 对发展中国家样本下巴—萨效应传导受阻对中国产业结构的影响
（被解释变量：ser_ratio）

变量	OLS（1）	OLS（2）	OLS（3）	FGLS（1）	FGLS（2）	FGLS（3）
bshi	-0.087*** (-4.28)	-0.015** (-2.46)	-0.012** (-2.52)	-0.037*** (-5.08)	-0.015*** (-2.73)	-0.013** (-2.45)
pcgdp		0.352*** (31.17)	0.359*** (37.49)		0.317*** (9.95)	0.321*** (11.12)
pcgdp^2		-0.199*** (-28.41)	-0.229*** (-33.68)		-0.167*** (-6.53)	-0.178*** (-7.55)
rulaw			0.030*** (24.91)			0.013*** (2.60)
常数项	0.414*** (38.91)	0.284*** (52.95)	0.115*** (10.51)	0.396*** (68.52)	0.291*** (33.48)	0.215*** (7.27)
Adj R^2	0.39	0.88	0.90	—	—	—

注：系数下括号内的数字为 z 值，*** 和 ** 分别表示在1%和5%水平上显著。

从表6-5报告的全样本面板回归的结果来看，人民币汇率变化中巴—萨效应传导受阻程度变量 bshi 在所有回归模型中均具有统计显著的负系数，表明巴—萨效应传导受阻不利于中国服务业部门的发展，而是有助于中国贸易品部门的相对扩张，这与理论预期一致。平均而言，在其他因素不变的条件下，人民币汇率变化中巴—萨效应传导受阻程度每提高10%，中国服务业增加值占国内生产总值比例将下降0.1%~0.9%，下降程度依不同模型而有所不同。人均国内生产总值（pcgdp）及其平方值（pcgdp^2）和"法治水平"（rulaw）三个控制变量均具有符号符合预期且统计显著的回归系数。这些结果表明人均收入水平的上升将为服务部门的扩张提供更好的机会，而随着收入水平的进一步提高，收入水平对服务业发展的促进作用趋于下降，即收入水平对服务业的发展具有非线性的影响，这与有关文献的结论一致（Eichengreen & Gupta，2009）。而司法环境的优化和法治水平的提高也将促进服务部门的相对增长，这与汪德华等（2007）的结论相符。此外，在控制了人均国内生产总值及其平方项和法治水平影响的情形下，巴—萨效应传导受阻程度变量回归系数的绝对值虽然有所降低但却依然显著且与理论预期保持一致，即在巴—萨效应传导受阻影响中国服务业增加值占比的过程中，人均国内生产总值和法治水平等因素发挥了一定的中介作用，但中介作用并不完全。

分样本的面板回归结果与全样本的面板回归结果相似,无论是巴—萨效应传导受阻变量还是三个控制变量的回归系数在各个模型中均具有符合预期的符号,且都具有统计显著性。就巴—萨效应传导受阻变量的回归系数值而言,分样本面板回归结果显示,相对于发展中国家而言,中国与发达国家之间的实际汇率失衡对中国第三产业增加值占比的负面影响更大,表明中国与发达国家之间具有更紧密的经贸关联。

此外,考虑到本书在计算人民币汇率变化中巴—萨效应传导受阻程度时使用了服务业增加值占比的数据,因而,中国服务业占比的变化也会对本书测算的巴—萨效应传导受阻程度产生影响。为缓解由此产生的解释变量内生性,此处进一步采用两阶段最小二乘法(2SLS)考察巴—萨效应传导受阻对中国产业结构的影响。类似地,此处选用变量 bshi 的滞后一期作为变量 bshi 的工具变量,表 6-8 报告了两阶段最小二乘法(2SLS)面板回归的结果。

表 6-8　　　巴—萨效应传导受阻对中国产业结构的影响(2SLS)

(被解释变量:ser_ratio)

变量	全样本			对发达国家			对发展中国家		
bshi	-0.088*** (-11.06)	-0.019*** (-5.40)	-0.018*** (-5.57)	-0.215*** (-18.43)	-0.080*** (-6.90)	-0.073*** (-6.85)	-0.094*** (-9.67)	-0.022*** (-4.67)	-0.022*** (-5.02)
pcgdp		0.347*** (24.52)	0.340*** (26.68)		0.318*** (15.13)	0.315*** (16.30)		0.332*** (16.81)	0.325*** (17.73)
pcgdp^2		-0.197*** (-16.81)	-0.219*** (-17.19)		-0.195*** (-11.33)	-0.215*** (-12.60)		-0.187*** (-11.49)	-0.208*** (-11.62)
rulaw			0.034*** (6.70)			0.031*** (4.45)			0.032*** (4.56)
常数项	0.427*** (108.72)	0.289*** (69.08)	0.103*** (3.52)	0.507*** (77.97)	0.338*** (34.89)	0.162*** (3.86)	0.418*** (104.91)	0.292*** (51.28)	0.115*** (2.80)
R^2	0.30	0.86	0.88	0.58	0.87	0.89	0.36	0.86	0.88

注:系数下括号内的数字为 z 值,*** 表示在1%水平上显著。

两阶段最小二乘法的估计结果显示,解释变量 bshi 在所有回归中均具有显著的负系数，也即控制可能的解释变量内生性后的实证结果再次证实了人民币汇率变化中巴—萨效应传导受阻会不利于中国服务业的发展，从而阻滞了中国产业结构优化和转型升级，是"中国经济高速增长与服务业滞后并存之谜"的重要成因。此外，控制变量的回归系数也均具有与上文一致且符合预期的符号。

　　与工业相比，服务业具有更高的就业弹性，服务业是改革开放以来特别是20世纪90年代以来我国吸纳就业的主渠道（江小涓和李辉，2004），因此，人民币汇率变化中巴—萨效应传导受阻由于抑制了服务业的发展因而会对中国就业增长造成不利影响，也将阻碍以服务业集聚为特征的城镇化进程。党的十九大报告提出的当前中国经济社会"三个优先发展战略"包含了就业优先发展战略，2018年7月31日中央政治局会议把稳就业放在"六稳"之首，2019年《政府工作报告》首次将就业优先政策置于宏观政策层面，这表明中国当前就业形势仍然较为严峻，就业也因此在各级政府工作中被给予更突出的位置，在宏观政策中被赋予更高的优先序。在这样的宏观背景下，对于一个就业形势依然严峻和以提高城镇化率为目标的人口大国来说，人民币汇率变化中巴—萨效应传导受阻对中国就业增长的负面影响是尤其值得关注的。

　　不仅如此，巴—萨效应传导受阻对服务业发展进而对就业增长产生阻滞，这将进一步加剧中国劳动供给过剩的程度，导致真实失业率居高不下，根据本书第四章和第五章的分析，劳动富余和高水平的真实失业率将不利于巴—萨效应的传导，因而在这个意义上，巴—萨效应传导受阻具有自我实现和加强的特征。

　　此外，考虑到研发设计、货物运输和信息服务等生产性服务业（producer services）能够提高制造业生产效率，因而，巴—萨效应传导受阻也将通过抑制服务业特别是生产性服务业的发展伤及中国制造业的发展潜力。实际上，江小涓和李辉（2004）对跨国公司在中国投资企业进行的一项调研表明，服务业发展滞后已成为影响中国制造业竞争力的重要因素。2018年中央经济工作会议指出，要通过推动先进制造业和现代服务业深度融合，助推制造业高质量发展和制造强国建设。国际经验教训也表明，由于先进制造业的发展更依赖于生产性服务业的中间投入，生产性服务业对先进制造业的推动作用更强，因而，成功跨越中等收入陷阱的往往都是生产性服务业占GDP比例较高的经济体，而陷入中等收入陷阱的经济体的生产性服务业占GDP的比例一般较低（张建华和程文，2019）。因而，从这个角度来看，人民币汇率变化中巴—萨效应传导受阻不仅不利于中国服务业的发展，而且会对中国制造业的供给侧结构性改革、竞争力升级乃至中国经济增长的动能转换和跨越中等收入陷阱产生负面影响。

五、2010年以来人民币汇率与中国产业结构关系的观察与讨论

根据本书第五章用计量模拟技术得到的人民币汇率变化中巴—萨效应传导受阻程度数据（bshif）和来自世界银行世界发展指数（WDI）数据库的中国服务业占国内生产总值比例（ser_ratio）的数据，此处绘制了2011~2017年bshif与ser_ratio走势的对照图（见图6-8）。

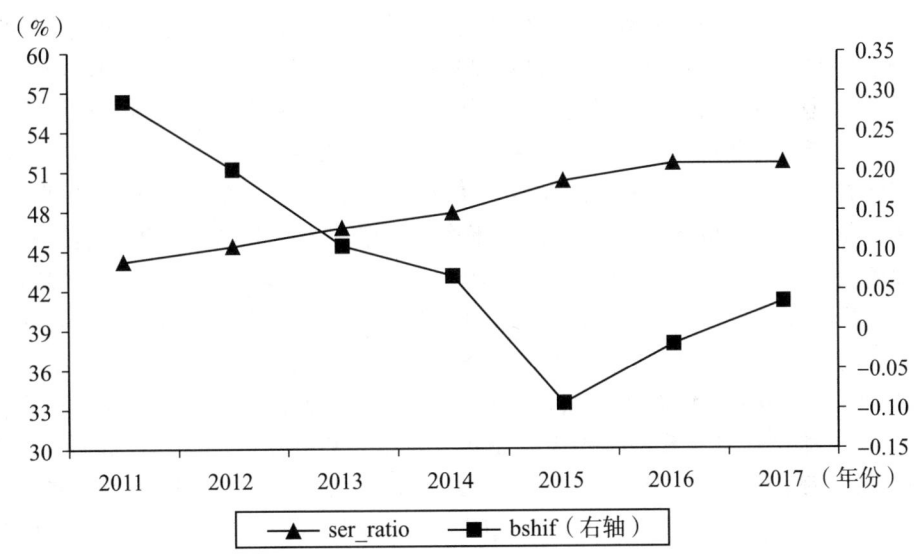

图6-8 2011~2017年巴—萨效应传导受阻与中国服务业增加值占比

从图6-8可以看出，巴—萨效应传导受阻程度与中国产业结构之间的关系大体上延续了图6-6所展示的两者之间的反向关系，即人民币汇率变化中巴—萨效应传导受阻程度的降低将为服务业的发展提供更多的机会，有助于矫正过度偏向于贸易品部门的中国产业结构，推进中国产业结构的均衡化和高级化。近几年来，随着人民币汇率变化中巴—萨效应传导受阻程度的下降，现实中的人民币实际汇率围绕着巴—萨效应决定的实际汇率上下小幅波动，中国服务业增加值占国内生产总值比例上升的速度也渐趋减慢。此外，近些年来，由于中国经济不断进入"新常态"，经济增长速度由高速向中低速转换，居民收入水平提升幅度下降，根据本节的回归结果，这将使中国服务业在国民经济中的比例上升速度趋于下降。

第三节　巴—萨效应传导受阻与中国区域经济失衡

一、引言与文献回顾

区域差距是世界各国发展过程中普遍和长期存在的现象，区域发展格局及差异历来是国内外经济学和地理学领域学者关注的热点问题，更是发展中国家区域经济学相关研究的核心问题之一（Li，2008）。改革开放 40 多年来，中国经济社会快速发展，国家综合实力显著增强，然而发展不平衡和不充分已成为中国经济社会发展的典型事实。由于不同区域之间经济增长长期存在的显著差异，中国区域经济格局发生了重大改变，区域发展差距逐渐显现和扩大（石磊和高帆，2006；龙海明等，2015），区域经济不平衡发展已成为是我国不平衡发展的一个重要表现（Wei，2013；闫东升等，2017；刘华军等，2018a；魏后凯，2018）。很长一段时期以来，中国的区域经济差距主要表现为中国东中西部的经济发展差距，但随着时间的推移，中国区域经济不平衡的表现也有所不同，近些年来中国南北地区的区域发展差距正在凸显。2017 年 4 月李克强总理在视察山东时就表示，"现在中国经济出现一个很大的变化，就是走势分化的情况从'东西差距'变成了以黄河为界的'南北差距'"，"南北差距扩大"成为现阶段中国经济的新特征之一（杨多贵等，2018），是中国区域经济学界普遍关注的新问题。但从总量上来说，内陆地区与沿海地区的收入差距较南北差距仍然明显（陆铭等，2019）。

事实上，中国区域经济发展不平衡的现实与新古典增长理论的预测不一致，新古典增长理论认为，由于边际收益递减规律，更穷的经济体往往比富裕经济体增长的更快，因而新古典增长理论预测具有类似技术和偏好的经济体具有绝对收敛的趋势（Barro & Martin，1995）。由于资源禀赋、市场容量、制度供给和政策环境等方面的异质性，一国内部各地区不可能保持完全相同的经济增长速度。但是，地区间的经济差异和发展不平衡长期存在甚至不断扩大，将会阻碍资源跨区域流动，降低资源配置效率，影响市场内生扩展，削弱区域分工与合作，不利于提高整体经济的效率和保持增长的持续性（石磊和高帆，2006；赵文亮等，2011；Eriksson et al.，2017），也会对中国民族团结和社会稳定带来重大威胁（Zhang & Zou，2012；Wei，2013；刘华军等，2018a），最终影响社会福利水平及投资者对未来的预期,成为中国经济社会协调发展的重大挑战(龙海明等,2015)。

中国全面建设小康社会和现代化所追求的,是在增长基础上实现经济社会的全面进步,让各地区居民能共享改革开放的发展成果。因而,近些年来,如何缩小并逐步消除区域发展差距,进而推动区域协调发展成为中国学术界关注的焦点,中国政府也将调控区域的增长差距、协调地区经济发展摆在更突出的地位(石磊和高帆,2006;龙海明等,2015)。习近平总书记在党的十九大报告中对我国区域发展非均衡问题做出了深刻认识,强调要在继续推动发展的基础上,坚定实施区域协调发展战略,着力解决好发展不平衡不充分问题。2018年中央经济工作会议和2019年3月李克强总理所作的政府工作报告继续强调要优化区域发展格局,制定西部开发开放新的政策措施,落实和完善促进东北全面振兴、中部地区崛起、东部率先发展的改革创新举措,推动区域优势互补,着力解决区域发展不平衡不充分问题。因而,建立更加有效的区域协调发展新机制、深入实施区域协调发展战略是近些年建设现代化经济体系、实现高质量发展的重要任务(程必定,2018;魏后凯,2018),也成为中国决胜全面建成小康社会和全面建设社会主义现代化国家的重大举措(Wei,2013)。

关于中国区域经济差距状况的判断和区域差距所产生负面影响的认识,学者们的观点比较一致,但对于中国区域经济发展差距产生的原因,学术界尚存有较大的争议。众多学者从不同的角度研究中国区域经济差距的成因,取得了许多富有启发的研究成果。现有文献对中国区域经济发展差距成因的观点主要有:重工业优先发展的赶超战略下形成的生产要素存量配置结构与许多省份的要素禀赋结构决定的比较优势符合程度不一致造成了中国显著的区域经济差距(林毅夫和刘培林,2003);物质资本和人力资本等要素的缺乏以及全要素生产率低下是导致中国区域经济差异的重要原因(蔡昉和都阳,2000;陈秀山和徐瑛,2004;彭国华,2005;傅晓霞和吴利学,2006;李静等,2006[①];刘华军等,2018b[②]);地区间市场化、工业化、城镇化和开放程度的差异使中西部难以实现和发达的东部趋同(蔡昉和都阳,2000;沈坤荣和耿强,2001;魏后凯,2002[③];贺灿飞和梁

[①] 李静等(2006)认为,欠发达地区与发达地区的巨大收入差距最主要的根源不是物质资本和人力资本缺乏,而是全要素生产率的巨大差距。

[②] 刘华军等(2018b)认为,尽管全要素生产率对地区经济差距的影响强度呈现上升态势,但在短期内很难超越资本积累和城市化等因素而成为中国地区经济差距的决定力量。

[③] 魏后凯(2002)认为,东部发达地区与西部落后地区之间GDP增长率的差异,大约有90%是由外商投资引起的。

进社，2004；石磊和高帆，2006；刘华军等，2018c；景维民和莫龙炯，2019）；政策引导、市场驱动的资本流动在改善资本配置效率的同时也扩大了地区差距（郭金龙和王宏伟，2003；王小鲁和樊纲，2004；倪鹏飞等，2014）；科技、创新以及教育等生产要素地区分配不均等也是中国地区差距产生的重要原因（聂娟和辛士波，2018）；人民币实际有效汇率波动会对不同地区经济发展造成非对称性的影响（曾铮和陈开军，2006；郑长德和张高明，2009）。

中国是一个地域广阔、地区禀赋差异显著的国家，很容易出现区域经济发展失衡的现象，上述文献从各个维度提供的论证为理解中国区域经济差距提供了洞见。但改革开放以来，作为一个实施出口导向战略的发展中大国，中国的经济对外开放度越来越高，各省份也以不同的姿态和节奏逐渐融入经济全球化，努力在经济全球化的环境中结合自身经济基础的独特性重建各自经济新的均衡。然而，由于中国各省份在发展外向型经济的基础条件和政策环境上的巨大差异，外向型经济的发展势必会重塑中国区域经济新格局，可能造成地区经济发展水平的巨大落差。而在外向型经济发展过程中，作为连接国内外经济的枢纽性价格变量的人民币汇率，也无疑会通过中国外向型经济发展的渠道对中国区域经济格局产生重大影响。就目前来看，从人民币汇率的视角研究中国区域经济发展差距的文献并不多，人民币汇率对中国区域经济发展差距的影响尚未得到足够的重视和深入的挖掘，突出表现为既有文献尚未充分考虑人民币汇率失衡在中国区域经济差异形成中所扮演的重要角色，导致一些文献的研究结论并不完全符合现实。

基于此，本节接下来首先从理论上阐述巴—萨效应传导受阻导致的人民币实际汇率失衡塑造中国区域经济格局的基本原理，然后实证分析人民币汇率失衡对中国区域经济差距的影响。这一工作可以丰富中国区域经济差异成因的研究文献，也有利于从人民币汇率的角度寻求中国区域经济协调发展的实现路径。

二、巴—萨效应传导受阻影响中国区域经济结构的机理

随着经济对外开放度的提高，人民币汇率越来越成为塑造中国区域经济格局的重要力量，而且这种塑造不仅可能会通过人民币汇率水平的变动来实现，更重要且尚未被充分研究的是会通过人民币汇率失衡来实现。理由如下：

如果巴—萨假说在中国能够完全成立，或者说巴—萨效应在人民币汇率变化中的传导是充分的，那么中国东部沿海地区贸易品部门相对于非贸易品部门较快的生产率增长将会使东部沿海省市的实际汇率升值较快，从而抵消东部沿海地区制造业企业由于生产率提高而拥有的对外价格竞争优势。而中西部地区由于整体

生产率增长缓慢，按照巴—萨假说，中西部地区面临的实际汇率则不会有明显的改变。因而，在中西部地区实际汇率相对稳定的条件下，东部沿海地区贸易品部门劳动生产率增长与实际汇率升值的组合不会给东部沿海地区的发展提供源自汇率层面的太多额外优势，也就不容易造成中国东中西部方向的区域经济发展差异扩大。

但是，如果巴—萨假说不完全成立或者说人民币汇率变化中巴—萨效应传导受到明显阻碍，上述逻辑就变得非常不一样了。由于运输成本的原因，海运仍然是当今最为主要的国际贸易运输方式，因而东部沿海地区在发展外向型经济方面具有内陆地区无可比拟的天然地理优势。加之良好的对外交往历史基础、广泛的商贸网络以及早期改革开放政策在区域层面倾向于东部沿海地区的非均衡实施，中国东部沿海地区获得了发展出口导向型经济的比较优势和重大机遇，从而使该地区生产率特别是制造业生产率获得快速提升。但正如本书前面章节所论证的那样，巴—萨效应在人民币汇率变化中的传导并不完全，因此，东部沿海地区在制造业生产率快速进步的同时其实际汇率则没有发生同步的升值，从而给制造业集聚的东部沿海地区带来了巨大的"汇率低估红利"，极大地促进了东部沿海地区出口贸易的增长和制造业的发展。不仅如此，制造业的快速发展也会促进东部沿海地区其他产业的发展，从而进一步强化东部沿海地区经济发展的整体优势，造成了事实上的与经济开放度提高相伴随的越来越明显的区域经济发展差异。因而，可以说，东部沿海地区发展以制造业为主要载体的外向型经济的天然优势和巴—萨效应传导受阻导致的人民币实际汇率失衡（低估）是造成中国东西向区域经济发展巨大差距的"完美搭档"。

综上，可以认为，就人民币汇率对中国区域经济格局的影响而言，人民币汇率水平变化可能并不是造成中国区域经济发展差距的主要成因，而巴—萨效应传导受阻导致的人民币实际汇率失衡才是中国区域经济发展差距形成和扩大的决定因素。

三、巴—萨效应传导受阻与中国区域经济结构关系的初步观察

由于 1990~2010 年间西藏和重庆的国内生产总值（GDP）数据不全，此处用中国东部沿海省市国内生产总值占除西藏、重庆和港澳台地区之外全国其他省市 GDP 总额的比例表征中国区域经济结构。东部沿海省市包括辽宁、北京、天津、河北、山东、江苏、上海、浙江、福建、广东、广西和海南等。中国各省市 GDP 数据和全国 GDP 数据来自 wind 数据库。

图 6-9 展示了人民币汇率变化中巴—萨效应传导受阻总体水平（bshi_to）与中国东部沿海地区 GDP 占全国 GDP 总额比例（ecgdpr）的趋势。从图 6-9

可以看出，样本期内中国东部沿海地区 GDP 在全国的占比大体上呈现出先上升后下降的态势。1990~2003 年，中国东部沿海地区 GDP 占比不断上升，东部和中西部地区经济总量差距明显拉大，2004 年以后区域经济发展不断趋于收敛。具体来说，中国东部沿海地区 GDP 占比从 1990 年的 54% 一路上升至 2003 年的 62%，13 年上升了 8 个百分点，期间受到亚洲金融危机的影响有所下降，然后从 2005 年 62% 的高点小幅回落至 2010 年的 59%。图 6-9 还显示，总体来说，人民币汇率变化中巴—萨效应传导受阻程度下降与东部沿海地区经济占比的上升相伴随，可以理解为样本期内一直存在的人民币实际汇率低估会使中国区域经济失衡程度进一步上升。其原因是实际汇率低估更有利于贸易品部门密集的中国东部沿海地区经济发展，因而会提高中国沿海地区经济在全国的比例。尽管人民币汇率低估会造成中国区域经济结构失衡程度扩大，但是，对图 6-9 更仔细地观察可以发现，随着人民币汇率变化中巴—萨效应传导受阻程度的逐渐降低，中国东部沿海地区经济占比上升的速度也在趋于下降，这一点也是合乎逻辑的。

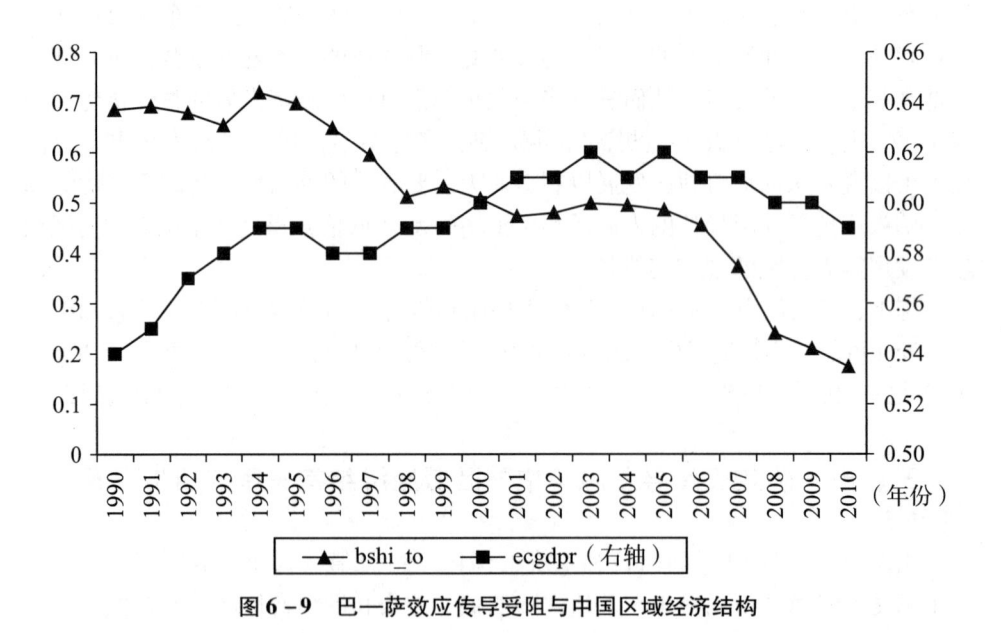

图 6-9 巴—萨效应传导受阻与中国区域经济结构

为了直观反映人民币汇率变化中巴—萨效应传导受阻程度与东部沿海地区经济占比上升速度之间的关系，此处计算了中国东部沿海地区生产总值占全国生产总值比例的年度变化率（ecgdprd），并将之与人民币汇率变化中巴—萨效应传导受阻程度（bshi_to）相对比，如图 6-10 所示。可以看出，变量 bshi_to 与变量

ecgdprd 的走势大体相同，即人民币实际汇率不断走向均衡的过程伴随着中国东部沿海地区经济占比提升速度逐渐趋于下降。相关性检验结果显示，变量 bshi_to 与变量 ecgdprd 之间的相关系数为 0.48，且在 5% 的统计水平显著。

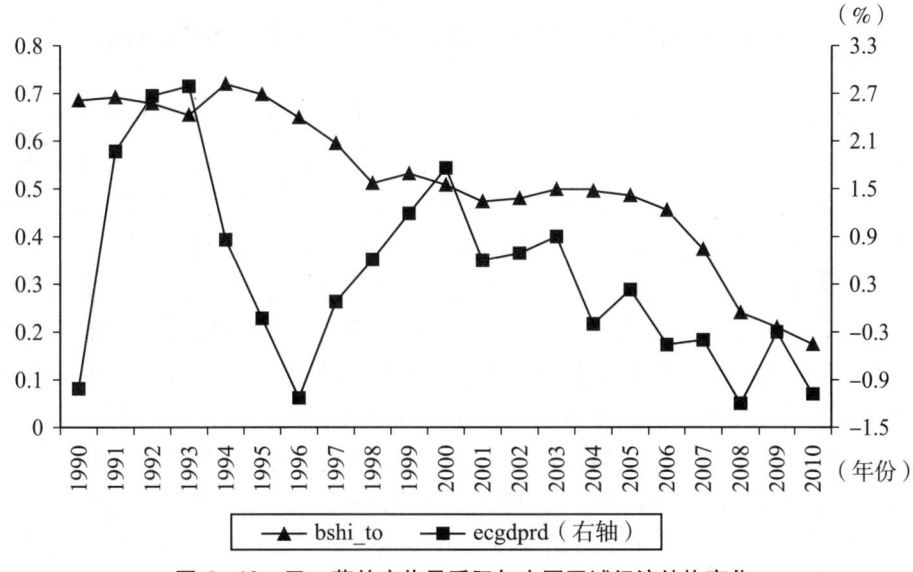

图 6-10　巴—萨效应传导受阻与中国区域经济结构变化

为了充分利用面板数据的信息点优势，接下来进一步基于面板数据制作巴—萨效应传导受阻程度（bshi）与中国沿海地区 GDP 比例年度变化率（ecgdprd）之间的散点图（见图 6-11）。基于面板数据的散点图及散点拟合线显示，变量

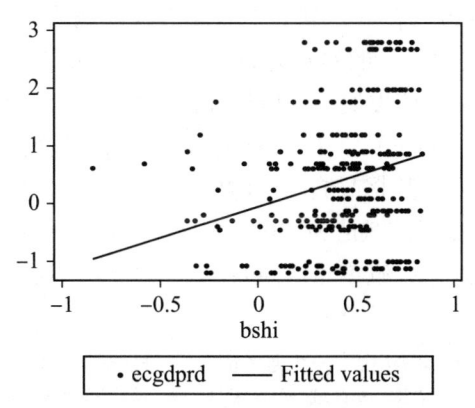

图 6-11　巴—萨效应传导受阻与中国区域经济结构变化散点图

bshi 与变量 ecgdprd 之间散点图的整体形态及正斜率的线性拟合线再次证明了两者之间存在正相关关系，即人民币汇率低估程度的下降可能是东部沿海地区经济占比提升速度减缓的原因。

四、巴—萨效应传导受阻对中国区域经济结构影响的回归分析

接下来采用面板回归技术进一步探寻人民币汇率变化中巴—萨效应传导受阻（bshi）对中国东部沿海地区经济占比变动速度（ecgdprd）的影响。在面板回归中需要尽可能控制一些影响中国区域经济结构变化的重要因素，此处考虑控制区域人口因素和国家区域经济发展战略两方面因素的影响。理论上来说，地区人口数量越多，地区经济活动越活跃，因而地区经济占比就越大，地区人口数量相对增长的越快，该地区经济占全国经济总量比例提升的速度也越快，因而沿海地区人口数量对其经济占比的影响预期为正。为了与变量 ecgdprd 的构造方法相匹配，这里控制的是中国东部沿海地区人口占全国人口比例的变化率（用 poec 表示）。此外，中央政府为了协调区域经济发展，缩小区域经济发展差距，在 1999 年开始推动实施"西部大开发战略"，后来又在 2004 年提出、2005 年实质性推动"中部崛起战略"和"东北老工业基地振兴战略"。可以预期，这些区域经济发展与区域协调大战略的制定和实施由于政策的积极引导和资源的密集投入势必会对中国区域经济结构产生重要影响，因而在回归中控制这些因素是必要的①。此处采用哑变量的方式表示区域发展战略，其中"西部大开发战略"用"dum_xb"表示，由于"中部崛起战略"和"东北老工业基地振兴战略"实施的时间大体上一致，因而可将"中部崛起战略"和"东北老工业基地振兴战略"合并成一个哑变量，用"dum_zb"表示。鉴于"西部大开发战略""中部崛起战略"和"东北老工业基地振兴战略"的实施会为中西部地区和东北地区经济发展带来重大机遇，促进这些区域经济发展，相应地降低东部沿海地区经济占全国份额的提升速度，因而哑变量"dum_xb"和"dum_zb"的回归系数符号预期为负。

中国各省份户籍人口数据采自 wind 数据库；西部大开发哑变量"dum_xb"的赋值方法为：1999 年以前赋值为"0"，1999 年（含）以后赋值为"1"；中部崛起和东北老工业基地振兴哑变量"dum_zb"的赋值方法为：2005 年以前赋值

---

① 由于样本时间的缘故，此处的实证分析无法覆盖"一带一路""乡村振兴战略""京津冀协同发展""粤港澳大湾区发展"以及"长三角区域一体化发展"等后续国家重大发展战略对中国区域经济结构的影响。

为"0",2005 年(含)以后赋值为"1"。

表 6-9、表 6-10 和表 6-11 分别报告了基于全样本、对发达国家样本和对发展中国家样本的巴—萨效应传导受阻对中国区域经济结构变化影响的面板 POLS 和 FGLS 回归结果。

表 6-9 全样本下巴—萨效应传导受阻对中国区域经济结构的影响
(被解释变量:ecgdprd)

变量	POLS (1)	POLS (2)	POLS (3)	FGLS (1)	FGLS (2)	FGLS (3)
bshi	1.072*** (3.97)	1.091*** (3.95)	0.291*** (2.99)	0.723** (2.11)	0.734** (2.17)	0.357 (1.24)
poec		-0.140*** (-13.24)	-0.260*** (-84.27)		0.060 (0.73)	-0.068 (-0.75)
dum_xb			0.074*** (3.01)			0.140 (0.85)
dum_zb			-1.341*** (-106.46)			-1.175*** (7.13)
常数项	-0.057 (-0.38)	-0.052 (-0.34)	0.643*** (10.08)	-0.037 (-0.21)	-0.040 (-0.23)	0.478** (2.46)
Adj R²	0.06	0.06	0.28	—	—	—

注:系数下括号内的数字为 z 值,*** 和 ** 分别表示在 1% 和 5% 水平上显著。

表 6-10 对发达国家样本下巴—萨效应传导受阻对中国区域经济结构的影响
(被解释变量:ecgdprd)

变量	POLS (1)	POLS (2)	POLS (3)	FGLS (1)	FGLS (2)	FGLS (3)
bshi	2.638*** (11.78)	2.669*** (11.69)	0.743*** (4.44)	1.904** (2.47)	1.969*** (2.61)	0.977 (1.12)
poec		-0.148*** (-16.22)	-0.244*** (-62.12)		0.058 (0.49)	-0.051 (-0.40)
dum_xb			0.136*** (5.83)			0.222 (0.87)

续表

变量	POLS (1)	POLS (2)	POLS (3)	FGLS (1)	FGLS (2)	FGLS (3)
dum_zb			-1.299*** (-46.55)			-1.112*** (4.55)
常数项	-1.055*** (-6.83)	-1.058*** (-6.72)	0.309*** (2.59)	-0.749* (-1.69)	-0.784* (-1.81)	0.025 (0.04)
Adj R²	0.11	0.12	0.28	—	—	—

注：系数下括号内的数字为 z 值，***、** 和 * 分别表示在1%、5%和10%水平上显著。

表6-11　对发展中国家样本下巴—萨效应传导受阻对中国区域经济结构的影响
（被解释变量：ecgdprd）

变量	POLS (1)	POLS (2)	POLS (3)	FGLS (1)	FGLS (2)	FGLS (3)
bshi	1.060*** (3.76)	1.086*** (3.72)	0.387** (2.48)	1.101 (1.60)	1.130*** (3.69)	0.393 (1.19)
poec		-0.154*** (-7.88)	-0.258*** (-50.41)		-0.158 (-1.02)	-0.258** (-1.83)
dum_xb			0.119** (2.18)			0.121 (0.58)
dum_zb			-1.337*** (-54.10)			-1.336*** (-6.63)
常数项	-0.080 (-0.58)	0.087 (0.62)	0.623*** (6.61)	0.064 (0.50)	0.070 (0.55)	0.620*** (3.06)
Adj R²	0.07	0.07	0.28	—	—	—

注：系数下括号内的数字为 z 值，*** 和 ** 分别表示在1%和5%水平上显著。

从基于全样本的面板回归结果来看，变量 bshi 在所有模型中均具有正的回归系数，且绝大部分具有统计显著性，表明人民币汇率变化中巴—萨效应传导受阻会使中国东部沿海地区获得不对称的发展机会，造成东部沿海地区国内生产总值占比加速上升，这与理论预期和上文的直观观察结果相符。在其他条件不变的情形下，巴—萨效应传导受阻程度每提高10%，中国东部沿海地区国内生产总值占比上升速度将提高0.03%~0.10%。此外，就控制变量而言，沿海地区人口占

第六章　人民币汇率变化中巴拉萨—萨缪尔森效应传导受阻的经济效应

中国总人口比例变化率 poec 的回归系数在部分模型中显著为负，与预期不符，这或许与中国各地户籍人口数量与各地常住人口数量之间存在巨大差距有关。代表西部大开发的哑变量 dum_xb 具有正的回归系数且在部分模型中具有统计显著性，这与预期也不相符，可能说明西部大开发战略在实际执行层面的效果不佳，或许这也是李克强总理在 2018 年政府工作报告中要求"制定西部大开发新的指导意见"并在 2019 年政府工作报告中继续强调要"制定西部开发开放新的政策措施，西部地区企业所得税优惠等政策到期后继续执行"的原因之一。而代表中部崛起和东北老工业基地振兴的哑变量 dum_zb 在所有的回归模型中均具有统计显著的负系数，表明中部崛起和东北老工业基地振兴战略的执行有助于降低中国区域经济发展的失衡程度，同时也从实证的角度证明了这两大区域经济平衡战略实施效果良好。因而，总体而言，中部地区崛起和东北老工业基地振兴等区域发展战略的相继实施有效缓解了中国区域经济发展不平衡的现象，但巴—萨效应传导受阻造成的人民币汇率扭曲则部分消解了区域发展战略对于区域均衡的积极效果。

从分样本的回归结果来看，不管是相对于发达国家的子样本还是相对于发展中国家的子样本，回归结果与基于全样本的结果基本一致。略有不同的是关键解释变量巴—萨效应传导受阻程度 bshi 在对发达国家样本的回归中具有更大的估计系数，或许这跟发达国家在中国对外经济贸易关系中具有更大的权重有关。

此外，由于中国区域经济结构变化可能会重塑中国整体的贸易品部门与非贸易品部门相对生产率水平，而部门生产率的结构性改变会引起巴—萨效应决定的人民币实际汇率水平变化，因而，区域经济结构演变可能会影响前文计算的人民币汇率变化中巴—萨效应传导受阻程度，因而，解释变量 bshi 可能存在一定的内生性。为了缓解解释变量内生性问题，接下来采用两阶段最小二乘法（2SLS）进一步检验巴—萨效应传导受阻对中国区域经济结构的影响。表 6 - 12 报告了基于两阶段最小二乘法（2SLS）的回归结果。

表 6 - 12　　巴—萨效应传导受阻对中国区域经济结构的影响（2SLS）

（被解释变量：ecgdprd）

变量	全样本		对发达国家		对发展中国家	
bshi	1.276 *** (4.72)	0.325 * (1.62)	3.289 *** (5.28)	1.595 *** (2.47)	1.314 *** (3.59)	0.329 (1.19)
poec		- 0.295 *** (- 5.63)		- 0.252 *** (- 3.35)		- 0.295 *** (- 4.00)

续表

变量	全样本		对发达国家		对发展中国家	
dum_xb		−0.153 (−1.05)		0.043 (0.20)		−0.133 (−0.64)
dum_zb		−1.339*** (−16.79)		−1.226*** (−10.40)		−1.341*** (−11.97)
常数项	−0.060 (−0.52)	0.858*** (5.30)	1.317*** (−4.24)	−0.029*** (−0.07)	0.089 (0.75)	0.887*** (4.21)
R^2	0.09	0.36	0.19	0.37	0.11	0.37

注：系数下括号内的数字为 z 值，*** 和 * 分别表示在 1% 和 10% 水平上显著。

两阶段最小二乘法面板回归的结果进一步证实了上文基于 POLS 和 FGLS 方法的回归分析结论，即人民币汇率变化中巴—萨效应传导受阻将促使东部沿海地区经济占比加速上升，中部崛起和东北老工业基地振兴战略对于中国区域经济均衡具有显著促进作用，而西部大开发战略对于降低中国区域经济失衡程度效果不太明显。

五、2010 年以来人民币汇率与中国区域经济结构关系的观察与讨论

为观察 2010 年以后人民币汇率变化中巴—萨效应传导受阻与中国区域经济结构之间的关系，此处计算了 2011～2017 年东部沿海 12 省份国内生产总值占全国国内生产总值的比例，各省份国内生产总值数据来源于 wind 数据库，为保持数据口径与上文相一致，西藏、重庆和港澳台地区的数据并不包括在内。图 6-12 展示了 2011～2017 年巴—萨效应传导受阻程度（本书第五章计量模拟值 bshif）与中国东部沿海地区国内生产总值占比（ecgdpr）走势图。

观察图 6-12 可以看出，2011～2014 年，伴随着人民币汇率变化中巴—萨效应传导受阻程度的降低，中国东部沿海地区经济总量占比也呈现快速下降的态势。而在 2014 年以后，人民币实际汇率围绕由巴—萨效应决定的汇率均衡值上下小幅波动，中国东部沿海地区国内生产总值占比即中国区域经济结构也表现出相对稳定的特征，这与上文回归分析的结果以及人们的直觉大体相符。此外，2014 年以后东部沿海地区经济占比的上升势头或许与东部沿海地区特别是其热点地区对人口的吸引力增强有关。wind 数据显示，近些年来，以广州、深圳、杭

州、宁波和佛山等为代表的东部沿海重点城市常住人口增量显著,人口向东部核心城市圈流动趋势明显,成为各界关注的热点话题,人口的不断集聚将推动经济在地理上的进一步集中,从而局部改变中国区域经济结构。特别地,党的十八大以来相继实施的"一带一路"建设、京津冀协同发展、长江经济带发展、长三角一体化发展和粤港澳大湾区建设等重要战略可望有力推动中国区域经济良性互动,促进中国区域经济均衡发展,重塑中国区域经济新格局。

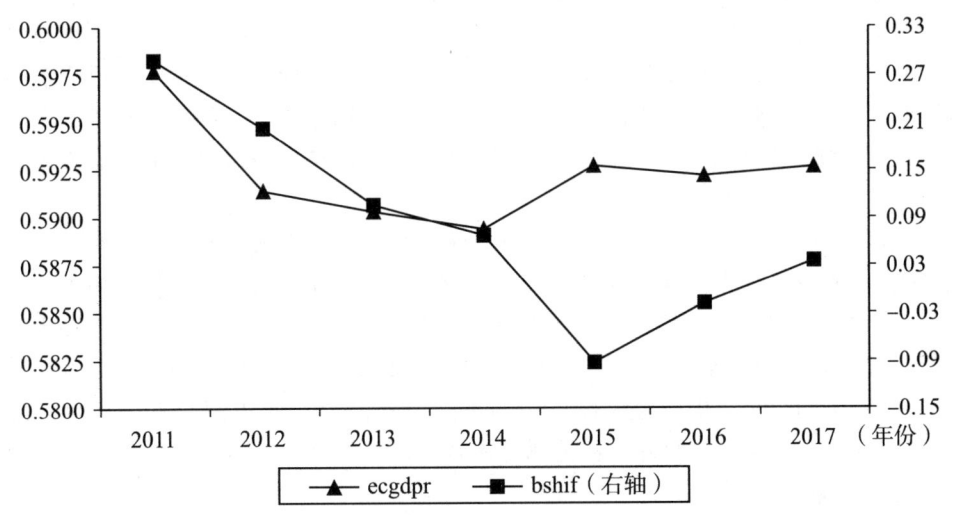

图 6-12 2011~2017 年巴—萨效应传导受阻与中国区域经济结构

第四节 巴—萨效应传导受阻与中国经常账户失衡

一、引言与文献回顾

在开放经济环境下,各国均面临着不同程度的外部失衡是世界经济的重要特点之一。全球失衡(global imbalances)包括经常账户失衡、资本和金融账户失衡,其中大规模的经常账户失衡是世界经济失衡的一个典型特征,备受各界关注。20 世纪 90 年代末开始,全球经常账户失衡愈演愈烈,经常账户失衡的国家数量、赤字和盈余的规模、持续的时间等均表明全球性经常账户失衡在不断恶化(靳玉英等,2010)。关于经常账户失衡的讨论成为近年来国际金融领域热点话题之一，不仅相关的学术研究数量迅速增加，有关政策辩论也变得十分激烈（杨盼盼和徐建炜，2014），从而使近些年来关于经常账户失衡问题的讨论达到了一个前所未有的新高度。

从全球范围来看，经常账户失衡的主要表现是，以美国、欧洲为代表的发达经济体大都出现了持续的经常账户逆差，与此同时，以中国为代表的新兴经济体、德国、日本以及部分石油输出国则出现了持续的经常账户顺差。其中，以美国为代表的盎格鲁—萨克逊经济体以及以中国为代表的东亚经济体是当前全球失衡问题中最为核心的区域，尤其是1997年亚洲金融危机之后，中国作为东亚经济体的典型代表，维持了长时期的高额经常账户顺差，而盎格鲁—萨克逊经济体的典型代表美国则恰好与中国相反，经常账户持续逆差，净外部负债规模不断扩大（王伟等，2018），中国和美国分别是全球最大的顺差来源国与最大的逆差来源国。

改革开放初期，中国经常账户失衡的绝对规模不是很大，而且呈现出盈余和赤字交替的特征（如图6-13所示）。但2002~2008年，受加入世界贸易组织获得"最惠国待遇"的刺激，中国的经常账户差额一直处于盈余状态且呈不断上升趋势，2008年末中国经常账户余额达到4205.69亿美元的峰值，2008年后受美国次贷危机的影响，中国经常账户余额不断下降，2017年中国经常账户余额缩小至1648.87亿美元。此外，从国际上来观察，与中国一样同属于发展中人口大

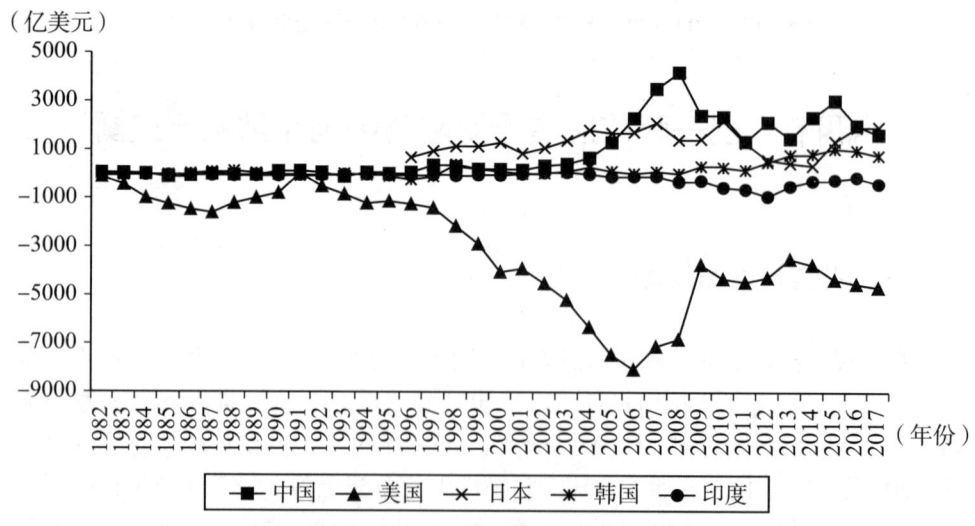

图6-13　中国与有关国家经常账户余额走势

资料来源：世界银行世界发展指数（WDI）数据库。

国的印度在 1982 年以后的绝大多数年份经常账户均处于赤字状态。而 20 世纪 90 年代中期以后日本和韩国的经常账户差额则一直处于盈余状态，且盈余值较高。其中日本的经常账户余额也在次贷危机前夕达到次高的 2117.36 亿美元，在次贷危机爆发以后不久的 2010 年，日本的经常账户余额达到了最高值 2208.88 亿美元。广受关注的美国经常账户差额自 1982 年以后的大多数年份都处于赤字状态，其中 1997 年以后赤字幅度上升很快，由 1997 年的 -1407.25 亿美元升至 2006 年（次贷危机发生前）的逆差最高值 -8059.62 亿美元，次贷危机发生以后，受美国国内经济政策调整的影响，美国经常账户赤字规模有所收窄，但近些年仍然维持在 -5000 亿美元以上的赤字高位。

同时，就经常账户差额占国内生产总值比例而言（如图 6-14 所示），中国经常账户余额占国内生产总值比例在 2003 年以后上升较快，由 2003 年的 2.59% 提高到美国次贷危机前（2007 年）的最高值 9.94%，受次贷危机爆发以后世界经济条件变化的影响，中国经常账户盈余的相对规模下降明显，由 2007 年的 9.94% 逐步收窄至 2017 年的 1.35%。而美国经常账户赤字的相对规模在次贷危机前的 2006 年达到最高峰（-5.82%），次贷危机发生以后，美国经常账户赤字占国内生产总值比例有所下降，由 2006 年的 -5.82% 逐步降至 2017 年的 -2.40%。此外，日本、韩国和印度的经常账户余额占国内生产总值的比例也同样引人注目。如果以经常账户差额绝对值与国内生产总值比例是否超过 3% ~

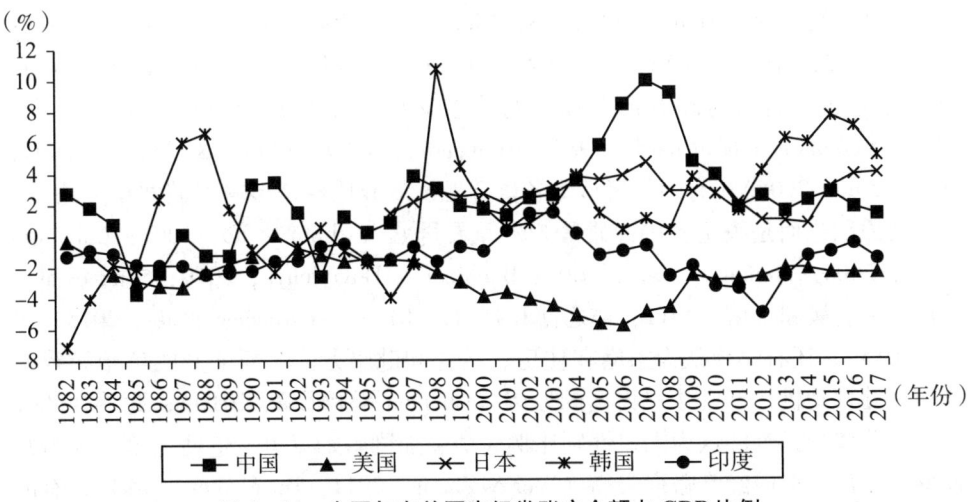

图 6-14　中国与有关国家经常账户余额占 GDP 比例

资料来源：世界银行世界发展指数（WDI）数据库。

4%作为判断一国或地区经常账户是否失衡的标尺,则中国、美国、日本、韩国和印度的经常账户在很多年份处于失衡的状态,其中以中国、日本和美国最为明显。

经常账户无论是赤字过多还是盈余过大都不利于各国经济的健康发展。经常账户的持续失衡不但直接与奥伯斯法尔德和罗格夫(Obstfeld & Rogoff,1996)提出的经常账户跨期调整理论相背离,而且也导致了国家间贸易盈余、赤字及债务存量持续增加,促使经常账户赤字国加强资本流动管制,造成世界范围内投资行为扭曲和资本错配,严重威胁着世界经济的效率、协调与稳定,被众多学者认为是2008年次贷危机爆发和全球金融市场不断动荡的重要原因(Reinhart & Rogoff,2008;Machael,2008;奥伯斯法尔德和罗格夫,2010;Aizenman,2010)。当前,经常账户顺差国特别是中国不断受到经常账户逆差国尤其是美国的批评与指责,经常账户失衡问题事实上已成为国际贸易保护主义抬头、贸易摩擦加剧乃至全球地缘政治冲突不断发生的重要诱因,严重恶化中国对外经济贸易发展的国际经济政治环境。在这种背景下,对中国经常账户失衡问题的研究显得尤为必要。

关于经常账户失衡的原因,学者们的观点差异很大。很多学者从国民收入恒等式出发,依据"储蓄投资缺口"与经常账户余额之间的逻辑关系,寻求经常账户失衡的驱动因素(Bernanke,2005)。基于"储蓄投资缺口"视角研究经常账户失衡的文献非常丰富,如有的学者认为人口年龄结构是影响储蓄进而影响经常账户的重要因素(Henriksen,2003;Kim & Lee,2007;Ryan & Reeves,2011;汪伟,2012;李明,2013;Gossé & Serranito,2014;Gudmundsson & Zoega,2014);有的学者认为政府消费储蓄行为会影响经常账户余额即"双赤字说"(Twin Deficits)(Blanchard,1985;Normandin,1999;Chinn & Prasad,2003;Chinn & Ito,2008);有的学者认为各国金融发展异质性是影响"储蓄投资缺口"的重要原因进而是决定各国经常账户的重要因素(Chinn & Ito,2007;Caballero et al.,2008;Mendoza et al.,2009;Benhima & Havrylchyk,2010;Song et al.,2011;肖立晟和王博,2011;谭之博和赵岳,2012;Coeurdacier et al.,2015;张坤,2015);还有学者认为家庭在住房、教育和健康方面不断上升的负担导致的谨慎性储蓄动机是经常账户失衡的原因(Chamon & Prasad,2010);此外,部分学者另辟蹊径,有的认为人口性别比例失衡会加剧婚姻竞争,迫使竞争者为婚姻而储蓄,从而造成经常账户失衡(Wei & Zhang,2011;Du & Wei,2013),有的学者则认为国家心理文化异质性会影响居民的储蓄消费行为并从宏观上塑造国家的经常账户失衡格局(王伟等,2018)。

此外，众多学者将经常账户失衡归因于主要新兴经济体通过外汇市场冲销干预的方式操纵汇率导致的本币低估或汇率失衡（卢锋，2007；Obstfeld，2008；Krugman，2009；Gnimassoun & Mignon，2013；Bayoumi & Saborowski，2014；宫旭红和曹云祥，2017），部分学者认为汇率水平的变化会造成经常账户失衡（Chinn & Wei，2008；贺力平，2008；刘少英，2009；陈创练，2013；刘瑶和张明，2018）。部分学者认为要素禀赋、产业结构与分工结构是导致全球经常账户失衡的重要原因（徐建炜和姚洋，2010；张幼文和薛安伟，2013；蔡兴和肖翔，2017）。还有学者认为国际货币体系的不对称性是经常账户失衡的重要成因（王道平和范小云，2011；Steiner，2014）。

本节关于人民币汇率变化中巴—萨效应传导受阻影响中国经常账户的分析在本质上与认为汇率失衡是造成经常账户失衡重要原因的文献相一致，但与既有文献（如 Gnimassoun & Mignon，2013；宫旭红和曹云祥，2017）相比，本部分的新意在于考察巴—萨效应意义上的人民币汇率失衡对中国经常账户余额的影响。

二、巴—萨效应传导受阻影响中国经常账户差额的基本原理

第一，人民币汇率变化中巴—萨效应传导受阻内在地表现为中国贸易品部门劳动生产率相对非贸易品部门更快地增长，但受到劳动力无限供给和金融抑制等诸多因素的制约，贸易品部门劳动工资难以充分体现其劳动生产率的变化。因而，巴—萨效应传导受阻将使中国贸易品价格相对外国而言趋于下降，使中国贸易品价格竞争力提升，从而促进中国贸易品出口增加，最终表现为经常账户出现顺差或盈余上升。

第二，巴—萨效应传导受阻导致的人民币汇率低估造成了以外币表示的国民财富较低，抑制了国内消费者对国外产品和服务的消费能力，从而不利于中国进口其他国家的商品和服务，不仅降低了中国城乡居民的消费率，而且还将进一步加剧中国经常账户盈余。

第三，从收入分配层面来看，巴—萨效应传导受阻造成的人民币汇率低估会导致国民收入由高消费倾向的劳动者转向低消费倾向的利润所有者，从整体上降低了中国居民的边际消费倾向，国民总收入与国民总消费之间的差距随之扩大，最终在"储蓄投资缺口"的逻辑下通过经常账户盈余的形式表现出来。因此，收入分配效应是人民币汇率低估影响居民消费进而影响中国经常账户余额的重要中间作用机制，而且，经济开放程度越高，这一作用机制可能越突出。

第四，人民币汇率低估将吸引外商直接投资进入中国，由于外商投资企业本

身在出口方面的产品优势、深厚经验和广泛网络，加之政府对外商投资企业出口业绩的要求，长期以来，外商投资企业出口额是中国出口总额的重要组成，也成为人民币汇率低估影响中国经常账户余额的重要中间渠道。

第五，中国大陆漫长的海岸线以及常年可通航的沿海港口和内河港口的优良港航条件也为人民币汇率低估影响中国经常账户差额提供了充分的条件，加之中国政府长期执行的为出口导向战略配套的综合政策性激励措施，进一步放大了人民币汇率低估对中国经常账户余额的影响。

因此，综合上面的论述，巴—萨效应传导受阻导致的人民币汇率低估将倾向于增加中国经常账户盈余，加剧中国经济外部失衡。

三、巴—萨效应传导受阻与中国经常账户余额变化关系的初步观察

借鉴已有文献的做法，本节用经常账户余额占国内生产总值比例衡量中国经常账户失衡程度，中国经常账户余额占国内生产总值比例的数据来自世界银行世界发展指数（WDI）数据库。图6-15展示了人民币汇率变化中巴—萨效应传导受阻程度（bshi_to）与中国经常账户余额占国内生产总值比例（cugdp）的走势对比。

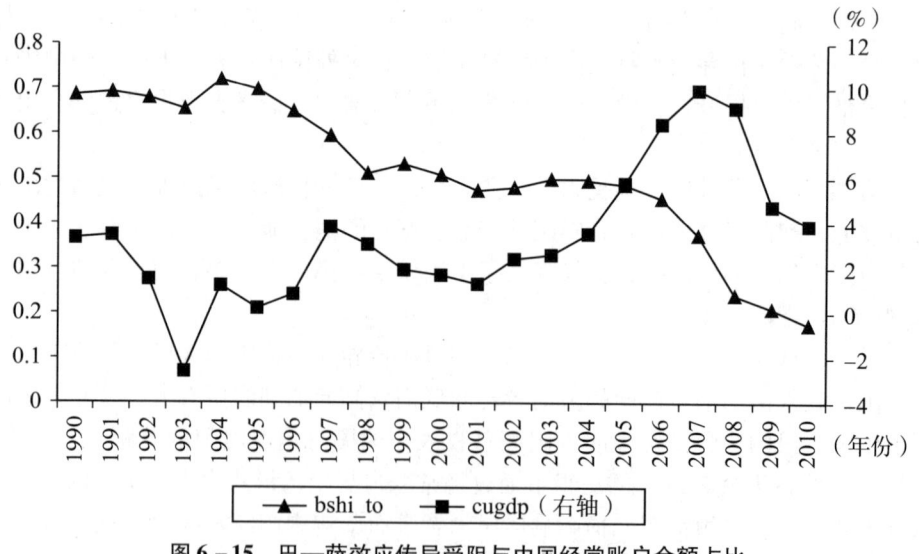

图6-15 巴—萨效应传导受阻与中国经常账户余额占比

第六章　人民币汇率变化中巴拉萨—萨缪尔森效应传导受阻的经济效应　·201·

从图 6-15 可以看出,随着人民币汇率变化中巴—萨效应传导受阻程度的降低,中国经常账户失衡的程度也越来越高,这一关系可以理解为样本期内一直存在的人民币实际汇率低估通过进出口、吸引外资和收入分配等机制不断加剧中国外部经济失衡。进一步地,对图 6-15 更仔细的观察可以发现,大体上,随着人民币实际汇率低估程度逐渐下降,中国经常账户余额占国内生产总值比例上升的速度也在趋于下降。也即人民币汇率失衡不仅会影响中国经常账户余额占国内生产总值比例的绝对水平,也会影响中国经常账户余额占国内生产总值比例的变化幅度。

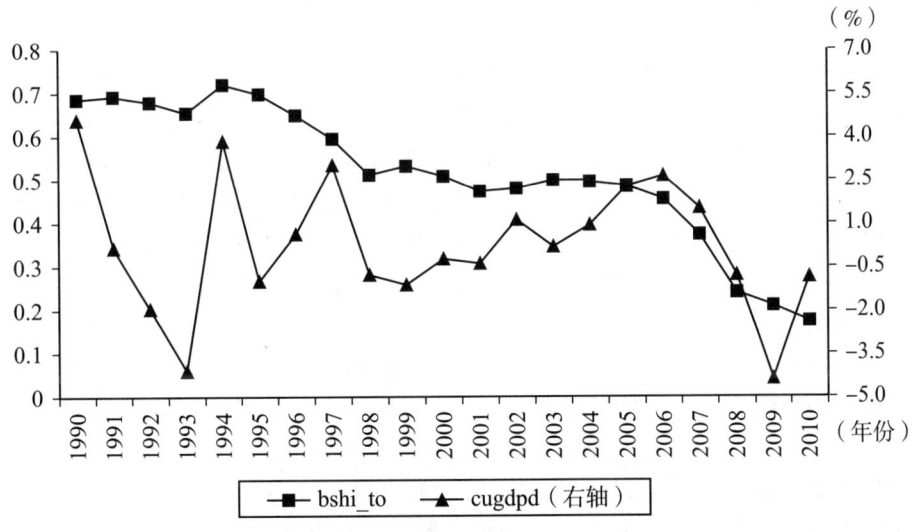

为了直观考察人民币汇率变化中巴—萨效应传导受阻程度与中国经常账户余额占国内生产总值比例上升速度之间的关系,此处在中国经常账户余额占比的基础上计算得到中国经常账户余额占比的年度变化幅度(cugdpd)(用本期 cugdp 减去上一期 cugdp 计算),并将之与人民币汇率变化中巴—萨效应传导受阻程度走势进行对比(如图 6-16 所示)。图 6-16 显示,总体而言,人民币汇率变化中巴—萨效应传导受阻程度与中国经常账户余额占比的年度变化幅度之间具有大致相同的走势,也即随着巴—萨效应传导受阻程度的降低,中国经常账户余额占比的变化幅度也趋于下降。对变量 bshi_to 与变量 cugdpd 的相关性检验发现,两者之间的相关系数为 0.30,不过在 10% 的统计水平上并不显著,这可能与数据点数量不够有关。

图 6-16　巴—萨效应传导受阻程度与中国经常账户余额占比变动幅度

接下来基于有数据点优势的面板数据采用散点图的形式直观观察人民币汇率变化中巴—萨效应传导受阻程度（bshi）与中国经常账户余额占国内生产总值比例变化幅度（cugdpd）之间的关系（如图6-17所示）。变量bshi与变量cugdpd间的面板散点图整体形态及线性拟合线斜率显示，人民币汇率变化中巴—萨效应传导受阻程度与中国经常账户占比变化幅度之间大致呈现正相关关系，这进一步证实了上文关于人民币汇率估值水平与中国外部经济失衡之间关系的初步结论。

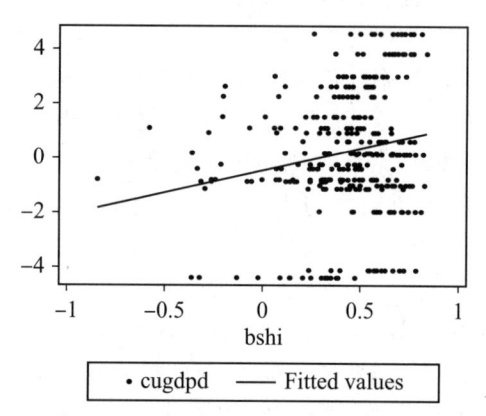

图6-17 巴—萨效应传导受阻与中国经常账户余额占比变化散点图

四、巴—萨效应传导受阻对中国经常账户差额影响的回归分析

为了证实上文对人民币汇率变化中巴—萨效应传导受阻与中国经常账户占比的年度变化幅度之间关系的初步观察结果，接下来将基于面板数据采用计量回归技术研究人民币汇率变化中巴—萨效应传导受阻对中国经常账户余额占国内生产总值比例变化幅度的影响。鉴于大部分实证研究汇率对经常账户影响的文献是将经常账户失衡的绝对水平作为被解释变量，因而，此处以中国经常账户失衡程度变化幅度（cugdpd）为被解释变量，可以从汇率角度丰富考察经常账户失衡问题的分析视角。

参考既有文献的做法，本节的回归分析将控制人口年龄结构因素对中国经常账户失衡的影响。人口年龄结构采用16~64岁人口数占总人口数的比例表示，根据被解释变量cugdpd的构造特点，此处用中国16~64岁人口数占总人口数比例的年度变化值（pastd）进入模型进行回归。中国16~64岁人口数占总人口数比例的数据采自世界银行世界发展指数（WDI）数据库。此外，为控制样本期间发生的1997年亚洲金融危机对中国经常账户失衡程度的结构性影响，本节还在回归模型中加入反映1997年亚洲金融危机的哑变量"dum_fc"。考虑到亚洲金融危机对中国经常账户差额影响的滞后性和阶段性,哑变量"dum_fc"的赋值方法是:1998年、1999年和2000年赋值为"1",其他年份赋值为"0"。表6-13、表6-14和表6-15分别报告了基于全样本、对发达国家样本和对发展中国家样本的POLS和FGLS回归结果。

表6-13　　　　全样本下巴—萨效应传导受阻对中国经常账户余额的影响
（被解释变量：cugdpd）

变量	POLS (1)	POLS (2)	POLS (3)	FGLS (1)	FGLS (2)	FGLS (3)
bshi	1.628*** (3.37)	1.962*** (3.82)	1.865*** (3.67)	1.818*** (3.61)	2.061*** (4.42)	1.966*** (4.26)
pastd		2.203*** (22.16)	2.204*** (21.82)		2.208*** (5.12)	2.212*** (5.20)
dum_fc			-1.048*** (-16.92)			-1.051*** (-3.23)
常数项	-0.452* (-1.78)	-1.477*** (-5.08)	-1.286*** (-4.45)	-0.526** (-2.10)	-1.526*** (-4.99)	-1.337*** (-4.35)
Adj R²	0.03	0.10	0.13	—	—	—

注：系数下括号内的数字为z值，***、**和*分别表示在1%、5%和10%水平上显著。

表6-14　　　对发达国家样本下巴—萨效应传导受阻对中国经常账户余额的影响
（被解释变量：cugdpd）

变量	POLS (1)	POLS (2)	POLS (3)	FGLS (1)	FGLS (2)	FGLS (3)
bshi	4.002*** (6.22)	4.486*** (6.23)	4.307*** (6.55)	4.193*** (3.56)	4.547*** (4.25)	4.354*** (4.10)
pastd		2.226*** (17.77)	2.229*** (19.27)		2.256*** (3.89)	2.250*** (3.92)
dum_fc			-1.004*** (-11.64)			-0.977** (-2.20)
常数项	-1.965*** (-5.98)	-3.124*** (-7.78)	-2.883*** (-7.70)	-2.056*** (-3.06)	-3.169*** (-4.67)	-2.921*** (-4.30)
Adj R²	0.07	0.14	0.17	—	—	—

注：系数下括号内的数字为z值，***和**分别表示在1%和5%水平上显著。

表6-15 对发展中国家样本下巴—萨效应传导受阻对中国经常账户余额的影响
（被解释变量：cugdpd）

变量	POLS (1)	POLS (2)	POLS (3)	FGLS (1)	FGLS (2)	FGLS (3)
bshi	1.611*** (2.79)	2.066*** (3.62)	1.959*** (3.46)	1.822*** (2.82)	2.143*** (3.57)	2.038*** (3.42)
pastd		2.363*** (12.81)	2.355*** (12.22)		2.362*** (3.87)	2.361*** (3.91)
dum_fc			-1.010*** (-7.57)			-1.017** (-2.22)
常数项	-0.245 (-1.02)	-1.329*** (-4.53)	-1.149*** (-3.92)	-0.301 (-1.12)	-1.359*** (-3.66)	-1.183*** (-3.14)
Adj R^2	0.04	0.12	0.14	—	—	—

注：系数下括号内的数字为 z 值，*** 和 ** 分别表示在1%和5%水平上显著。

从基于全样本的面板回归结果来看，关键解释变量 bshi 在各个方程中均具有显著为正的回归系数，表明人民币汇率变化中巴—萨效应传导受阻程度提高将使中国经常账户余额占国内生产总值比例加速上升，也即人民币实际汇率低估会加剧中国外部经济失衡。平均而言，在其他因素不变的情况下，人民币汇率变化中巴—萨效应传导受阻程度每上升10%，中国经常账户差额占国内生产总值比例上升幅度将提高0.16%~0.20%。这一回归结果以更严格的方式证实了本节有关人民币实际汇率低估将造成中国外部经济失衡的理论预期。就控制变量而言，代表中国人口年龄结构因素的变量 pastd 在所有回归方程中均具有统计显著的正系数，表明中国工作年龄人口比例的上升会推动中国经常账户余额占国内生产总值比例提高，即工作年龄的人口往往倾向于积累储蓄，从而使经常账户出现顺差，这与理论预期和既有实证文献的研究结论一致。此外，代表1997年亚洲金融危机的哑变量 dum_fc 的回归系数在各个方程中均显著为负，表明亚洲金融危机爆发后，受不利国际经济环境的影响，中国经常账户余额扩张受到负面影响，这与预期相符。

分样本进行的回归结果显示，无论是相对于发达国家还是相对于发展中国家，人民币汇率变化中巴—萨效应传导受阻均会造成中国经常账户余额的加速扩张。此外，从变量 bshi 的回归系数值大小来看，对发达国家样本中巴—萨效应传导受阻对中国经常账户余额扩张的影响更为显著，这可能与中国的主要经济贸易伙伴大多是发达国家有关。

关于解释变量内生性问题。由于经常账户盈余可能会通过外汇供求影响人民币名义汇率进而影响实际汇率,因而可能与本书测算的人民币汇率变化中巴—萨效应传导受阻程度相关。但从经常账户盈余到巴—萨效应传导受阻之间存在多个传导环节,这将在一定程度上降低解释变量内生性的可能,不仅如此,人民币名义汇率在样本期间的大部分年份受到政府干预,因而具有一定的外生性。因而,解释变量内生性在此处应该不是一个突出问题。尽管如此,为了稳健起见并与上文基于 POLS 方法和 FGLS 方法的回归结果做对照,接下来进一步采用两阶段最小二乘法(2SLS)进行回归,回归中取变量 bshi 的滞后一阶值作为变量 bshi 的工具变量,表 6-16 报告了基于两阶段最小二乘法(2SLS)的回归结果。

表 6-16　　巴—萨效应传导受阻对中国经常账户余额的影响(2SLS)

(被解释变量:cugdpd)

变量	全样本		对发达国家		对发展中国家	
bshi	0.418 (0.89)	0.987** (2.31)	1.323 (1.06)	2.477** (2.14)	0.365 (0.58)	1.058* (2.31)
pastd		2.564*** (9.08)		2.568*** (6.62)		2.644*** (6.57)
dum_fc		-0.837*** (-6.11)		-0.819*** (-4.37)		-0.818*** (-4.14)
常数项	-0.146 (-0.67)	-0.305*** (-4.63)	-0.691 (-1.02)	-2.245*** (-3.29)	-0.078 (-0.34)	-1.236*** (-3.51)
Adj R^2	0.01	0.15	0.02	0.17	0.01	0.16

注:系数下括号内的数字为 z 值,***、**和*分别表示在 1%、5% 和 10% 水平上显著。

在考虑内生性可能后,关键解释变量 bshi 在所有回归中仍然具有正系数,且在引入控制变量后具有统计显著性,从而进一步证实了巴—萨效应传导受阻会加剧中国经常账户的失衡。此外,控制变量 pastd 和 dum_fc 的回归系数均具有符合预期的符号。

五、对 2010 年以后人民币汇率与中国经常账户余额动态关系的观察与讨论

本书第五章的实证分析和计量模拟结果表明,人民币实际汇率在 2010 年以

后快速升值,不断向巴—萨效应决定的均衡实际汇率收敛,近期已基本实现均衡,部分年份甚至出现了小幅度的汇率高估。从近些年人民币汇率变化中巴—萨传导受阻程度模拟值(bshif)与中国经常账户盈余占国内生产总值比例(cugdp)的走势来看(如图6-18所示)①,伴随着人民币汇率的大幅升值及向均衡汇率值靠近,中国经常账户盈余占国内生产总值的比例也在波动中出现趋势性下降,其中在2015年以后下降更明显。数据显示,2015年和2016年中国经常账户余额占国内生产总值比例分别为2.75%和1.81%,而2017年和2018年,中国经常账户盈余额则分别为2217亿美元和1123亿美元,占中国国内生产总值比例分别为1.35%和0.86%。此外,据中国海关统计,2019年前两个月,中国货物贸易顺差3086.8亿元,收窄8.7%,其中2019年2月中国出口额为1352.4亿美元,同比下降20.7%,是近三年来最大跌幅,贸易顺差41.2亿美元,收窄87.2%②,可见近期中国经常账户盈余额下降速度是非常快的。

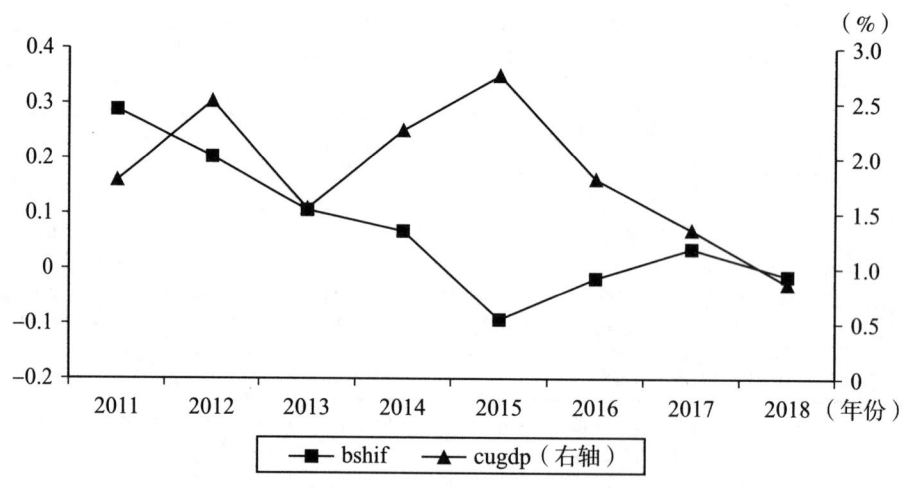

图6-18 2011~2018年巴—萨效应传导受阻与中国经常账户盈余

参照本节实证分析的结果,近些年中国经常账户盈余的快速下降,固然存在

---

① 其中人民币汇率变化中巴—萨效应传导受阻数据来源于本书第五章的计量模拟,中国经常账户盈余数据来自世界银行世界发展指数(WDI)数据库。其中2017年和2018年中国经常账户余额数据来源于国家外汇管理局网站,2018年中国GDP数据来自中国国家统计局发布的《2018年国民经济和社会发展统计公报》。

② 数据来源于中国海关总署官方网站:http://www.customs.gov.cn。

中国工作年龄人口比例下降即人口老龄化的因素,但人口年龄结构在短期内具有相对的稳定性,数据显示,中国16~64岁工作年龄人口占总人口比例由2010年的73.75%降至2017年的71.68%,平均每年只下降0.30个百分点,因而对中国经常账户差额的影响较小。而人民币实际汇率在估值高位继续升值甚至出现小幅高估更有可能是近些年中国经常账户盈余显著降低的主要原因。

第七章 结论及政策建议

第一节 主要结论

一、关于人民币汇率变化中巴—萨效应传导受阻的程度

中国贸易品部门生产率相对非贸易品部门生产率快速增长,中外部门间"相对相对生产率"也呈现趋势性上升,因而,中外部门结构性生产率的相对动态较好地匹配了巴—萨假说关于生产率变化的条件。然而,测算结果表明,人民币汇率变化中巴—萨效应传导并不完全,以进出口贸易额加权的人民币汇率变化中巴—萨效应传导受阻程度从 20 世纪 90 年代初的 70% 左右趋势性地降至 2010 年约 20% 的水平。此外,人民币汇率变化中巴—萨效应传导受阻程度存在国家层面的结构性差异,表现为中国与发达国家之间汇率变化中巴—萨效应传导受阻程度显著高于中国与发展中国家之间(前者比后者平均高出 22% 左右),特别地,到 2010 年前后,中国与发展中国家之间汇率变化中巴—萨效应几乎实现了完全传导。

二、关于贸易品价格偏离"一价定律"对巴—萨效应传导的影响

中外贸易品价格并不符合"一价定律",中国贸易品价格不仅大幅低于发达国家贸易品价格,也显著低于发展中国家贸易品价格。平均而言,其他国家贸易品价格超出中国 1.01 倍,其中发达国家贸易品价格超过中国 1.54 倍,发展中国家贸易品价格超出中国 0.49 倍。理论分析和实证结果表明,贸易品价格偏离"一价定律"使巴—萨假说的部分条件并不完全满足,贸易品价格偏离"一价定

律"是造成人民币汇率变化中巴—萨效应传导受阻的重要原因。具体而言,如果外国贸易品价格超出中国1倍,人民币汇率变化中巴—萨效应传导受阻程度将提高约20%,贸易品价格偏离"一价定律"因素可以解释人民币汇率变化中巴—萨效应传导受阻程度的40%。此外,相对于发达国家而言,中国与发展中国家之间贸易品价格偏离"一价定律"对巴—萨效应传导的负面影响更大。

三、关于城乡二元结构对巴—萨效应传导的影响

中国农村人口数量占总人口数比例较高,表明中国存在明显的城乡二元结构。伴随着中国城镇化的不断推进,农村大量剩余劳动力向城市的工业和服务业部门转移,造成城市劳动供给大于劳动需求,使工资成为一个具有外生性质的变量,造成工资与部门劳动生产率之间的内生联系受阻,从而导致人民币汇率变化中巴—萨效应传导不完全。实证研究结果表明,平均而言,如果中国农村人口占总人口比例超出国外10%,人民币汇率变化中巴—萨效应传导受阻程度将提高5%~8%,城乡二元结构显著抑制了人民币汇率变化中巴—萨效应的传导效率。与此同时,相对发展中国家而言,中国与发达国家之间城乡二元结构水平差异对巴—萨效应传导的不利影响更为明显。此外,实证分析结果表明,政府对劳动力市场管制的减少、信息交流管道的通畅和交通基础设施的完善带来的人口流动自由度的提高可有效缓解城乡二元结构对人民币汇率变化中巴—萨效应传导的阻滞。

四、关于金融抑制对巴—萨效应传导的影响

金融抑制通过压低资本价格从而造成资本对劳动的替代,降低了对劳动的需求,压低了工资水平,扭曲了部门生产率对工资的传导链条,最终不利于巴—萨效应的传导,而国有企业"逆资源禀赋"的技术偏好等因素则会放大金融抑制对巴—萨效应传导的阻碍作用。相对于其他国家而言,中国政府对信贷市场的诸多管控使实际利率水平较低,中国存在较为明显的金融抑制特征。实证研究结果表明,金融抑制是造成人民币汇率变化中巴—萨效应传导受阻的重要原因,平均而言,中国实际利率低于外国利率10%将造成人民币汇率变化中巴—萨效应传导受阻程度提高2%~12%。此外,实证分析结果证明,国有工业企业固定资产占全国工业企业固定资产比例提高将加大金融抑制对巴—萨效应传导的阻滞作用。

五、关于地方政府竞争对巴—萨效应传导的影响

地方政府基于财政追求和官员晋升目标而产生的"标尺竞争"压低了各种生产要素价格,牺牲了劳工权益,使工人工资长期维持在较低水平,从而部分阻隔了从部门劳动生产率变化到工资变动的传导路径,弱化了巴—萨效应的发挥。实证研究结果表明,以吸引外商直接投资为核心的地方政府竞争显著阻碍了人民币汇率变化中巴—萨效应的传导,造成了人民币实际汇率扭曲。

六、关于当前人民币实际汇率估值水平的基本判断

近些年来,人民币实际有效汇率经历了一个显著的升值过程,当前已经处于历史估值高位。可以认为,正是中国人均收入相对提高引起的中外贸易品价格偏离"一价定律"程度降低、城乡二元结构快速转型、金融深化不断推进、地方政府竞争强度下降以及人民币汇率形成机制改革等有利于巴—萨效应传导诸因素的深刻变化使人民币实际汇率获得了系统性的升值动力,促使人民币实际汇率逐渐逼近甚至超越由巴—萨效应决定的人民币汇率均衡值,当前人民币实际汇率估值大体上已处于均衡水平甚至有小幅高估的可能。

七、关于巴—萨效应传导受阻对中国经济增长方式的影响

作为巴—萨效应传导受阻结果的人民币汇率低估会形成一个更有利于国内厂家的相对价格格局,使国内企业习惯于享受"汇率低估红利",缺乏技术升级的动力,从而延续甚至强化以劳动和资源密集使用为特征的传统低效的生产与经营模式,不利于中国经济增长方式由粗放型向集约型转变。实证分析结果表明,人民币汇率变化中巴—萨效应传导受阻有助于促进劳动和资源密集型制造业产品出口,而相对不利于高技术密集型产品出口,因而,巴—萨效应传导受阻抑制了中国经济增长方式转型升级。

八、关于巴—萨效应传导受阻对中国产业结构的影响

巴—萨效应传导受阻导致的人民币汇率低估总体上来说意味着一种倾向于中国贸易品部门发展的"价格扭曲",实际上相当于对贸易品生产企业给予了补贴,

导致过多的社会资源被配置到贸易品部门,损害了非贸易品部门的发展,造成中国产业结构的失衡。实证研究发现,人民币汇率变化中巴—萨效应传导受阻显著降低了中国服务业增加值占国内生产总值的比例,平均而言,在其他因素不变的条件下,人民币汇率变化中巴—萨效应传导受阻程度每提高10%,中国服务业增加值占国内生产总值的比例将下降0.1%~0.9%。

九、关于巴—萨效应传导受阻对中国区域经济结构的影响

由于巴—萨效应在人民币汇率变化中的传导并不完全,东部沿海地区在拥有制造业生产率快速进步的同时其实际汇率却没有发生同步的升值,从而给制造业集聚的东部沿海地区带来了巨大的"汇率低估红利",将极大促进东部沿海地区制造业的发展。不仅如此,由于制造业扩张会促进其他行业的发展,人民币汇率低估将进一步增强东部沿海地区的经济优势,从而加剧中国区域经济结构失衡。实证研究发现,人民币汇率变化中巴—萨效应传导受阻程度的提高会造成东部沿海地区经济占全国经济的比例加速上升,进一步扩大地区经济发展差距,平均而言,在其他条件不变的情形下,人民币汇率变化中巴—萨效应传导受阻程度每提高10%,中国东部沿海地区GDP占比上升速度将提高0.03%~0.10%。

十、关于巴—萨效应传导受阻对中国经常账户余额的影响

理论分析表明,巴—萨效应传导受阻造成的人民币实际汇率低估可通过相对价格机制、收入分配机制和外商直接投资机制等渠道加剧中国经常账户盈余。实证研究结果表明,人民币汇率变化中巴—萨效应传导受阻程度越高,中国经常账户余额占国内生产总值比例上升的幅度越大,平均而言,在其他因素不变的条件下,人民币汇率变化中巴—萨效应传导受阻程度每提高10%,中国经常账户余额占国内生产总值比例的提高幅度将上升0.16%~0.20%。

第二节 政策建议

一、鼓励人口自由流动,推动城乡二元结构转型

城乡二元结构及作为其结果的劳动力市场扭曲会导致人民币汇率变化中巴—

萨效应传导受到阻滞，进而恶化资源配置效率，降低社会福利，引致经济失衡，而劳动力自由流动可以缓解城乡二元结构的负面影响。因此，从政策层面上来说，应不断降低并最终消除人口自由迁移的各种制度壁垒和政策障碍，鼓励人口在城乡之间和地区之间自由流动，逐步实现人口由农村向大中城市特别是向京津冀、粤港澳大湾区和长三角等大城市群集聚，推动城乡二元结构转型，释放和增强社会发展活力，实现劳动力资源优化配置，推进以人为核心的城镇化，改变城镇化进程落后的现状，促进工业化引领经济增长向城镇化引领经济增长转型，助推以农村劳动力非农化转移和人口城市化为重要表征的人类文明进程在中国落地。

在政策操作上，改革户籍管理制度是鼓励人口自由流动、推动城乡二元结构转型和提高城镇化水平的关键。因而，应积极稳妥推进户籍制度改革，逐步消除以户籍制度为核心的阻碍中国劳动力资源自由流动的体制机制，充分肯定并积极落实人们的自由迁徙权。以农民工市民化为关键抓手，尽早实现流动人口与户籍人口在社会保障、就业、教育、医疗、居住和政治参与等方面的同等权利。应增强流动人口在城市稳定居住和就业的预期，提高农民工永久迁移意愿，促进流动人口与城市的高度融合，破除长期存在的城市内部"二元劳动力市场"格局，提升流动人口市民化程度，缓解史无前例的城镇化速度与渐进方式推进的户籍制度改革之间日趋紧张的关系。上述举措将为实现中央规划的到2020年1亿已经在城镇就业的农业转移人口在城市落户的目标奠定坚实制度基础。

此外，信息和交通基础设施的发展完善可以提高人口（劳动）流动自由度。因而，从政策上来说，应该进一步推进包括互联网在内的中国信息高速公路建设，构建新一代信息基础设施，扩大信息覆盖面，提高信息传播效率。同时加快交通基础设施建设，提升机场、高速铁路、普通铁路、高速公路和国道省道等交通设施的可及性，促进人口在空间和产业两个维度上自由流动和合理配置，提高劳动力市场匹配效率，助推人民币汇率实现均衡。

二、深化金融体制改革，提高金融资源配置的市场化水平

金融抑制显著降低了人民币汇率变化中巴—萨效应传导效率，而国有经济占比的提高则会加剧金融抑制对巴—萨效应传导的阻滞作用，从而对中国经济内外均衡造成负面影响。这些结论的政策含义是，应该深化金融体制改革，稳步推进金融体系的市场化进程，积极减轻并逐步消除金融抑制，使金融体系走向以保护资金供给方利益为核心的市场化发展模式，让金融市场在配置资本过程中发挥决定性作用，提高金融资源的配置效率，优化生产过程中的要素使用结构，减轻资

本对劳动的替代，为巴—萨效应在人民币汇率变化中的顺利传导创造条件。具体而言，应该积极深化利率市场化改革，使利率成为金融市场配置资本的基本信号；逐步放开银行业准入限制，拓宽非国有银行发展空间，推动国有银行股份制改革，完善银行业竞争结构，促进银行业的良性有序竞争；稳步推进科创板股票市场 IPO 注册制改革，适时在其他股票市场推广，积极完善企业债券发行制度，推动资本市场市场化改革，提高直接融资比例。

此外，考虑到国有经济在巴—萨效应传导中的调节作用，在政策层面上应该考虑进一步明确国有企业的战略定位，优化国有经济布局，强化国有企业和与之具有千丝万缕联系的地方政府的预算约束，破除政府对国有企业获取金融资源的隐性担保，完善国有企业的运行机制，约束国有企业的"资本偏向"，推动国有企业创新发展和提高效率。同时应采取措施优化企业经营生态，确立金融资源配置的竞争中立原则，健全支持民营经济发展的法治环境，促进国有资本和民间资本公平竞争和协同发展，通过优化国有资本和民间资本的相对结构缓解国有企业对于巴—萨效应传导的阻滞作用。

三、重塑地方政府目标函数，推进"以人民为中心"的高质量增长

地方政府竞争损害了人民币汇率变化中巴—萨效应的传导效率，从而成为中国经济内外失衡的重要原因之一。因此，从指导思想上来说，应落实"以人民为中心"的发展思想，激励地方政府更加注重综合发展和可持续发展，增进人民福祉，促进共同富裕，推动社会公平正义，维护社会稳定。就政策操作而言，应完善中央对于地方政府发展成果考核评价体系，重塑地方政府目标函数，推动政府职能转变，促使地方政府理性权衡最大化产出与最大化公共物品提供之间的关系，着力解决绩效考核指标带来的地方政府激励扭曲问题，让地方政府自觉追求经济增长与收入分配、社会保障、环境保护和教育医疗等基本民生诉求的协调统一，实现增长（发展）型政府向人民满意的公共服务型政府转变。

在具体机制设计上，可以考虑让辖区的公众满意度以恰当方式进入地方官员的政绩追求，让直接承受地方政府治理后果的居民和企业有机会影响地方官员的仕途，促进地方官员对居民和企业的多样化福利偏好做出足够和有效的反应，使地方政府有激励机制来积极回应居民对美好生活和企业对优良营商环境的新期盼和新关切。比如进一步发挥辖区居民、地方人大和地方政协在监督和问责地方政府方面的作用，在地方选举时适度引入差额选举的方式，让辖区内的公众意愿在地方官员升迁调整中发挥积极作用；扩大"媒体问政"的广度，适当增加新闻媒体

对地方政府日常施政的监督。此外，应该推进劳动监察和环保督查等监管制度改革，让监管系统独立于地方政府，纠正监管体制失灵，切实发挥监管系统对地方政府的约束作用。

四、完善人民币汇率形成机制，提高人民币汇率市场化水平

人民币名义汇率弹性的增强有助于提高人民币汇率变化中巴—萨效应的传导效率。其政策含义是，应该根据灵活性和稳定性相统一的原则改革人民币汇率形成机制，真正让市场力量在人民币汇率形成中发挥基础性的决定作用，在国内外价格、利率和国际收支等影响汇率诸因素变动时及时做出调整，纠正人民币汇率形成机制在实践中存在"管理"有余而"浮动"不足的缺陷。同时应避免汇率大起大落，维护人民币汇率水平的相对稳定，逐步建立与我国社会主义市场经济新阶段相适应的、以市场供求为基础的、参考一篮子货币进行调节的、有管理的浮动汇率制度。

在具体政策操作上，在保持人民币汇率基本稳定的条件下，进一步完善人民币汇率的中间价报价机制，特别是注重根据对外经济格局以及贸易对汇率的弹性变化，以产出波动最小化和实际有效汇率稳定等为目标及时调整参考一篮子货币中各币种的权重。此外，应该渐进有序扩大人民币名义汇率弹性，充分利用央行逆周期因子对于稳定人民币汇率的积极作用，创新和完善货币管理部门外汇市场调节操作，正确把握和科学引导汇率预期，提高外汇市场干预效率。

此外，由于汇率制度仅仅是金融制度中的一个子制度，汇率制度的改革应该与整个金融制度改革的步伐相协同。中国目前尚处在向发达市场经济过渡的时期，金融机构体系和金融市场体系还处于较为脆弱的阶段，金融宏观调控、监管体系及金融法规体系还有待进一步健全和完善，人民币汇率制度改革应该兼顾中国金融系统的现实条件，与整个中国金融体系改革配套而行。

五、关注人民币汇率系统性的升值动力，谨防人民币汇率爆发式升值

研究表明，由于各种因素叠加的影响，近些年人民币获得了系统性的升值动力，升值幅度令人瞩目。然而，人民币汇率短期内快速升值将导致中国劳动密集型制造业的价格优势急剧弱化直至消失[①]，加之中国金融体系的脆弱性、产能过

[①] 朱真丽和宁妮（2002）研究表明，中国进出口弹性之和为"2.71"，远大于马歇尔—勒纳条件指出的进出口价格弹性之和至少为"1"的水平，这意味着人民币升值将严重影响我国出口产品的国际竞争力。

剩和企业效率低下等因素，可能会使中国经济增长减速超过可以承受的程度，从而使整个经济陷入巨大的波动之中，甚至引发经济金融危机。

因此，从政策上来说，以富有竞争力的相对价格水平为目标的汇率政策应该特别关注人民币汇率升值的系统性动力，推动人民币汇率稳步渐进升值，实现人民币升值步伐与经济结构调整升级节奏相协调，谨防人民币汇率爆发式升值对中国经济的整体性伤害。从短期来看，应该加强对美元、欧元和日元等世界主要货币国家或经济体经济发展和经济政策选择的研究和预判，准确把握世界主要货币汇率的变动方向和变化幅度，提高外汇市场干预的效率，防止人民币名义有效汇率在短时期内大幅度升值。

面对有基础性因素支撑的人民币实际汇率的系统性升值动力，在外汇市场上调节人民币名义汇率显然并非治本之策，从根本上来说应依靠劳动者素质的不断提高和经济结构的及时调整。因而，从中长期来看，应抓紧落实党的十九大报告提出的"教育优先发展战略"，切实加大教育支出和研究开发投入，积极实施创新驱动发展战略，提高劳动力的受教育水平、技能层级和劳动生产率，助力"建设知识型、技能型、创新型劳动者大军"，实现模仿型技术进步向创新型技术进步转变，自主掌握关键核心技术，培育国际竞争新优势。与此同时，应加快经济结构调整，加快培育发展新动能，努力向全球产业价值链上的高端攀升，逐步形成一批处于产业链高端的跨国企业集团，实现中国经济增长由要素驱动型向全要素生产率驱动型转变，推动经济发展质量变革、效率变革、动力变革，促进中国经济由高速增长阶段顺利转向高质量发展阶段。此外，应积极促进经济增长由出口导向的外部驱动向消费导向的内部驱动转变，降低中国经济运行对人民币汇率的敏感度，培育和提升中国经济发展的内在稳定性。

六、积极发展服务业，推动产业结构优化升级

长期以来，由于包括人民币汇率失衡在内的诸多因素的影响，中国服务业发展明显滞后于工业发展，造成了中国产业结构扭曲。因此，在发展战略上，应该及时纠正传统上政府主导模式下重工业发展、轻服务业发展的倾向，适时退出重化工业优先发展战略。要切实理顺市场机制和资源配置关系，加大对服务业的扶持力度，为服务业尤其是现代服务业的发展提供公平的机会，实现经济资源由过度偏向工业部门的配置转向工业和服务业相对均衡的配置，逐步形成与现代化经济体系相匹配的服务业主导的产业体系。特别要注重推动生活性服务业向高品质和多样化升级，从服务业层面不断满足人民群众对美好生活的向往，同时大力发

展生产性服务业，促进生产性服务业向专业化和价值链高端延伸，推动现代服务业与先进制造业深度融合，助推中国由制造型大国稳步转向服务型大国，促进中国产业结构高阶化进程，通过释放服务业改革和发展红利发掘新的经济增长点，培育新的经济增长动力。

在政策操作上，应该聚焦服务业重点领域和发展短板，切实加快服务业"放管服"等供给侧结构性改革，着力改变服务业进入管制和垄断问题突出的现状，排除非国有资本进入金融、电信、科技、教育、医疗和媒体等现代服务业的各种壁垒。通过引入竞争机制，培育多元化服务业竞争主体，促进服务发展的市场化进程，推动服务业效率变革和质量变革，降低服务产品价格。通过推动服务业企业创新服务业态，促进技能密集型服务的生产和消费，在中高端服务领域形成服务生产和服务消费的良性循环，促进形成强大的国内服务业消费市场，缓解服务产品供给与需求结构不平衡不匹配等突出矛盾和问题。

按照巴—萨假说，服务业发展促成的服务业生产率的提高将通过巴—萨效应机制使汇率具有贬值动力。因而，大力提高服务业的劳动生产率，降低贸易品部门与非贸易品部门的相对生产率，可以成为缓解和对冲近期各种因素导致的人民币汇率系统性升值压力的重要举措。而且，知识（专利）密集型生产性服务业的发展也可以促进工业系统转型升级，促进工业产品非价格竞争能力提升，实现先进制造业和现代服务业的相互支撑和协同共进，缓解人民币升值压力对经济产生的不利冲击。不仅如此，随着中国制造业生产率向发达国家不断收敛，服务业生产率可以逐渐替代制造业生产率成为中国未来经济增长的主要来源。

七、构建多样化区域合作机制，推动中国区域经济均衡发展

研究表明，人民币汇率变化中巴—萨效应传导受阻导致的汇率失衡使具有发展对外经济先天优势的中国东部沿海地区获得了汇率低估的"红利"，造成中国东部沿海地区经济占全国比例加速上升，加剧了中国区域经济失衡，对资源配置效率、社会和谐稳定等带来挑战。

这些结论具有明确的政策含义。中国区域经济失衡已经形成社会集体性焦虑，因而，除了推动人民币汇率不断实现均衡以外，应该正视由诸多因素造成的、目前仍然较为严重的区域经济社会发展差距。加强中央对区域协调发展的顶层设计，进一步推动和完善西部大开发、中部崛起和东北老工业基地振兴等区域均衡发展战略，创建多样化的区域经济合作交流机制，促进东部沿海等先富发达地区帮扶中西部相对落后地区，促成"先富带动后富"，逐渐实现共同富裕，推

动实现新时代高水平国土空间发展均衡,助力国家经济持续高质量发展和社会长期和谐稳定。在政策操作上,应精准定位并充分发挥中西部地区比较优势,加大有助于中西部地区比较优势发挥的资源供给力度,调整投入的领域和重点,避免同质化竞争和资源错配,着力增强中西部地区经济增长内生动力,保障欠发达地区平等的发展机会,实现分工合理、功能互补、错位发展的区域经济发展新格局;进一步做实对口帮扶政策,先富地区在人才、资金和项目等方面为后富地区提供支持;积极疏通从东部沿海地区到中西部地区的重大交通基础设施,加快基础设施互联互通,丰富区域之间的连接方式,提高人流物流在东中西部之间流动的便利性和密集度,推动区域之间多层次深度交流,扩大东部沿海地区对中西部欠发达地区的扩散和溢出效应,增强区域之间经济社会发展的协同性和包容性。

此外,应该支持东部地区发挥独特优势率先发展,在"效率优先、兼顾公平"原则的指引下,进一步提升沿海发达地区在国家经济发展和对外开放中的支撑引领作用。在适度控制东部沿海少数超大城市人口规模的前提下,积极有序引导中西部人口向东部沿海地区城市群集聚,推动人口集聚追赶经济集聚,通过集聚实现平衡,加快形成地区之间城镇协调发展的城镇化新格局,也不失为一项缩小地区经济社会发展差距、实现中国区域经济空间均衡的重要举措。

八、转换对外经济发展战略,维护中国经济外部均衡

数据分析表明,尽管2008年美国次贷危机以后,中国经常账户失衡状况有所缓解,但中国外部经济失衡程度依然突出。虽然中国经常账户失衡有一定程度的必然性,但经常账户盈余的大量积累也导致了资源浪费和配置效率低下,降低了国民福利,同时也容易加大国际经贸摩擦,恶化对外经济贸易环境。因此,在发展战略上,在当前国家间贸易摩擦和冲突急剧增加的宏观背景下,应切实调整对外经济贸易发展战略,实现出口导向战略向进出口均衡发展战略转变,加快构建开放型经济新体制,在更大范围、更宽领域、更深层次上提高开放型经济水平。在具体操作上,应放弃以往过度鼓励出口的举措,适当增加进口,充分利用各种外部资源深入实施创新驱动发展战略,提高中国科技水平,增强中国经济增长内生动力。此外,应推动人民币实际有效汇率按照经济规律充分调整,保持人民币汇率在合理均衡水平上的基本稳定,发挥人民币汇率均衡对于中国经常账户失衡调节的积极作用。同时应加强与各主要经贸伙伴之间的政策沟通与协调,共同形成持续推动中国经常账户平衡和全球经常账户再平衡的政策合力,积极拓展国际合作和竞争新空间,建立互利共赢的国际经贸关系,营造有利于中国经济发展的良好外部环境。

参考文献

[1] 白俊红,卞元超. 要素市场扭曲与中国创新生产的效率损失[J]. 中国工业经济, 2016 (11): 39-55.

[2] 白重恩,钱震杰. 国民收入的要素分配:统计数据背后的故事[J]. 经济研究, 2009 (3): 27-41.

[3] 白重恩,钱震杰,武康平. 中国工业部门要素分配份额决定因素研究[J]. 经济研究, 2008 (8): 16-28.

[4] 蔡昉. 二元经济作为一个发展阶段的形成过程[J]. 经济研究, 2015 (7): 4-15.

[5] 蔡昉. 中国经济增长如何转向全要素生产率驱动型?[J]. 中国社会科学, 2013 (1): 56-206.

[6] 蔡昉. 历史瞬间和特征化事实——中国特色城市化道路及其新内涵[J]. 国际经济评论, 2018 (4): 4-23.

[7] 蔡昉. 农业劳动力转移潜力耗尽了吗?[J]. 中国农村经济, 2018 (9): 2-13.

[8] 蔡昉. 中国经济增长的必要条件是人口红利[J]. 财经界, 2018 (1): 61-63.

[9] 蔡昉. 中国奇迹探源—兼论中国智慧的逻辑[N]. 经济日报, 2019-1-15 (12).

[10] 蔡昉,都阳. 中国地区经济增长的趋同与差异[J]. 经济研究, 2000 (10): 30-37+80.

[11] 蔡昉,都阳,高文书. 就业弹性、自然失业和宏观经济政策——为什么经济增长没有带来显性就业[J]. 经济研究, 2004 (9): 18-25+47.

[12] 蔡少琴. 实际汇率与经济成长——我国内外经济失衡的巴拉萨—萨缪尔森效应分析视角[J]. 现代管理科学, 2012 (10): 84-86.

[13] 蔡兴,肖翔. 人力资本、国际分工新形态与全球失衡[J]. 经济科学, 2017 (3): 19-31.

[14] 曾国安，雷泽珩. 论经济增长方式转变的政策条件——以经济政策的根本性系统性调整促进经济增长方式的转变 [J]. 福建论坛（人文社会科学版），2015（11）：11-18.

[15] 曾铮，陈开军. 人民币实际有效汇率波动与我国地区经济增长差异 [J]. 数量经济技术经济研究，2006（12）：43-53.

[16] 陈斌开，林毅夫. 金融抑制、产业结构与收入分配 [J]. 世界经济，2012（1）：3-23.

[17] 陈创练. 我国经常账户失衡和人民币汇率的动态运行——基于新开放经济宏观动态一般均衡模型的估计 [J]. 山西财经大学学报，2013（9）：31-41.

[18] 陈登科，陈诗一. 资本劳动相对价格、替代弹性与劳动收入份额 [J]. 世界经济，2018（12）：73-97.

[19] 陈明，魏作磊. 服务创新对经济增长方式转变的影响——基于中国宏观层面的分析 [J]. 山西财经大学学报，2017（4）：65-75.

[20] 陈淑云，曾龙，李伟华. 地方政府竞争、土地出让与城市生产率——来自中国281个地级市的经验证据 [J]. 财经科学，2017（7）：102-115.

[21] 陈晓玲，连玉君. 资本—劳动替代弹性与地区经济增长——德拉格兰德维尔假说的检验 [J]. 经济学（季刊），2013（1）：93-118.

[22] 陈秀山，徐瑛. 中国区域差距影响因素的实证研究 [J]. 中国社会科学，2004（5）：117-207.

[23] 陈彦斌，刘哲希. 经济增长动力演进与"十三五"增速估算 [J]. 改革，2016（10）：106-117.

[24] 陈阳，逯进. 城市化、人口迁移与社会福利耦合系统的自组织演化 [J]. 现代财经，2018（1）：13-25.

[25] 陈仪，张鹏飞，刘冲. 二元经济环境下的巴拉萨—萨缪尔森效应——对人民币实际汇率的再考察 [J]. 金融研究，2018（7）：1-17.

[26] 陈宇峰，贵斌威，陈启清. 技术偏向与中国劳动收入份额的再考察 [J]. 经济研究，2013（6）：113-126.

[27] 程必定. 从五大层面建设高质量发展的现代化经济体系 [J]. 区域经济评论，2018（4）：15-19.

[28] 储幼阳. 人民币均衡汇率实证研究 [J]. 国际金融研究，2004（5）：19-24.

[29] 戴静，张建华. 金融所有制歧视、所有制结构与创新产出——来自中国地区工业部门的证据 [J]. 金融研究，2013（5）：86-98.

[30] 戴天仕,徐现祥. 中国的技术进步方向 [J]. 世界经济, 2010 (11): 54-70.

[31] 豆建民,季永宝. 要素市场扭曲对经济增长方式转变的影响特征研究 [J]. 亚太经济, 2018 (1): 101-111.

[32] 傅晓霞,吴利学. 全要素生产率在中国地区差异中的贡献:兼与彭国华和李静等商榷 [J]. 世界经济, 2006 (9): 12-95.

[33] 高培勇,杜创,刘霞辉,袁富华,汤铎铎. 高质量发展背景下的现代化经济体系建设:一个逻辑框架 [J]. 经济研究, 2019 (4): 4-17.

[34] 宫旭红,曹云祥. 汇率失调与经常账户失衡的非线性关系研究 [J]. 新金融, 2017 (8): 14-17.

[35] 龚关,胡关亮. 中国制造业资源配置效率与全要素生产率 [J]. 经济研究, 2013 (4): 4-29.

[36] 关志雄. 为什么人民币需要升值:中国才是真正的受益者 [J]. 经济管理文摘, 2003 (14): 40-44.

[37] 管涛. 关于中国经济回归均衡发展之路的思考——读郭树清先生"中国经济均衡发展需要解决的若干特殊问题"有感 [J]. 国际经济评论, 2007 (3): 34-37.

[38] 郭金龙,王宏伟. 中国区域间资本流动与区域经济差距研究 [J]. 管理世界, 2003 (7): 45-58.

[39] 哈继铭. 中国经济过热的风险 [C]. 2005年春季CCER中国经济观察, 2005: 15-20.

[40] 贺灿飞,梁进社. 中国区域经济差异的时空变化:市场化、全球化与城市化 [J]. 管理世界, 2004 (8): 8-17+155.

[41] 贺力平. 人民币汇率调整与近年来中国经常账户顺差 [J]. 金融研究, 2008 (3): 13-27.

[42] 胡德宝,苏基溶. 政府消费、贸易条件、生产率与人民币汇率——基于巴拉萨—萨缪尔森效应的扩展研究 [J]. 金融研究, 2013 (10): 42-54.

[43] 胡德宝,苏基溶. 外商直接投资、技术进步及人民币实际汇率——基于巴拉萨—萨缪尔森模型的实证分析 [J]. 国际金融研究, 2015 (6): 76-84.

[44] 胡援成,曾超. 中国汇率制度的现实选择及调控 [J]. 金融研究, 2004 (12): 59-74.

[45] 胡再勇. 人民币对美元实际汇率变化:巴拉萨—萨缪尔森效应还是一价定律偏离? [J]. 世界经济研究, 2013 (3): 16-21+47+87.

[46] 黄桂田, 何石军. 结构扭曲与中国货币之谜——基于转型经济金融抑制的视角 [J]. 金融研究, 2011 (7): 1-13.

[47] 黄瑞玲, 黄忠平. 汇率机制、内外均衡与经济转型 [J]. 江海学刊, 2011 (2): 73-238.

[48] 黄少安. 改革开放40年中国农村发展战略的阶段性演变及其理论总结 [J]. 经济研究, 2018 (12): 4-19.

[49] 黄先海, 徐圣. 中国劳动收入比重下降成因分析——基于劳动节约型技术进步的视角 [J]. 经济研究, 2009 (7): 34-44.

[50] 黄祖辉, 胡伟斌. 中国农民工的演变轨迹与发展前瞻 [J]. 学术月刊, 2019 (3): 48-55.

[51] 江曙霞, 罗杰, 黄君慈. 信贷集中与扩张、软预算约束竞争和银行系统性风险 [J]. 金融研究, 2006 (4): 40-48.

[52] 江小涓, 李辉. 服务业与中国经济:相关性和加快增长的潜力 [J]. 经济研究, 2004 (1): 4-15.

[53] 姜波克. 均衡汇率理论与政策新框架的三探索——基于自然资源角度的分析 [J]. 国际金融研究, 2007 (1): 53-62.

[54] 姜波克. 国际金融新编 (第六版) [M]. 复旦大学出版社, 2018: 51-99.

[55] 姜波克, 莫涛. 巴拉萨汇率理论的一个修正 [J]. 金融研究, 2009 (10): 1-6.

[56] 金碚. 科学发展观与经济增长方式转变 [J]. 中国工业经济, 2006 (5): 5-14.

[57] 靳玉英, 万超, 周洁, 丁浩员. 资本流入的突然中断与经常账户赤字的有效调节 [J]. 世界经济研究, 2010 (9): 22-87.

[58] 景维民, 莫龙炯. 市场化转型、所有制结构与地区经济增长 [J]. 现代财经, 2019 (2): 31-42.

[59] 柯金川, 蒋超楠. 转型经济体的巴拉萨—萨缪尔森效应 [J]. 河北经贸大学学报, 2015 (7): 23-27.

[60] 克鲁格曼, 奥伯斯法尔德. 国际经济学 (中译本) [M]. 中国人民大学出版社, 1998: 387-389.

[61] 李翀. 论中美两国贸易失衡的原因、效应和解决方法 [J]. 马克思主义研究, 2013 (4): 54-63.

[62] 李稻葵, 刘霖林, 王红领. GDP中劳动份额演变的U型规律 [J]. 经

济研究，2009（1）：70-82.

[63] 李飞. 农村户口更值钱？——户口价值变迁与农民工的主体认知 [J]. 华中农业大学学报（社会科学版），2018（3）：123-159.

[64] 李广众. 金融抑制过程中政府收益的经验研究及国际比较 [J]. 世界经济，2001（1）：16-19.

[65] 李静，孟令杰，吴福象. 中国地区发展差异的再检验：要素积累抑或TFP [J]. 世界经济，2006（1）：12-22.

[66] 李明. 人口结构变迁与经常账目失衡 [J]. 南方经济，2013（11）：1-16.

[67] 李晓龙，冉光和. 中国金融抑制、资本扭曲与技术创新效率 [J]. 经济科学，2018（2）：60-74.

[68] 林伯强. 人民币均衡实际汇率的估计与实际汇率错位的测算 [J]. 经济研究，2002（12）：60-92.

[69] 林伯强，谭睿鹏. 中国经济集聚与绿色经济效率 [J]. 经济研究，2019（2）：119-132.

[70] 林毅夫. 关于人民币汇率问题的思考与政策建议 [J]. 世界经济，2007（3）：3-12.

[71] 林毅夫，刘培林. 中国的经济发展战略与地区收入差距 [J]. 经济研究，2003（3）：19-89.

[72] 林毅夫，刘志强. 中国的财政分权与经济增长 [J]. 北京大学学报（哲学社会科学版），2000（4）：5-17.

[73] 林毅夫，苏剑. 论我国经济增长方式的转换 [J]. 管理世界，2007（11）：5-13.

[74] 刘国光，李京文. 中国经济大转变：经济增长方式转变的综合研究 [M]. 广东人民出版社，2001：37-49.

[75] 刘华军，裴延峰，贾文星，彭莹. 证券市场区域协调发展是否缩小了地区经济差距？[J]. 山东财经大学学报，2018（5）：27-38.

[76] 刘华军，彭莹，贾文星，裴延峰. 价格信息溢出、空间市场一体化与地区经济差距 [J]. 经济科学，2018（3）：49-60.

[77] 刘华军，彭莹，裴延峰，贾文星. 全要素生产率是否已经成为中国地区经济差距的决定力量？[J]. 财经研究，2018（6）：50-63.

[78] 刘瑞明. 金融压抑、所有制歧视与增长拖累——国有企业效率损失再考察 [J]. 经济学（季刊），2011（2）：603-618.

[79] 刘少英. 财政、货币和汇率政策对经常账户的影响——以中美两国为例 [J]. 世界经济研究, 2009 (9): 23 – 87.

[80] 刘伟. 经济发展和改革的历史性变化与增长方式的根本转变 [J]. 经济研究, 2006 (1): 4 – 10.

[81] 刘瑶, 张明. 全球经常账户再平衡: 特征事实、驱动因素与有效路径 [J]. 世界经济研究, 2018 (7): 3 – 135.

[82] 刘宇, 姜波克. 汇率变动与经济增长方式的转换——基于结构优化的视角 [J]. 国际金融研究, 2008 (10): 45 – 50.

[83] 刘子兰, 郑茜文, 周成. 养老保险对劳动供给和退休决策的影响 [J]. 经济研究, 2019 (6): 151 – 167.

[84] 龙海明, 凌炼, 谭聪杰, 王志鹏. 城乡收入差距的区域差异性研究——基于我国区域数据的实证分析 [J]. 金融研究, 2015 (3): 83 – 96.

[85] 卢峰, 姚洋. 金融压抑下的法治、金融发展和经济增长 [J]. 中国社会科学, 2004 (1): 42 – 206.

[86] 卢锋. 人民币实际汇率之谜 (1979 – 2005) ——基于事实比较和文献述评的观察 [J]. 经济学 (季刊), 2006 (2): 635 – 674.

[87] 卢锋. 对人民币汇率争论的理论思考 [EB/OL]. http://finance.sina.com.cn/economist/jingjixueren/20070511/10513583247.shtml, 2007 – 5 – 11.

[88] 卢锋, 刘鎏. 我国两部门劳动生产率增长及国际比较 (1978 – 2005) ——巴拉萨萨缪尔森效应与人民币实际汇率关系的重新考察 [J]. 经济学 (季刊), 2007 (2): 357 – 380.

[89] 陆铭, 李鹏飞, 钟辉勇. 发展与平衡的新时代——新中国70年的空间政治经济学 [J]. 管理世界, 2019 (10): 11 – 23 + 63 + 219.

[90] 卢万青, 陈雅莎. 经济增长方式转变的文化和伦理基础 [J]. 广东外语外贸大学学报, 2015 (2): 34 – 38.

[91] 罗楚亮, 倪青山. 资本深化与劳动收入比重——基于工业企业数据的经验研究 [J]. 经济学动态, 2015 (8): 40 – 50.

[92] 罗长远, 张军. 经济发展中的劳动收入占比: 基于中国产业数据的实证研究 [J]. 中国社会科学, 2009 (4): 65 – 206.

[93] 吕冰洋, 毛捷. 金融抑制和政府投资依赖的形成 [J]. 世界经济, 2013 (7): 48 – 67.

[94] 马君潞, 郭廓. 人民币汇率调整、经济结构转型及其对宏观经济的影响 [J]. 经济学动态, 2011 (1): 40 – 45.

[95] 马双,张劼,朱喜. 最低工资对中国就业和工资水平的影响 [J]. 经济研究,2012 (5):132-146.

[96] 茅锐,徐建炜,姚洋. 经常账户失衡的根源——基于比较优势的国际分工 [J]. 金融研究,2012 (12):23-37.

[97] 莫涛. 汇率变动、产品附加值和内涵经济增长 [J]. 国际金融研究,2007 (1):58-62.

[98] 尼古拉斯·拉迪,尼古拉斯·波斯特. 论中国经济再平衡 [J]. 国际经济评论,2013 (3):44-56.

[99] 倪鹏飞,刘伟,黄斯赫. 证券市场、资本空间配置与区域经济协调发展——基于空间经济学的研究视角 [J]. 经济研究,2014 (5):121-132.

[100] 聂辉华. 中国政企关系40年:评价与反思 [N/OL]. FT中文网 http://m.ftchinese.com/story/001080935,2019-1-4.

[101] 聂娟,辛士波. 我国高等教育质量差异化及对区域经济增长的效应分析 [J]. 中国软科学,2018 (11):58-65.

[102] 潘英丽. 人民币汇率内在不稳定性:结构与制度的原因 [J]. 国际经济评论,2004 (12):37-42.

[103] 彭国华. 中国地区收入差距、全要素生产率及其收敛分析 [J]. 经济研究,2005 (9):19-29.

[104] 彭宜钟,童健,吴敏. 究竟是什么推动了我国经济增长方式转变 [J]. 数量经济技术经济研究,2014 (6):20-35.

[105] 蒲艳萍,顾冉. 劳动力工资扭曲如何影响企业创新 [J]. 中国工业经济,2019 (7):137-154.

[106] 邱崇明,曾珣. 经常账户可维持性及决定因素分析——基于产业竞争力视角 [J]. 经济问题探索,2017 (7):1-10.

[107] 申琳. "变量迷失"与人民币实际汇率决定的转型 [J]. 国际金融研究,2015 (7):75-86.

[108] 沈坤荣,耿强. 外国直接投资、技术外溢与内生经济增长——中国数据的计量检验与实证分析 [J]. 中国社会科学,2001 (5):82-206.

[109] 沈立人,戴园晨. 我国"诸侯经济"的形成及其弊端和根源 [J]. 经济研究,1990 (3):12-67.

[110] 师拓. 人民币汇率与服务业关系 [J]. 当代经济,2017 (24):138-139.

[111] 施建淮,余海丰. 人民币均衡汇率与汇率失调 (1991-2004) [J].

经济研究, 2005 (4): 34-45.

[112] 石磊, 高帆. 地区经济差距: 一个基于经济结构转变的实证研究 [J]. 管理世界, 2006 (5): 35-44.

[113] 苏明政, 张庆君. 资金吸引力、对外依存度与巴拉萨—萨缪尔森效应——基于门限面板回归模型的检验 [J]. 国际贸易问题, 2015 (8): 36-46.

[114] 孙国峰. 巴拉萨—萨缪尔森效应、刘易斯拐点和结构性通货膨胀 [J]. 金融发展评论, 2011 (4): 15-18.

[115] 孙久文. 论新时代区域协调发展战略的发展与创新 [J]. 国家行政学院学报, 2018 (4): 109-114+151.

[116] 孙章杰, 傅强. 二元结构、实际汇率与巴拉萨—萨缪尔森效应——基于面板门限模型的实证分析 [J]. 管理工程学报, 2014 (3): 42-48.

[117] 索玛林·加罗蒙特·吉莱妮, 华萍. 人民币实际汇率与中国的生产率 [J]. 南大商学评论, 2005 (2): 39-62.

[118] 谭之博, 赵岳. 银行集中度、企业储蓄与经常账户失衡 [J]. 经济研究, 2012 (12): 55-68.

[119] 谭洪波, 郑江淮. 中国经济高速增长与服务业滞后并存之谜——基于部门全要素生产率的研究 [J]. 中国工业经济, 2012 (9): 5-17.

[120] 唐未兵, 傅元海, 王展祥. 技术创新、技术引进与经济增长方式转变 [J]. 经济研究, 2014 (7): 31-43.

[121] 唐翔. 竞次—中国当前社会经济诸问题的症结 [R]. 北京大学经济学院工作论文, 2010-11-4.

[122] 唐翔. 人民币低估之谜: 一个投入产出分析 [J]. 经济研究, 2012 (10): 108-120.

[123] 唐旭, 钱士春. 相对劳动生产率变动对人民币实际汇率的影响分析: 哈罗德—巴拉萨—萨缪尔森效应实证研究 [J]. 金融研究, 2007 (5): 1-14.

[124] 田文佳, 余靖雯, 龚六堂. 晋升激励与工业用地出让价格——基于断点回归方法的研究 [J]. 经济研究, 2019 (10): 89-105.

[125] 汪德华, 张再金, 白重恩. 政府规模、法治水平与服务业发展 [J]. 经济研究, 2007 (6): 51-118.

[126] 汪立鑫, 闫笑. 地方政府竞争对中国经济增长的贡献: FDI视角的分析 [J]. 上海经济研究, 2018 (2): 27-36.

[127] 汪涛, 胡志鹏. 人民币汇率低估了多少? [J]. 新金融, 2010 (8): 4-10.

[128] 汪伟,潘孝挺. 金融要素扭曲与企业创新活动 [J]. 统计研究, 2015 (5): 26 - 31.

[129] 汪伟. 人口结构变化与中国贸易顺差: 理论与实证研究 [J]. 财经研究, 2012 (8): 26 - 37.

[130] 汪晓文,杜欣,张恒铭. 国外技术引进、经济增长方式转变与异质吸收能力——基于中国省际面板数据的门槛检验 [J]. 吉林大学社会科学学报, 2018 (7): 76 - 205.

[131] 汪晓文,杜欣. 中国经济增长方式转变的影响因素及路径选择 [J]. 北京理工大学学报 (社会科学版), 2018 (11): 104 - 111.

[132] 汪洋. 地方保护为何难消除? [N]. 人民日报, 2002 - 4 - 15 (11).

[133] 王苍峰,岳咬兴. 人民币实际汇率与中国两部门生产率差异的关系——基于巴拉萨—萨缪尔森效应的实证分析 [J]. 财经研究, 2006 (8): 71 - 80.

[134] 王道平,范小云. 现行的国际货币体系是否是全球经济失衡和金融危机的原因? [J]. 世界经济, 2011 (1): 52 - 72.

[135] 王凯,庞震. 经济增长对实际汇率的影响: 基于巴拉萨—萨缪尔森效应的分析 [J]. 金融发展研究, 2012 (2): 28 - 33.

[136] 王林辉,袁礼. 资本错配会诱发全要素生产率损失吗? [J]. 统计研究, 2014 (8): 11 - 18.

[137] 王宁,史晋川. 中国要素价格扭曲程度的测度 [J]. 数量经济技术经济研究, 2015 (9): 149 - 160.

[138] 王维. 相对劳动生产力对人民币实际汇率的影响 [J]. 国际金融研究, 2003 (6): 11 - 17.

[139] 王伟,杨娇辉,王凯立. 不确定性规避、长期导向与中美经常账户不平衡 [J]. 管理世界, 2018 (7): 70 - 85.

[140] 王小鲁,樊纲. 中国地区差距的变动趋势和影响因素 [J]. 经济研究, 2004 (1): 33 - 44.

[141] 王小鲁,樊纲,刘鹏. 中国经济增长方式转换和增长可持续性 [J]. 经济研究, 2009 (1): 4 - 16.

[142] 王信. 人民币升值符合中国的利益 [J]. 国际经济评论, 2004 (4): 5 - 8.

[143] 王雪珂,姚洋. 两国相对生产率与巴拉萨—萨缪尔森效应: 一个经验检验 [J]. 世界经济, 2013 (6): 18 - 35.

[144] 王泽填, 姚洋. 人民币均衡汇率估计 [J]. 金融研究, 2008 (12): 22-36.

[145] 王泽填, 姚洋. 结构转型与巴拉萨—萨缪尔森效应 [J]. 世界经济, 2009 (4): 38-49.

[146] 魏后凯. 外商直接投资对中国区域经济增长的影响 [J]. 经济研究, 2002 (4): 19-93.

[147] 魏后凯. 走中国特色区域协调发展道路 [N]. 经济日报, 2018-10-11 (14).

[148] 吴敬琏. 中国增长模式抉择 [M]. 上海远东出版社, 2005: 101-139.

[149] 伍开群, 洪功翔. 经济增长方式: 资源、环境与制度 [J]. 经济问题探索, 2015 (6): 55-59.

[150] 肖灿夫. 我国区域资本流动与区域经济协调发展 [J]. 财务与金融, 2010 (4): 17-20.

[151] 肖立晟, 王博. 全球失衡与中国对外净资产: 金融发展视角的分析 [J]. 世界经济, 2011 (2): 57-86.

[152] 谢伏瞻. 新中国70年经济与经济学发展 [J]. 中国社会科学, 2019 (10): 5-205.

[153] 谢建国, 张炳男. 人口结构变化与经常项目收支调整: 基于跨国面板数据的研究 [J]. 世界经济, 2013 (9): 3-24.

[154] 徐建国. 人民币贬值与服务业停滞 [J]. 世界经济, 2011 (3): 3-20.

[155] 徐建炜, 姚洋. 国际分工新形态、金融市场发展与全球失衡 [J]. 世界经济, 2010 (3): 3-30.

[156] 徐建炜, 杨盼盼. 理解中国的实际汇率: 一价定律偏离还是相对价格变动? [J]. 经济研究, 2011 (7): 78-115.

[157] 许敬轩, 王小龙, 何振. 多维绩效考核、中国式政府竞争与地方税收征管 [J]. 经济研究, 2019 (4): 33-48.

[158] 徐现祥, 王贤彬. 晋升激励与经济增长: 来自中国省级官员的证据 [J]. 世界经济, 2010 (2): 15-36.

[159] 徐晔, 宋晓薇. 金融资源错配会带来全要素生产率减损吗? [J]. 产业经济研究, 2016 (2): 51-61.

[160] 徐忠, 贾彦东. 中国潜在产出的综合测算及其政策含义 [J]. 金融研究, 2019 (3): 1-17.

[161] 闫东升, 何甜, 陈雯. 人口聚集、经济扩散及其不一致状况——来自

长江三角洲的经验研究 [J]. 经济地理, 2017 (9): 47-56.

[162] 严成樑. 产业结构变迁、经济增长与区域发展差距 [J]. 经济社会体制比较, 2016 (4): 40-53.

[163] 杨长江. 人民币实际汇率长期调整趋势研究 [M]. 上海财经大学出版社, 2002: 26-134.

[164] 杨长江, 程锋. 人民币实际汇率调整趋势与中国经济转型 [J]. 南方经济, 2008 (12): 30-40.

[165] 杨长江, 杨海燕. 关于人民币汇率问题的几点思考 [J]. 复旦学报 (社会科学版), 2003 (6): 89-95.

[166] 杨长江, 周静东. 实际汇率低估与经济增长: 一个文献综述 [J]. 世界经济, 2014 (11): 168-192.

[167] 杨多贵, 刘开迪, 周志田. 我国南北地区经济发展差距及演变分析 [J]. 中国科学院院刊, 2018 (10): 1083-1092.

[168] 杨海生, 陈少凌, 周永章. 地方政府竞争与环境政策——来自中国省份数据的证据 [J]. 南方经济, 2008 (6): 15-30.

[169] 杨盼盼, 马光荣, 徐建炜. 理解中国 2002~2008 年的经常账户顺差扩大之谜 [J]. 世界经济, 2015 (2): 112-139.

[170] 杨盼盼, 徐建炜. "全球失衡" 的百年变迁——基于经验数据与事实比较的分析 [J]. 经济学 (季刊), 2014 (2): 625-646.

[171] 姚洋. 作为制度创新过程的经济改革 [M]. 格致出版社, 2008: 16-37.

[172] 姚洋. 如何治愈全球经济失衡 [J]. 中国金融, 2009 (18): 37-39.

[173] 余淼杰, 梁中华. 贸易自由化与中国劳动收入份额——基于制造业贸易企业数据的实证分析 [J]. 管理世界, 2014 (7): 22-31.

[174] 余永定, 覃东海. 中国的双顺差: 性质、根源和解决办法 [J]. 世界经济, 2006 (3): 31-41.

[175] 俞萌. 人民币汇率的巴拉萨—萨缪尔森效应分析 [J]. 世界经济, 2001 (5): 24-28.

[176] 余永泽, 潘妍. 中国经济高速增长与服务业结构升级滞后并存之谜——基于地方经济增长目标约束视角的解释 [J]. 经济研究, 2019 (3): 150-165.

[177] 张斌. 人民币均衡汇率: 简约一般均衡下的单方程模型研究 [J]. 世界经济, 2003 (11): 3-12.

[178] 张斌,何帆. 货币升值的后果——基于中国经济特征事实的理论框架 [J]. 经济研究, 2006 (5): 20 – 30.

[179] 张建华,程文. 服务业供给侧结构性改革与跨越中等收入陷阱 [J]. 中国社会科学, 2019 (3): 39 – 205.

[180] 张军. 中国经济发展:为增长而竞争 [J]. 世界经济文汇, 2005 (Z1): 101 – 105.

[181] 张军,高远,傅勇,张弘. 中国为什么拥有了良好的基础设施? [J]. 经济研究, 2007 (3): 4 – 19.

[182] 张军扩,侯永志,刘培林,何建武,卓贤. 高质量发展的目标要求和战略路径 [J]. 管理世界, 2019 (7): 1 – 7.

[183] 张坤. 金融发展与全球经济再平衡 [J]. 国际金融研究, 2015 (2): 14 – 22.

[184] 张微微. 财政压力、金融抑制与经济增长方式转型 [J]. 财经问题研究, 2017 (4): 69 – 74.

[185] 张维迎,栗树和. 地区间竞争与中国国有企业的民营化 [J]. 经济研究, 1998 (12): 13 – 22.

[186] 张晓朴. 均衡与失调:1978 – 1999人民币汇率合理性评估 [J]. 金融研究, 2000 (8): 13 – 24.

[187] 张晓朴. 人民币均衡汇率的理论与模型 [J]. 经济研究, 1999 (12): 70 – 77.

[188] 张晏. 财政分权、FDI竞争与地方政府行为 [J]. 世界经济文汇, 2007 (2): 22 – 36.

[189] 张幼文,薛安伟. 要素流动的结构与全球经济再平衡 [J]. 学术月刊, 2013 (9): 66 – 73.

[190] 张志超. 再谈人民币汇率走向 [J]. 国际经济评论, 2003 (6): 9 – 11.

[191] 赵进文,苏明政. 劳动力市场分割、金融一体化与巴拉萨—萨缪尔森效应——基于省际面板平滑转换模型的检验 [J]. 金融研究, 2014 (1): 16 – 28.

[192] 赵文亮,陈文峰,孟德友. 中原经济区经济发展水平综合评价及时空格局演变 [J]. 经济地理, 2011 (10): 1585 – 1591.

[193] 赵自芳,史晋川. 中国要素市场扭曲的产业效率损失——基于DEA方法的实证分析 [J]. 中国工业经济, 2006 (10): 40 – 48.

[194] 郑长德,张高明. 人民币地区实际有效汇率的变动及其对区域经济发展的影响 [J]. 广东金融学院学报, 2009 (1): 118 – 127.

[195] 郑展鹏, 岳帅. 互联网普及、地方政府竞争与中国区域外商直接投资 [J]. 经济体制改革, 2018 (4): 70-75.

[196] 中国经济增长前沿课题组. 中国经济增长的低效率冲击与减速治理 [J]. 经济研究, 2014 (12): 4-32.

[197] 中国经济增长前沿课题组. 突破经济增长减速的新要素供给理论、体制与政策选择 [J]. 经济研究, 2015 (11): 4-19.

[198] 钟伟. 警惕新双轨制损害社会公平 [J]. 上海经济, 2006 (1): 6-11.

[199] 周黎安. 晋升博弈中政府官员的激励与合作——兼论我国地方保护主义和重复建设问题长期存在的原因 [J]. 经济研究, 2004 (6): 33-40.

[200] 周黎安. 中国地方官员的晋升锦标赛模式研究 [J]. 经济研究, 2007 (7): 36-50.

[201] 周其仁. 机会与能力——中国农村劳动力的就业和流动 [J]. 管理世界, 1997 (5): 81-100.

[202] 周业安. 地方政府竞争与经济增长 [J]. 中国人民大学学报, 2003 (1): 97-103.

[203] 朱超, 张林杰. 人口结构能解释经常账户平衡吗？[J]. 金融研究, 2012 (5): 30-44.

[204] 朱超, 余颖丰, 易祯. 人口结构与经常账户: 开放 DSGE 模拟与经验证据 [J]. 世界经济, 2018 (9): 26-50.

[205] 朱战辉. 农民城市化的动力、类型与策略 [J]. 华南农业大学学报 (社会科学版), 2018 (1): 69-77.

[206] 朱真丽, 宁妮. 中国贸易收支弹性分析 [J]. 世界经济, 2002 (11): 26-31.

[207] Acemoglu, D. When Does Labor Scarcity Encourage Innovation? [J]. Journal of Political Economy, 2010, 118 (6): 1037-1078.

[208] Achim Schmillen. Are Wages Equal Across Sectors of Production? A Panel Data Analysis for Tradable and Non-Tradable Goods [R]. BGPE Discussion Paper, No. 102, 2011.

[209] Aizenman, J. On the Causes of Global Imbalances and Their Persistence: Myths, Facts and Conjectures [A], in Claessens, Stijn, Evenett, Simon J., Hoekman, Bernard (Eds.), Rebalancing the Global Economy: A Primer for Policymaking [C]. CEPR, London, 2010.

[210] Alexius, Annika and Nilsson, Jonny. Real Exchange Rates and Funda-

mentals: Evidence from 15 OECD Countries [J]. Open Economics Review, 2000, 11 (4): 383 – 397.

[211] Altar, Albu, Dumitru and Necula. Evidence of the Intensity of the Balassa – Samuelson Phenomenon in the Romanian Economy [R]. NIER Working Papers of National Institute of Economic Research, No. 090106, 2009.

[212] Asea, P. K., and Mendoza, E. G. The Balassa – Samuelson Model: A General – Equilibrium Appraisal [J]. Review of International Economics, 1994, 2 (3): 244 – 267.

[213] Bahmani – Oskooee, M., and Nasir, A. B. M. Productivity Bias Hypothesis and the Purchasing Power Parity: A Review Article [J]. Journal of Economics Survey, 2005, 19 (4): 671 – 696.

[214] Bai, Chong-en, Li, D., Qian, Yingyi, and Wang, Yijiang. Anonymous Banking and Financial Repression: How Does China's Reform Limit Government Predation without Reducing its Revenue [R]. CEPR Discussion Paper, No. 2221, 1999.

[215] Balassa, B. The Purchasing Power Parity Doctrine: A Reappraisal [J]. Journal of Political Economy, 1964, 72: 584 – 596.

[216] Barro, R. J., and Sala – I – Martin, X. Economic Growth [M]. McGraw – Hill, Inc, 1995.

[217] Bartelsman, Eric, John Haltiwanger, and Stefano Scarpetta. Cross – Country Differences in Productivity: The Role of Allocation and Selection [J]. American Economic Review, 2013, 103 (1): 305 – 334.

[218] Baumol, William. Macroeconomics of Unbalanced Growth: The Anatomy of Urban Crisis [J]. American Economic Review, 1967, 57 (3): 415 – 426.

[219] Bayoumi, T., and C. Saborowski. Accounting for Reserves [J]. Journal of International Money and Finance, 2014, 41 (C): 1 – 29.

[220] Benhima, K., and O. Havrylchyk. When Do Long-term Imbalances Lead to Current Account Reversals? [J]. The World Economy, 2010, 33 (1): 107 – 128.

[221] Bergin, and Glick. Tradability, Productivity, and International Economic Integration [J]. Journal of International Economics, 2007, 73 (1): 128 – 151.

[222] Bergin, P. R., Glick, R. and Taylor, A. M. Productivity, Tradability and the Long Run Price Puzzle [J]. Journal of Monetary Economics, 2006, 53 (8): 2041 – 2066.

[223] Bergsten, F. The Exchange Rate of the Won [EB/OL]. https://www.piie.com/commentary/op-eds/exchange-rate-won, 2003-10-1.

[224] Bergsten, F. Correcting the Chinese Exchange Rate: An Action Plan [A]. the US-Sino Currency Dispute: New Insights from Economics Politics and Law [C]. Edited by Simon Evenett, AVox EU. org Publication, 2010.

[225] Berkowitz, D., Ma, H., and Nishioka, S. Declining Labor Shares and Heterogeneous Firms [R]. Stanford Center for International Development Working Paper, No. 552, 2015.

[226] Bernanke, B. S. The Global Saving Glut and the US Current Account Deficit [R]. BIS Review, 16, 2005.

[227] Bernard, Andrew and Jensen, and Bradford. Exporters, Jobs, and Wages In U. S. Manufacturing: 1976-1987 [J]. Brookings Papers on Economic Activity: Microeconomics, 1995: 7-119.

[228] Bhagwati, J. N. Why are Services Cheaper in the Poor Countries? [J]. Economic Journal, 1984, 94 (374): 279-286.

[229] Blanchard, O. J. Debt, Deficits, and Finite Horizons [J]. The Journal of Political Economy, 1985, 93 (2): 223-247.

[230] Bodart, and Carpantier. Real Exchange Rates and Skills [R], Center for Research in Economic Analysis, Discussion Paper Series, No. 3, 2014.

[231] Bordo, Choudhri, Fazio, and MacDonald. The Real Exchange Rate in the Long Run: Blassa-Samuelson Effects Reconsidered [R]. NBER Working Paper, No. 20228, 2014.

[232] Borgersen, and King. Real location and Restructuring: A Generalization of the Balassa-Samuelson Effect [J]. Structural Change and Economic Dynamics, 2011, 22 (4): 287-298.

[233] Brandt, L., T. G. Rawski. China's Great Ecomomic Transformation [M]. Cambridge University Press, 2008.

[234] Buera, J., and Kaboski, P. The Rise of the Service Economy [R]. NBER Working Paper, No. 14822, 2009.

[235] Buera, J., and Kaboski, P. Scale and the Origins of Structural Change [J]. Journal of Economics Theory, 2012, 147 (2): 684-712.

[236] Caballero, R. J., E. Farhi and P. O. Gourinchas. An Equilibrium Model of 'Global Imbalances' and Low Interest Rates [J]. American Economic Review, 2008,

98 (1): 358 – 393.

[237] Canzoneri, Robert, Cumby, E., and Behzad, Diba. Relative Labor Productivity and the Real Exchange Rate in the Long Run: Evidence for a Panel of OECD [J]. Journal Of International Economics, 1999, 47 (2): 245 – 266.

[238] Cardi, and Restout. Imperfect Mobility of Labor across Sectors: A Reappraisal of the Balassa – Samuelson Effect [J]. Journal of International Economics, 2015, 97 (2): 249 – 265.

[239] Carlos Urrutia, and Felipe Meza. Financial Liberalization, Structural Change, and Real Exchange Rate Appreciations [R]. IMF Working Paper, WP/10/63, 2010.

[240] Cassel, G. Abnormal Deviations in International Exchanges [J]. The Economic Journal, 1918, 28 (112): 413 – 415.

[241] Chamon, M. D., and E. S. Prasad. Why are Saving Rates of Urban Households in China Rising? [J]. American Economic Journal: Macroeconomics, 2010, 2 (1): 93 – 130.

[242] Chan. Anita. A 'Race to the Bottom': Globalization and China's Labour Standards [J], China Perspectives, 2003, 46 (March – April): 41 – 49.

[243] Chan, K. W. China: Internal Migration, The Encyclopedia of Global Human Migration [M]. Blackwell Publishing, 2013.

[244] Chang, Gene Hsin., and Qin Shao. How Much is the Chinese Currency Undervalued: A Quantitative Estimation [J]. China Economic Review, 2004, 15 (3): 366 – 371.

[245] Chang, J. and R. Tyers. Trade Reform, Macroeconomic Policy and Sectoral Labour Movement in China, Chapter 9 in C. Chen and R. Duncan (eds.) [A]. The Impact of WTO Accession and Regional Trade Arrangements on China's Agricultural Sector and Food Security [C]. Canberra: Asia Pacific Press, February: 268 – 304, 2008.

[246] Cheung, Fujii. The Penn Effect within a Country – Evidence from Japan [R]. CESIFO Working Paper, No. 3955, 2012.

[247] Cheung, Yin – Wong, Chinn Menzie, and Fujii Eiji. The Overvaluation of Renminbi Undervaluation [J]. Journal of International Money and Finance, Elsevier, 2007, 26 (5): 762 – 785.

[248] Cheung, Yin – Wong, Chinn Menzie, and Fujii Eiji. Why the Renminbi

Might be Overvalued (but Probably isn't) [R]. proceedings, Federal reserve bank of san Francisco conference, 2005.

[249] Cheung, Yin-Wong, Chinn Menzie, and Fujii Eiji. China's Current Account and Exchange Rate [R]. NBER Working Paper, No. 14673, 2009.

[250] Chinn, Menzie D. The Usual Suspects? Productivity and Demand Shocks and Asia-Pacific Real Exchange Rates [J]. Review of International Economics, Wiley Blackwell, 2000, 8 (1): 20-43.

[251] Chinn, M. D., and E. S. Prasad. Medium-term Determinants of Current Accounts in Industrial and Developing Countries: An Empirical Exploration [J]. Journal of International Economics, 2003, 59 (1): 47-76.

[252] Chinn, M. D. and H. Ito. Current Account Balances, Financial Development and Institutions: Assaying the World Saving Glut [J]. Journal of International Money and Finance, 2007, 26 (4): 546-569.

[253] Chinn, M. D. and H. Ito. Global Current Account Imbalances: American Fiscal Policy versus East Asian Savings [J]. Review of International Economics, 2008, 16 (3): 479-498.

[254] Chinn, M., and Shang-Jin Wei. A Faith-based Initiative: Do We Really Know that a Flexible Exchange Rate Regime Facilitates Current Account Adjustment? [R]. NBER Working Paper, No. 14420, 2008.

[255] Chong, Yangping, Oscar Jorda, and Alan M. Taylor. The Harrod-Balassa-Samuelson Hypothesis: Real Exchange Rates and their Long-run Equilibrium [J]. International Economic Review, 2012, 53 (2): 609-633.

[256] Christopoulos, Gente, and Ledesma. Net Foreign Assets, Productivity and Real Exchange Rates in Constrained Economies [J]. European Economic Review, 2012, 56 (3): 295-316.

[257] Clague. C, Keefer. P, Knack. S, and Olson. M. Contract-Intensive Money: Contract Enforcement, Property Rights, and Economic Performance [J]. Journal of Economic Growth, 1999, 4 (2): 185-211.

[258] Cline, William R., and John Williamson. Estimates of the Equilibrium Exchange Rate of the Renminbi: Is there a Consensus and, If Not, Why Not? [A]. Goldstein, Morris and Nicholas R. Lardy (eds.) Debating China's Exchange Rate Policy [C]. Peterson Institute for International Economics, 2008: 131-165.

[259] Coeurdacier, N., S. Guibaud, and K. Jin. Credit Constraints and

Growth in a Global Economy [J]. American Economic Review, 2015, 105 (9): 2838 - 2881.

[260] Combes JL, Kinda T, and Plane P. Capital Flows, Exchange Rate Flexibility, and the Real Exchange Rate [J]. Journal of Macroeconomics, 2012, 34 (4): 1034 - 1043.

[261] Coudert, V., and C. Couharde. Real Equilibrium Exchange Rate in China [R]. CEPPII Working Paper, No. 2005 - 01.

[262] Coudert, V., and C. Couharde. Currency Misalignments and Exchange Rate Regimes in Emerging and Developing Countries [J]. Review of International Economics, 2009, 17 (1): 121 - 136.

[263] Crucini, M. J., Telmer, C. I., and Zachariadis, M. Understanding European Real Exchange Rates [J]. American Economic Review, 2005, 95 (3): 724 - 738.

[264] Cull, R., and L. Xu. Who Gets Credit? The Behavior of Bureaucrats and State Banks in Allocating Credit to Chinese State-owned Enterprises [J]. Journal of Development Economics, 2003, 71 (2): 533 - 559.

[265] Gaetano D'Adamo & Riccardo Rovelli. The Role of the Exchange Rate Regime in the Process of Real and Nominal Convergence [R], Department of Applied Economics II, Universidad de Valencia, Working Papers No. 1314, 2013.

[266] David A. Hsieh. The Determinants of the Real Exchange Rate: The Productivity Approach [J]. Journal of International Economics, 1982, 12 (3 - 4): 355 - 362.

[267] De Gregorio J., A. Giovannini, and H. Wolf. International Evidence on Tradables and Nontradables Inflation [J]. European Economic Review, 1994, 38 (6): 1225 - 1244.

[268] De Gregorio J., A. Giovannini, and T. H. Kruegar. The Behavior of Nontradable Goods Prices in Europe: Evidence and Interpretation [J]. Review of International Economics, 1994, 2 (3): 284 - 305.

[269] Dedu, and Dumitrescu. The Balassa - Samuelson Effect in Romania [J]. Journal of Economic Forecasting, 2010, 0 (4): 44 - 53.

[270] Dekle. Real Exchange Rates in a Model of Structural Change: Application to the Real Yen - Dollar and Chinese RMB - Dollar Exchange Rates [R]. IMES Discussion Paper, 13 - E - 02, 2013.

[271] Dix‐Carneiro, Rafael. Trade Liberalization and Labor Market Dynamics [J]. Econometrica, 2014, 82 (3): 825 – 885.

[272] Doan, Thinh, and Karine. Real Exchange Rate and Productivity in a Specific‐Factor Model with Skilled and Unskilled Labour [J]. Journal of Macroeconomics, 2014, 40 (C): 1 – 15.

[273] Dooley, M. P., Folkerts‐Landau, D., and Garber, P. An Essay on the Revived Bretton Woods System [R]. NBER Working Paper, No. 9971, 2003.

[274] Dornbusch, and Rudiger. Purchasing Power Parity [R]. NBER Working Paper, No. 1591, 1985.

[275] Drine, I., and C. Rault. Can the Balassa‐Samuelson Theory Explain Long Run Real Exchange Rate Movements in OECD Countries? [J]. Applied Financial Economics, 2005, 15 (8): 519 – 530.

[276] Du, Q., and S. J. Wei. A Darwinian Perspective on "Exchange Rate Undervaluation" [R]. NBER Working Paper, No. 16788, 2011.

[277] Du, Q., and S. J. Wei. A Theory of the Competitive Saving Motive [J]. Journal of International Economics, 2013, 91 (2): 275 – 289.

[278] Dumitru, and Jianu. The Balassa‐Samuelson Effect in Romania-the Role of Regulated Prices [J]. European Journal of Operational Research, 2009, 194 (3): 873 – 887.

[279] Dumrongrittikul, T. Real Exchange Rate Movements in Developed and Developing Economies: A Reinterpretation of the Balassa‐Samuelson Hypothesis [J]. The Economic Record, 2012, 88 (283): 537 – 553.

[280] Dumrongrittikul. Real Exchange Rate Movements in Developed and Developing Economies: An Interpretation of the Balassa‐Samuelson's Framework [R]. Department of Econometrics and Business Statistics, Monash University, Working Paper, 05 – 11, 2011.

[281] Dwight, L. The Role of Non-performing Loans in China: A Public Finance Approach [R]. University of California Berkeley Working Paper, 2004.

[282] Edwards, and Sabastian. Real Exchange Rates, Devaluation, and Adjustment: Exchange Rate Policy in Developing Countries [M]. Cambridge: MIT Press, 1989.

[283] Ehsan, U., Choudhri, and Mohsin S. Khan. Real Exchange Rates in Developing Countries: Are Balassa‐Samuelson Effect Present? [J]. IMF Staff Papers,

2005, 52 (3): 387 -409.

[284] Eichengreen Barry, and Gupta Poonam. The Two Waves of Service Sector Growth [R]. NBER Working Paper, No. 14968, 2009.

[285] Engel, C. Accounting For US Real Exchange Rate Changes [J]. Journal of Political Economy, 1999, 107 (3): 507 -538.

[286] Eriksson, R. H., H. K. Hansen, and L. Winther. Employment Growth and Regional Development: Industrial Change and Contextual Differences between Denmark and Sweden [J]. European Planning Studies, 2017, 25 (10): 1756 -1778.

[287] Faria, Joao Richado, Leon - Ledesma, and Miguel. Testing the Balassa - Samuelson Effect: Implications for Growth and the PPP [J]. Journal of Macroeconomics, 2003, 25 (2): 241 -253.

[288] Fischer, Christoph. Real Currency Appreciation in Accession Countries: Balassa - Samuelson and Investment Demand [R]. BOEFIT Discussion Paper, No. 8, 2002.

[289] Fogel, R. Why is China Likely to Achieve its Growth Objectives? [R]. NBER Working Paper, No. 12122, 2006.

[290] Frankel Jeffrey. On The Renminbi: The Choice Between Adjustment under a Fixed Exchange Rate and Adjustment under a Flexible Rate [R]. NBER Working Paper, No. 11274, 2005.

[291] Frensch, and Schmillen. Can We Identify Balassa - Samuelson Effects with Measures of Product Variety? [J]. Economic Systems, 2011, 35 (1): 98 -108.

[292] Froot. K, Rogoff. K. Perspectives on PPP and Long - Run Real Exchange Rates [A]. Grossman G, Rogoff K (eds) Handbook of International Economics [C]. pp. 1647 -1688, 1995.

[293] Fuchs, Victor. The Service Economy [M]. New York: Columbia University Press, 1968.

[294] Fuji and Matsubayashi. The Balassa - Samuelson Effect and the Labor Market in Japan: 1977 - 2008 [R]. Discussion Paper, No. 1626, Graduate School of Economics, Kobe University, 2016.

[295] Fung Loretta. Large Real Exchange Rate Movements, Firm Dynamics, and Productivity Growth [J]. Canadian Journal of Economics, 2008, 41 (2): 391 -424.

[296] Gala, P. Real Exchange Rate Levels and Economic Development: Theoretical Analysis and Econometric Evidence [J]. Cambridge Journal of Economics,

2008, 32 (2): 273 -288.

[297] García - Solanes, J., Sancho - Portero, F. I., and Torrejón - Flores, F. Beyond the Balassa - Samuelson Effect in Some New Member States of the European Union [J]. Economic Systems, 2008, 32 (1): 17 -32.

[298] Gente Karine. The Balassa - Samuelson Effect in a Developing Country [J]. Review of Development Economics, 2006, 10 (4): 683 -699.

[299] Ghironi, F., and Melitz, M. International Trade and Macroeconomic Dynamics with Heterogeneous Firms [J]. The Quarterly Journal of Economics, 2005, 120 (3): 865 -915.

[300] Giannellis, N, and Koukouritakis, M. Exchange Rate Misalignment and Inflation Rate Persistence: Evidence from Latin American Countries [J]. International Review of Economics and Finance, 2013, 25 (C): 202 -218.

[301] Giannellis, N., and Koukouritakis, M. Currency Misalignments in the BRIICS Countries: Fixed vs Floating Exchange Rates [J]. Open Economies Review, 2018, 29 (5): 1123 -1151.

[302] Giovannini, A., and M. de Melo. Government Revenue from Financial Repression [J]. American Economic Review, 1993, 83 (4): 953 -963.

[303] Gnimassoun, B., and Mignon, V. Current - Account Adjustments and Exchange - Rate Misalignments [R]. CEPII working paper, No. 29, 2013.

[304] Goldstein, Morris, and Nicholas Lardy. China's Exchange Rate Policy Dilemma [J]. American Economic Review, 2006, 96 (2): 422 -426.

[305] Gubler, and Sax. The Balassa - Samuelson Effect Reversed: New Evidence from OECD Countries [R]. WWZ Discussion Paper, No. 9, 2011.

[306] Gubler, and Sax. Skill - Biased Technological Change and the Real Exchange Rate [R], WWZ Discussion Paper, No. 8, 2012.

[307] Gudmundsson, and Gylfi Zoega. Age Structure and the Current Account [J]. Economics Letters, 2014, 123 (2): 183 -186.

[308] Gueorgui Kambourov. Labour Market Regulations and the Sectoral Reallocation of Workers: The Case of Trade Reforms [J]. Review of Economic Studies, 2009, 76 (4): 1321 -1358.

[309] Guo, and Hall. A Test of the Balassa - Samuelson Effect Applied to Chinese Regional Data [J]. Journal of Economic Forecasting, 2010, 0 (2): 57 -78.

[310] Guo. The Balassa - Samuelson Model of Purchasing Power Parity and Chi-

nese Exchange Rates [J]. China Economic Review, 2010, 21 (2): 334 -345.

［311］Gurvich, Sokolov, and Ulyukaev. The Impact of the Balassa - Samuelson Effect on the Real Ruble Exchange Rate: The Assessment [J]. Voprosy Economiki, 2008, 7 (2): 12 -30.

［312］Ha and Kompas. Productivity and Exchange Rate Dynamics: Supporting the Harrod - Balassa - Samuelson Hypothesis through an "Errors in Variables" Analysis [R]. International and Development Economics Working Papers, No. idec08 - 03, 2008.

［313］Haihong Gao. Real Exchange Rate in China: A Long - Run Perspective [R]. Macroeconomics Working Papers, East Asian Bureau of Economic Research, No. 21969, 2006.

［314］Hall, and Guo. Spatial Panel Data Analysis with Feasible GLS Techniques: An Application to the Chinese Real Exchange Rate [J]. Economic Modelling, 2012, 29 (1): 41 -47.

［315］Hall SG, Kenjegaliev A., Swamy Pavb, and Talas, G. Measuring Currency Pressures: The Cases of the Japanese Yen, the Chinese Yuan, and the UK Pound [J]. Journal of the Japanese and International Economies, 2013, 29 (C): 1 -20.

［316］Halpern Laszlo and Wyplosz Charles. Economic Transformation and Real Exchange Rates in the 2000s: The Balassa - Samuelson Connection [R]. Economic Suvey of Europe Commissioned by the United Nations Economic Commission for Europe, 2001.

［317］Hamano. The Harrod - Balassa - Samuelson Effect and Endogenous Extensive Margins [R]. CREA Discusion Paper, No. 21, 2011.

［318］Harberger Arnold C. Economic Growth and the Real Exchange Rate: Revisiting the Balassa - Samuelson Effect [R]. Paper Prepared for a Conference Organized by the Higher School of Economics, Moscow, 2003.

［319］Harrod, R. International Economics [M]. James Nisbet and Cambridge University Press, 1933.

［320］Hassan, and Salim. Does the Balassa - Samuelson Theory Explain the Link between Relative Population Growth and Purchasing Power Parity? [J]. The Singapore Economic Review, 2013, 58 (1): 1 -19.

［321］Hassan, F. The Price of Development: the Penn - Balassa - Samuelson

Effect Revisited [J], Journal of International Economics, 2016, 102 (C): 291 –309.

[322] Hassan. The Penn – Balassa – Samuelson Effect in Developing Countries: Price and Income Revisited [R]. CEP Discussion Paper, No. 1056, 2011.

[323] Hausmann, Ricardo, Lant Pritchett, and Dani Rodrik. Growth Accelerations [R]. NBER Working Paper, No. 10566, 2004.

[324] Henriksen, E. A Demographic Explanation of US and Japanese Current Account Behavior [A]. Unpublished manuscript [C]. Carnegie Mellon University, 2003.

[325] Herrendorf, and Valentinyi. Which Sectors Make Poor Countries so Unproductive? [J]. Journal of the European Economic Association, 2012, 10 (2): 323 –341.

[326] Herzog Ryan W., and Brandon Reeves. Saving, Growth, and Age Dependency for OECD Countries [R]. MPRA Working Paper, No. 6, 2011.

[327] Holtemöller, Oliver, and Mallick Sushanta. Exchange Rate Regime, Real Misalignment and Currency Crises [J]. Economic Modelling, 2013, 34 (C): 5 –14.

[328] HSBC. The Great Migration: How China's 200 Million New Workers will Change the Economy forever [R]. HSBC Global Research, No. 14, October, 2005.

[329] Hsieh, David. The Determination of the Real Exchange Rate: The Productivity Approach [J]. Journal of International Economics, 1982, 12 (3 –4): 355 –362.

[330] Imed Drine, and Christophe Rault. Do Panel Data Permit the Rescue of the Balassa – Samuelson Hypothesis for Latin American Countries? [J]. Applied Economics, 2003, 35 (3): 351 –359.

[331] IMF. Methodology for CGER Exchange Rate Assessments [R]. 2006.

[332] Inklaar, Robert and Marcel P. Timmer. The Relative Price of Services [J]. Review of Income and Wealth, 2014, 60 (4): 727 –746.

[333] Ito, Isard, and Symansky. Economic Growth and Real Exchange Rate: An Overview of the Balassa – Samuelson Hypothesis in Asia [R]. NBER Working Paper, No. 5979, 1997.

[334] Jean – Baptiste Gossé, and Francisco Serranito. Long-run Determinants of Current Accounts in OECD Countries: Lessons for Intra – European Imbalances [J]. Economic Modelling, 2014, 38 (C): 451 –462.

[335] Jeffrey Frankel. On the Yuan: The Choice between Adjustment under a Fixed Exchange Rate and Adjustment under a Flexible Rate [R]. NBER Working Paper, No. 11274, 2005.

[336] Jensen, and Kletzer. Measuring Tradable Services and the Task Content of Offshorable Services Jobs [A]. In Labor in the New Economy, NBER Studies in Income and Wealth. ed. Katharine G. Abraham, James R. Spletzer and Michael J. Harper [C]. Chapter 8, 309 – 335. Chicago and London: University of Chicago Press, 2010.

[337] Johansson, A. C., and X. Wang. Financial Repression and External Imbalances [R]. China Economic Research Center Working Paper, Stockholm School of Economics, No. 20, 2012.

[338] John Kennan, and James R. Walker. The Effect of Expected Income on Individual Migration Decisions [J]. Econometrica, 2011, 79 (1): 211 – 251.

[339] Jorda, and Taylor. The Harrod – Balassa – Samuelson Hypothesis: Real Exchange Rates and their Long – Run Equilibrium [R]. NBER Working Paper Series, No. 15868, 2010.

[340] Joya. Purchasing Power Parity and Breaking Trend Functions in the Real Exchange Rate [R]. BORRADORES DE ECONOMIA 005521, BANCO DE LA REPÚBLICA, 2009.

[341] Kakkar, and Yan. Determinants of Real Exchange Rates: An Empirical Investigation [R]. BOFIT Discussion Papers, No. 1, 2014.

[342] Kakkar, and Yan. Real Exchange Rates and Productivity: Evidence From Asia [R]. MPRA Paper, No. 35218, 2011.

[343] Kaldor, N. Further Essays on Applied Economics [M]. London, Duckworth, 1978.

[344] Karádi, and Koren. A Spatial Explanation for the Balassa – Samuelson Effect [R]. CeFiG Working Papers, No. 4, 2008.

[345] Klenow, Peter J., and Andres Rodriguez – Clare. Economic Growth: A Review Essay [J]. Journal of Monetary Economics, 1997, 40 (3): 597 – 617.

[346] Kongsamut Piyabha, Xie, Danyang, and Rebelo, Sergio. Beyond Balanced Growth [R]. IMF Working Papers 01/85, 2001.

[347] Konopczak, and Torój. Estimating the Baumol – Bowen and Balassa – Samuelson Effects in the Polish Economy-a Disaggregated Approach [R]. Central European Journal of Economic Modelling and Econometrics, 2010, 2 (2): 117 – 150.

[348] Konopczak. The Balassa – Samuelson Effect and the Channels of its Absorption in the Central and Eastern European Countries [R]. NBP Working Paper, No. 163, 2014.

[349] Koutsougeras, L. C. Convergence to No-arbitrage Equilibria in Market Games [J]. Journal of Mathematical Economics, 2003, 39 (5 – 6): 401 – 420.

[350] Kravis, I. B., and Lipsey, R. E. Toward an Explanation of National Price Levels [R]. Princeton Studies in International Finance, No. 52, 1983.

[351] Krueger, Alan and Summers, Lawrence. Efficiency Wages and the Inter-industry Wage Structure [J]. Econometrica, 1987, 56 (2): 259 – 293.

[352] Krugman, Paul. The Myth of Asia's Miracle [J]. Foreign Affairs, 1994, 73 (6): 62 – 78.

[353] Krugman, Paul., and Obstfeld, M. International Economics [M]. Pearson Education Inc, 2009.

[354] Krugman, Paul. Pricing to Market when the Exchange Rate Change [R]. NBER Working Paper, No. 1926, 1986.

[355] Krugman, Paul. The Chinese Disconnect [N]. New York Times, October 22, 2009.

[356] Kubota, Megumi. Assessing Real Exchange Rate Misalignments [R]. World Bank Policy Research Working Paper, No. 5925, 2011.

[357] Kuznets, Simon. Quantitative Aspects of the Economic Growth of Nations: II. Industrial Distribution of National Product and Labor Force [J]. Economic Development and Cultural Change, 1957, 5 (4): 1 – 111.

[358] Lambrias. Real Exchange Rates and International Co-movement: News-shocks and Non-tradable Goods with Complete Markets [R]. ECB Working Paper Series, No. 1946, 2016.

[359] Laszlo Halpern, and Charles Wyplosz. Economic Transformation and Real Exchange Rates in the 2000s: The Balassa – Samuelson Connection [R]. ECE Discussion Papers Series, 1, UNECE, 2001.

[360] Lee, Jeong – Joon. Persistent Wage Differential and its Implications on the Balassa – Samuelson Hypothesis [J]. Applied Economics Letters, 2005, 12 (10): 643 – 648.

[361] Lee, Donghoon, and Kenneth I. Wolpin. Intersectoral Labor Mobility and the Growth of the Service Sector [J]. Econometrica, 2006, 74 (1): 1 – 46.

[362] Lewis, A. Economic Development with Unlimited Supply of Labor [J]. Manchester School, 1954, 22 (2): 139 - 191.

[363] Li H. B. , and Zhou L. A. Political Turnover and Economic Performance: The Incentive Role of Personnel Control in China [J]. Journal of Public Economics, 2005, 89 (9 - 10): 1743 - 1762.

[364] Lin Justin Yifu. Is China's Growth Real and Sustainable? [J]. Asia Perspective, 2004, 28 (3): 5 - 29.

[365] Li Shaomin, Li Shuhe and Zhang Weiying. The Road to Capitalism: Competition and Institutional Change in China [J]. Journal of Comparative Economics, 2000, 28 (2): 269 - 292.

[366] Lü X. , and P. F. Landry. Show Me the Money: Interjurisdiction Political Competition and Fiscal Extraction in China [J]. American Political Science Review, 2014, 108 (3): 706 - 722.

[367] M. Obstfeld. Floating Exchange Rates: Experience and Prospects [J]. Brooking Papers on Economic Activity, 1985, 16 (2): 369 - 464.

[368] Ma, Y. A Comparative Study of the Competitiveness of the Domestic and Foreign-invested Service Industries in China [R]. Centre for Public Policy Studies Working Paper, No. 176, Lingnan University, 2006.

[369] MacDonald, R. , and L. A. Ricci. The Real Exchange Rate and the Balassa - Samuelson Effect: The Role of the Distribution Sector [J]. Pacific Economic Review, 2005, 10 (1): 29 - 48.

[370] Mah - Hui, and Michael Lim. Old Wine in a New Bottle: Subprime Mortgage Crisis - Causes and Consequences [R]. Levy Economics Institute Working Paper, No. 532, 2008.

[371] Marston, R. Real Exchange Rates and Productivity Growth in the United States and Japan in Real Financial Linkages Among Open Economies [A]. In: Sven Arndt, W. , David Richardson, J. (Eds.), MIT Press, 71 - 96, 1987.

[372] Mbaye Samba. Real Exchange Rate Undervaluation and Growth: Is there a Total Factor Productivity Growth Channel [R]. CERDI Working Paper, No. 11, 2012.

[373] Mckinnon, R. China's Exchange Rate Appreciation in the Light of the Earlier Japanese Experience [J]. Pacific Economic Review, 2006, 11 (3): 287 - 298.

[374] Mckinnon, R. Money and Capital in Economic Development [M]. Brookings Institution Press, 1973.

[375] Mcleod Darryl, and Mileva Elitza. Real Exchange Rates and Productivity Growth [R]. Fordham University Discussion Paper, No. 04, 2011.

[376] Méjean, I. Can Firms' Location Decisions Counteract the Balassa – Samuelson Effect? [J]. Journal of International Economics, 2008, 76 (2): 139 – 154.

[377] Mendoza, E. G., V. Quadrini, and J. V. Ríos – Rull. Financial Integration, Financial Development, and Global Imbalances [J]. Journal of Political Economy, 2009, 117 (3): 371 – 416.

[378] Menzies, Gordon, Sylxia Xiaolin Xiao, Peter Dixon, Xiujian Peng, and Maureen Rimmer. Rural – Led Exchange Rate Appreciation in China [J]. China Economic Review, 2016, 39 (C): 15 – 30.

[379] Miyajima, K. Real Exchange Rates in Growing Economies: How Strong is the Role of the Nontradables Sector [R]. IMF Working Paper, No. 233, 2005.

[380] Montiel, Peter J. Determinants of the Long-run Equilibrium Real Exchange Rate: An Analytical Model [A]. in Lawrence E. Hinkle and Peter J. Montiel (ed), Exchange Rate Misalignment: Concepts and Measurement for Developing Countries (C). A World Bank Research Publication, Oxford University Press, 264 – 292, 1999.

[381] Nagayasu. Regional Inflation, Spatial Location and the Balassa – Samuelson Effect [J]. Urban Studies, 2017, 54 (6): 1482 – 1499.

[382] Neiman, B. The Global Decline of the Labor Share [J]. Quarterly Journal of Economics, 2014, 129 (1): 61 – 103.

[383] Ngai, Rachel and Pissarides Christopher. Structural Change in a Multi – Sector Model of Growth [J]. American Economic Review, 2007, 97 (1): 429 – 443.

[384] Normandin, M. Budget Deficit Persistence and the Twin Deficits Hypothesis [J]. Journal of International Economics, 1999, 49 (1): 171 – 193.

[385] Obstfeld, M., and K. S Rogoff. Foundations of International Macroeconomics [M]. Cambridge, MA: MIT Press, 1996.

[386] Obstfeld, M., and K. S. Rogoff. Global Imbalances and the Financial Crisis: Products of Common Causes [A]. in: Asia Economic Policy Conference Volume: Asia and the Global Financial Crisis [C]. Federal Reserve Bank of San Francisco, 131 – 172, 2010.

[387] Obstfeld, M. Japan's Bubble, Deflation, and Long-term Stagnation [M]. MIT Press, 2011.

［388］Officer, L. H. The Productivity Bias in Purchasing Power Parity: An Econometric Investigation ［R］. IMF Staff Papers, No. 23, pp. 545 – 579, 1976.

［389］Olson. The Role of Productivity in Economic Growth and Equilibrium ［J］. Asian Economic and Financial Review, 2013, 3 (11): 1497 – 1527.

［390］Onjala Joseph. Total Factor Productivity in Kenya: The Links with Trade Policy ［R］. AERC Research Paper, No. 118, 2002.

［391］P. Krugman. The Risk of Economic Crisis ［M］. University of Chicago Press, 2009.

［392］Peltonen, and Sager. Productivity Shocks and Real Exchange Rates: A Reapprailsal ［R］. European Central Bank Working Paper Series, NO. 1046, 2009.

［393］Petkovski, Mihail. Real Exchange Rates in Transition Countries ［J］. Transition Studies Review, 2006, 13 (2): 270 – 279.

［394］Qinghua Zhang, and Heng-fu Zou. Regional Inequality in Contemporary China ［J］. Annals of Economics and Finance, 2012, 13 (1): 113 – 137.

［395］Qingyuan Du, Shang – Jin Wei, and Peichu Xie. Roads and the Real Exchange Rate ［R］. NBER Working Paper, No. 19291, 2013.

［396］Quéré, and Coulibaly. The Impact of Market Regulations on Intra – European Real Exchange Rates ［R］. CESIFO Working Paper, No. 4082, 2013.

［397］Reinhart, C. M., and K. S. Rogoff. Banking Crises: an Equal Opportunity Menance ［R］. NBER Working Paper, No. 14587, 2008.

［398］Restout. The Balassa – Samuelson Model in General Equilibrium with Markup Variations ［R］. Economix Working Papers, No. 39, University of Paris West, 2009.

［399］Ricardo, D. The Principles of Political Economy and Taxation ［M］. J. M. Dentand Sons, 1911.

［400］Riddle, D. Service-led Growth: The Role of the Service Sector ［M］. New York: Praeger, 1986.

［401］Rodrik, D. The Real Exchange Rate and Economic Growth ［J］. Brookings Papers on Economic Activity, 2008, 39 (2): 365 – 412.

［402］Rogers, J. H. and M. Jenkins. Haircuts or Hysteresis? Sources of Movements in Real Exchange Rates ［J］. Journal of International Economics, 1995, 38 (3 – 4): 339 – 360.

［403］Rogoff, K. Traded Goods Consumption Smoothing and the Random Walk

Behaviour of the Real Exchange Rate [R]. NBER Working Paper, No. 4119, 1992.

[404] Rogoff, K. The Purchasing Power Parity Puzzle [J]. Journal of Economic Literature, 1996, 34 (2): 647 – 668.

[405] Sachs Jeffrey D. and Larrain B. Felipe. Macroeconomics in the Global Economy [M]. Prentice Hall, 1992.

[406] Samuelson, P. A. Theoretical Notes on Trade Problems [J]. The Review of Economics and Statistics, 1964, 46 (2): 145 – 154.

[407] Samuelson, P. A. Facets of Balassa – Samuelson Thirty Years Later [J]. Review of International Economics, 1994, 2 (3): 201 – 226.

[408] Shaw, E. S. Financial Deepening in Economic Development [M]. Oxford University Press, 1973.

[409] Sheng, and Xu. Real Exchange Rate, Productivity and Labor Market Frictions [J]. Journal of International Money and Finance, 2011, 30 (3): 587 – 603.

[410] Shih, V., C. Adolph, and M. Liu. Getting Ahead in the Communist Party: Explaining the Advancement of Central Committee Members in China [J]. American Political Science Review, 2012, 106 (1): 166 – 187.

[411] Solanes, J. G., and Flores, F. T. The Balassa-samuelson Hypothesis in Developed Countries and Emerging Market Economies: Different Outcomes Explained [J]. Economics – The Open – Access, Open – Assessment E – Journal, 2009, 3: 1 – 24.

[412] Song, Z., K. Storesletten, and F. Zilibotti. Growing like China [J]. American Economic Review, 2011, 101 (1): 196 – 233.

[413] Sonora, and Tica. Harrod, Balassa and Samuelson (Re) Visit Eastern Europe, EFZG Working Papers Series, No. 09 – 07, University of Zagreb, 2009.

[414] Soyoung Kim, and Jong – Wha Lee. Demographic Changes, Saving, and Current Account in East Asia [J]. Asian Economic Papers, 2007, 6 (2): 22 – 53.

[415] Steenkamp. Productivity and the New Zealand Dollar: Balassa – Samuelson Tests on Sectoral Data [R]. Reserve Bank of New Zealand Analytical Notes series, No. 1, 2013.

[416] Stein, J. L., and P. R. Allen. Fundamental Determinants of Exchange Rates [M]. Oxford University Press, 1997.

[417] Steinberg. J. Real Exchange Rate Undervaluation, Financial Development and Growth [EB/OL]. https://www.economics.utoronto.ca/steinberg/files/rerpa-

per. pdf, 2011 - 9 - 16.

[418] Steiner, A. Current Account Balance and Dollar Standard: Exploring the Linkages [J]. Journal of International Money and Finance, 2014, 41 (C): 65 - 94.

[419] Strauss, Jack. The Influence of Traded and Nontraded Wages on Relative Prices and Real Exchange Rates [J]. Economics Letters, 1997, 55 (3): 391 - 395.

[420] Strauss, Jack. Relative Price Determination in the Medium Run: The Influence of Wages, Productivity and International Prices [J]. Southern Economic Journal, 1998, 65 (2): 223 - 244.

[421] Strauss, Jack and Ferris, Mark. The Role of Nontraded and Traded Wages in the Productivity Differential Model [J]. Southern Economic Journal, 1996, 63 (2): 327 - 338.

[422] Subramanian, Arvind. New PPP - based Estimates of Renminbi Undervaluation and Policy Implications [R]. Policy Brief No. 10 - 8, Washington: Peterson Institute, 2010.

[423] Sy and Tabarraei. A Model of Transfer Problem with Application to LDCs [J]. Annals of Economics and Statistics, 2013, 109/110: 305 - 332.

[424] Tang and Zhou. Nonlinear Relationship between the Real Exchange Rate and Economic Fundamentals: Evidence from China and Korea [J]. Journal of International Money and Finance, 2013, 32 (C): 304 - 323.

[425] Tica, Josip and Ivo Družić. The Harrod - Balassa - Saumelson Effect: A Survey of Empirical Evidence [R]. EFZG Working Papers Series, No. 0607, University of Zagreb, 2006.

[426] Timmer, M. P., de Vries, G. J., and de Vries, K. Patterns of Structural Change in Developing Countries [A]. In J. Weiss, & M. Tribe (Eds.), Routledge Handbook of Industry and Development [C]. (65 - 83), Routledge, 2015.

[427] Tintin. Does the Balassa - Samuelson Hypothesis still Work? Evidence from OECD Countries [J]. International Journal of Sustainable Economy, 2014, 6 (1): 1 - 18.

[428] Tyers, and Zhang. Appreciating the Renmibi [R]. Discussion Paper No. 13, The University of Western Australia, 2010.

[429] Tyers, Rod, and Golley, Jane. China's Real Exchange Rate Puzzle [J].

Journal of Economic Integration, 2008, 23: 547-574.

[430] Urrutia and Meza. Financial Liberalization, Structural Change, and Real Exchange Rate Appreciations [R]. IMF Working Paper, WP/10/63, 2010.

[431] Vaona. Intra-national Purchasing Power Parity and Balassa–Samuelson Effects in Italy [R]. Department of Economics University of Verona Working Paper Series, No. 12, 2010.

[432] Viner, J. Studies in the Theory of International Trade [M]. Harper and Sons, New York, 1937.

[433] Wagner, Martin. The Balassa–Samuelson Effect in "East and West": Diffences and Similarities [J]. Review of Economics, 2005, 56 (3): 230-248.

[434] Wang Yong, Juanyi Xu and Xiaodong Zhu. Structural Change and the Dynamics of China–US Real Exchange Rate [R]. 2016 Meeting Papers, No. 1010, Society for Economic Dynamics, 2016.

[435] Waseem A. Toraubally. Large Market Games, the Law of One Price, and Market Structure [J]. Journal of Mathematical Economics, 2018, 78 (C): 13-26.

[436] Wei, S. J., and X. Zhang. The Competitive Saving Motive: Evidence from Rising Sex Ratios and Savings Rates in China [J]. Journal of Political Economy, 2011, 119 (3): 511-564.

[437] Wood, Adrian. Global Tends in Real Exchange Rates 1960-1984 [J]. World Development, 1991, 19 (4): 317-332.

[438] Yao. The Relationship between China's Export-led Growth and its Double Transition of Demographic Change and Industrialization [J]. Asian Economic Papers, 2011, 10 (2): 52-76.

[439] Yin-wong Cheung, Menzie, D., Chinn, and Eiji Fujii. The Illusion of Precision and the Role of the Renminbi in Regional Integration [R]. Working Papers, No. 182006, Hong Kong Institute for Monetary Research, 2006.

[440] Yougbare, Lassana. Exchange Rate Arrangements and Misalignments: Contrasting Words and Deeds [R]. MPRA Paper, No. 32362, 2011.

[441] Young, A. Gold into Base Metals: Productivity Growth in the People's Republic of China during the Reform Period [R]. NBER Working Paper, W7856, 2000.

[442] Zhang, G., and MacDonald, R. Real Exchange Rates, the Trade Balance and Net Foreign Assets: Long-run Relationships and Measures of Misalignment [J]. Open Economic Review, 2014, 25 (4): 635-653.

[443] Zhibai, Zhang. RMB Undervaluation and Appreciation [R]. MPRA Paper, No. 40978, University Library of Munich, Germany, 2012.

[444] Zuleta, Avila, and Rodriguez. The Balassa – Samuelson Hypothesis and Elderly Migration [R]. Documentos de Trabajo 005267, Universidad del Rosario, 2009.